李昂 李月 / 编著

围棋经典㊡㊗

1000题

段位以上

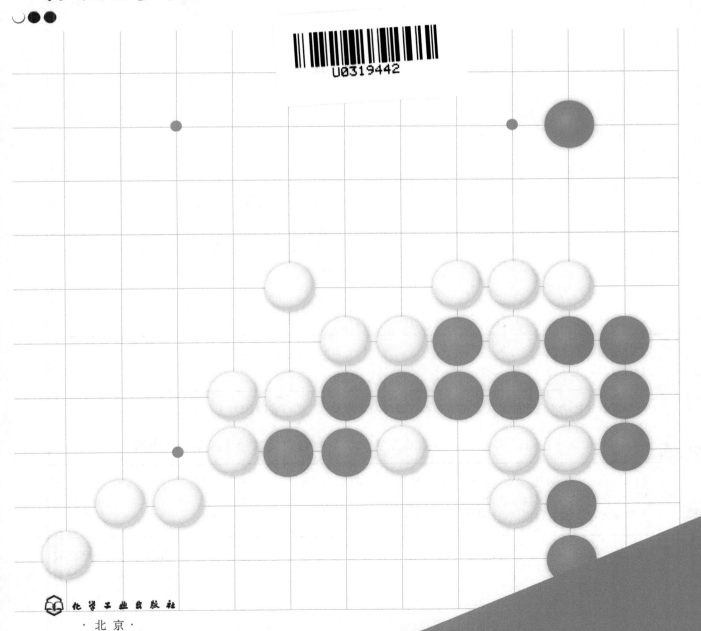

化学工业出版社
·北京·

图书在版编目（CIP）数据

围棋经典死活1000题：段位以上/李昂，李月编著．
北京：化学工业出版社，2018.3（2024.11重印）
ISBN 978-7-122-31550-2

Ⅰ.①围…　Ⅱ.①李…　②李…　Ⅲ.①死活棋（围
棋）–习题集　Ⅳ.①G891.3-44

中国版本图书馆CIP数据核字（2018）第036574号

责任编辑：史　懿　　　　　　　装帧设计：刘丽华
责任校对：边　涛

出版发行：化学工业出版社（北京市东城区青年湖南街13号　邮政编码100011）
印　　装：北京天宇星印刷厂
880mm×1230mm　1/16　印张14¾　字数350千字　2024 年 11 月北京第 1 版第 8 次印刷

购书咨询：010-64518888　　售后服务：010-64518899
网　　址：http：// www.cip.com.cn
凡购买本书，如有缺损质量问题，本社销售中心负责调换。

定　价：68.00元

版权所有　违者必究

著名棋手赵治勋曾对解死活题有过如下论述。

大家都来做死活题是提高棋艺的好方法，我也这样认为。而且可以说，这是上进的第一条道路。

为什么这样评价死活题的作用呢？有两个理由：一是培养正确的计算力；二是可以站在对手的立场上思考，算得更深。

这两条理由就是做死活题有利于棋艺上进的原因。

业余棋手，甚至职业棋手也往往这样：不去正确地计算，只是一厢情愿地去思考。研究死活题肯定可以改变这种不良习惯。

此外，我认为在棋力弱的时候，每天做一点简单、用不着大伤脑筋的死活题是有好处的。如果有1小时的空闲时间，做60道每题只需1分钟即可解答的简单题目，比做1道需要60分钟才能解答的难题要有益得多。一本能做出80%死活题的书，也比只能做出20%死活题的书对棋艺更有帮助。

下围棋最重要的是什么呢？是计算！在对局中，80%靠计算，其余的靠感觉。而如此重要的计算训练，和死活题是有直接联系的。在死活题训练中，没有加进任何感觉的余地。

即使是双方棋子离得较远的棋局，最终总会形成激烈的接触战。到那时，计算就是最重要的事情了，话虽这么说，但在教初学者时，也有人不教死活题和对杀，而是教布局、感觉和棋的步调，等等。然而，那完全是错误的。就如同对不会加减法的儿童，直接去教他们学乘除法一样。

所谓棋的实力就是计算能力。特别是在业余棋手的对局中，布局之类的学习内容和胜负的关系不大。胜负取决于棋子与棋子的接触战。也有以直截了当的死活决胜负的，那时，计算准确的一方就会取胜。

在职业棋手的对局中，胜负往往在于能否贴出目来，即使是细微的地方也要争夺，必须尽量走出最佳的着法。开始的微妙之着，有时也会直接影响到胜负。

现在的职业棋手，总的来说缺乏计算能力，不如以前的棋手能够深算。说这样的话，虽然听起来也许会觉得有些狂妄，但其中也包括了我自己的反省。因为我的计算能力太差了。对于职业棋手来说，必须做到能够顺利地解答《发阳论》。我认为解答不出《发阳论》是职业棋手的耻辱。死活题也同样，绝不需要去死记硬背。虽然我经常从头到尾地去看前田先生的死活题集，但粗粗一过目，总会做错两三道题。也会发现题目的错误。过些日子再通看一遍时，仍会做错两三道别的题目。这也证明我每次做死活题时总是重新计算，并没有死记硬背。

我们认为赵治勋先生这段论述很精辟，故拿来与大家共勉。其实不论是哪个国家的棋手或爱好者，只要下棋，就必须进行死活题的训练，只是刻苦程度不同而已。

死活题训练其实并非想象中那么艰苦，围棋基本的死形活形无非是"直三、方四、丁四、刀五、梅五、葡萄六"而已，对于绝大多数人而言，掌握这些知识，最多只需要1周的时间。对于杀棋的一方来说，规律性的思路不过是从外部动手还是从内部开刀的问题；从防守方来说，则是如何扩大眼位和占据要点。明白了道理，有了这种意识就足够了，也用不着以大批的千篇一律的题型去训练头脑简单的"条件反射"。

那么，我们到底应该怎样进行训练，题量怎么安排，如何与实战相结合？

对于这些问题，我们的回答是，要根据每个人的具体情况，设计不同的训练计划。但无论如何，必须遵守下面的原则。

一、时间

对于普通爱好者们来说，每天抽出半小时至1小时做死活题就足够了；而对于各类围棋培训班的小棋手来说，则是远远不够的，每天至少应在2小时左右，可分2次进行，每次1小时，这样不会过于枯燥。死活题是基本功，是围棋一切技术手段得以发挥的基础，所以必须要过关。

二、题量

由于死活题的难易程度及个人水平不同，所以对于爱好者来说，不必给自己规定固定的题量，只要按照计划，保证每天的训练时间就够了。做出几道题并不重要，重要的是必须通过自己独立思考来完成，错了也没有关系。有了答案之后，再对照书中的正解图检查或参照书中的变化图和失败图找出错误的症结所在。切不可没有耐心，在自己未得出结论之前，就急于翻看答案，这样将事倍功半。棋力的提高，在于解题训练的思考过程，而不是去简单地死记硬背题目的结果，这与学习任何一门功课的道理都是一样的。

死活题训练，更多的是需要跳跃性的思维方式，即对于各种可能存在的"形"中"手筋""要点"的敏锐感觉，将这些手筋、要点灵活地运用于实战，产生"奇着""妙手"，这就是人们常说的所谓的"灵感""悟性"。启发、培养、提高这种灵性，就是本书的目的。因此，本书在题前只说明先后手，不做死活或者劫的结果提示，使读者在解题过程中能够完全进入实战状态，以无提示的训练方法培养读者对棋形的敏锐感觉和精确的计算能力。在解答中，也尽可能以启发思路为主要目的，引导读者学习、训练对于围棋死活认识的思考方法，而非机械地、一着一式地记忆。

当你在实战中通过自己的思考、判断，真正正确解开了死活题，从而杀死对手的一块棋或救活了自己的大龙，你将感受到极大的喜悦，从而获得无穷的乐趣。这也就是本书将带给你的收获。

李昂、李月

2018 年 1 月

目录

中高级篇

▶ 第一部分 题目 1~200

本书如无特殊说明，均为黑先。

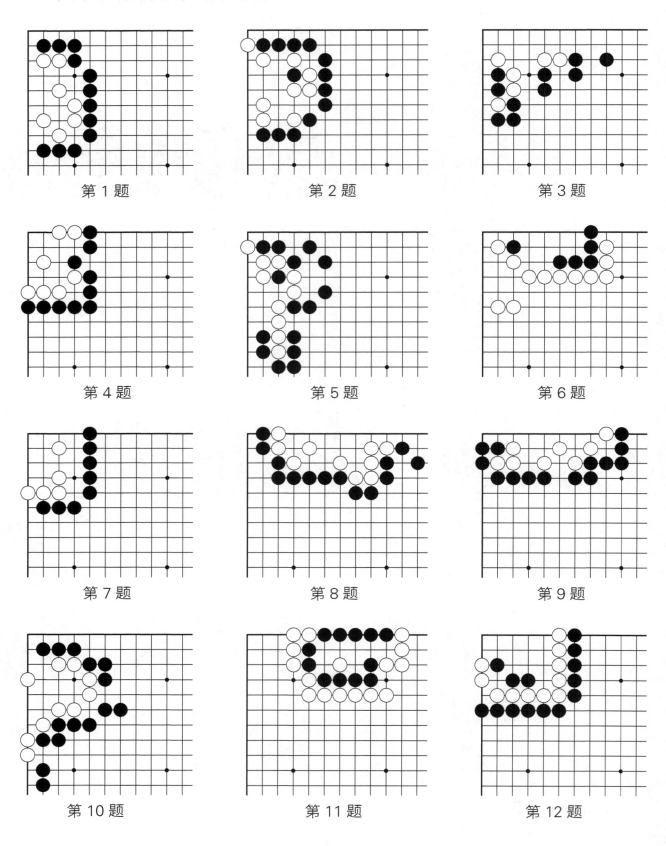

第 1 题　　　　　　第 2 题　　　　　　第 3 题

第 4 题　　　　　　第 5 题　　　　　　第 6 题

第 7 题　　　　　　第 8 题　　　　　　第 9 题

第 10 题　　　　　　第 11 题　　　　　　第 12 题

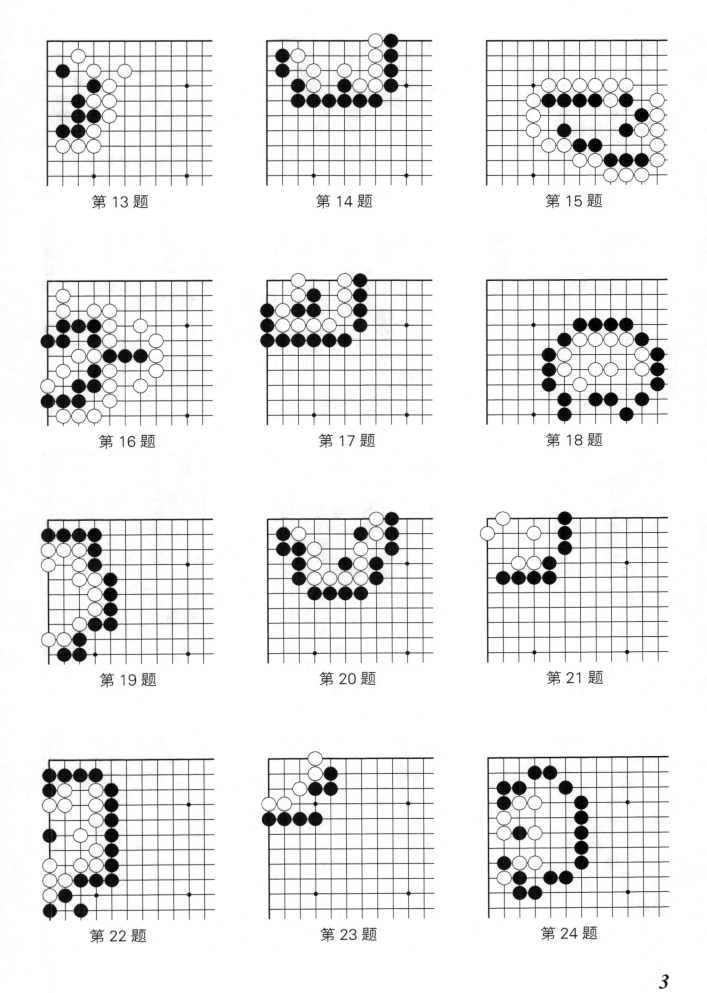

第 13 题　　　　第 14 题　　　　第 15 题

第 16 题　　　　第 17 题　　　　第 18 题

第 19 题　　　　第 20 题　　　　第 21 题

第 22 题　　　　第 23 题　　　　第 24 题

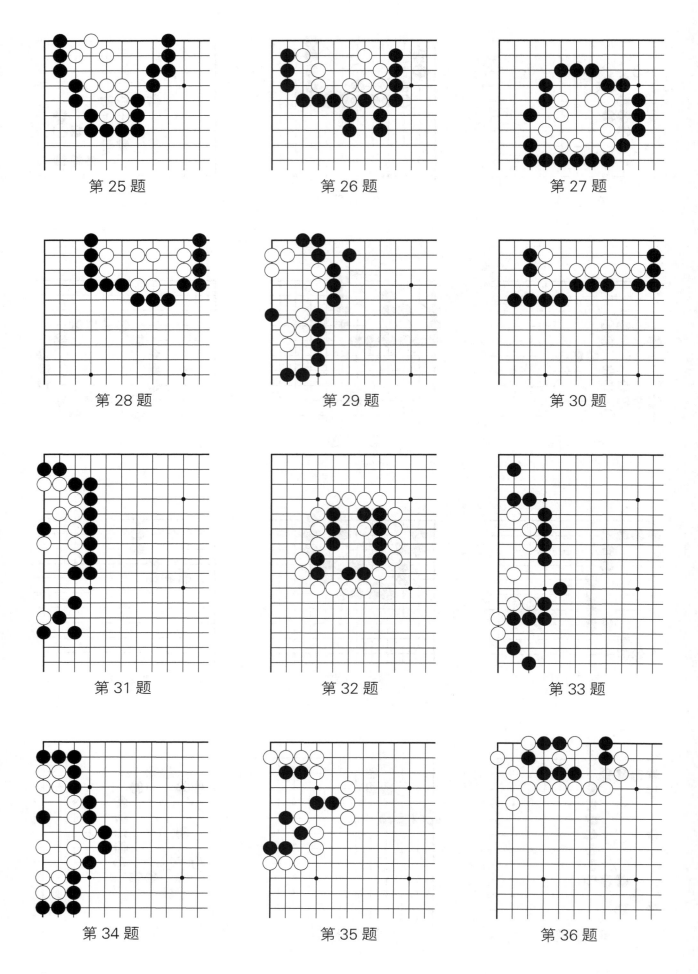

第 25 题　　　　　　　第 26 题　　　　　　　第 27 题

第 28 题　　　　　　　第 29 题　　　　　　　第 30 题

第 31 题　　　　　　　第 32 题　　　　　　　第 33 题

第 34 题　　　　　　　第 35 题　　　　　　　第 36 题

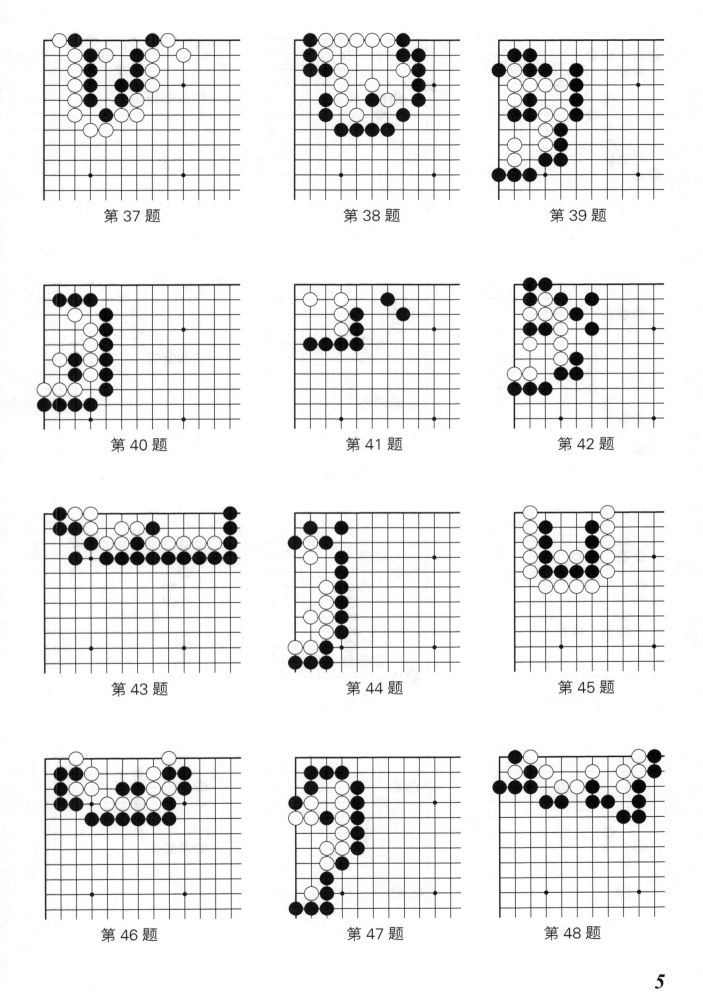

第 37 题　　　　　　　　第 38 题　　　　　　　　第 39 题

第 40 题　　　　　　　　第 41 题　　　　　　　　第 42 题

第 43 题　　　　　　　　第 44 题　　　　　　　　第 45 题

第 46 题　　　　　　　　第 47 题　　　　　　　　第 48 题

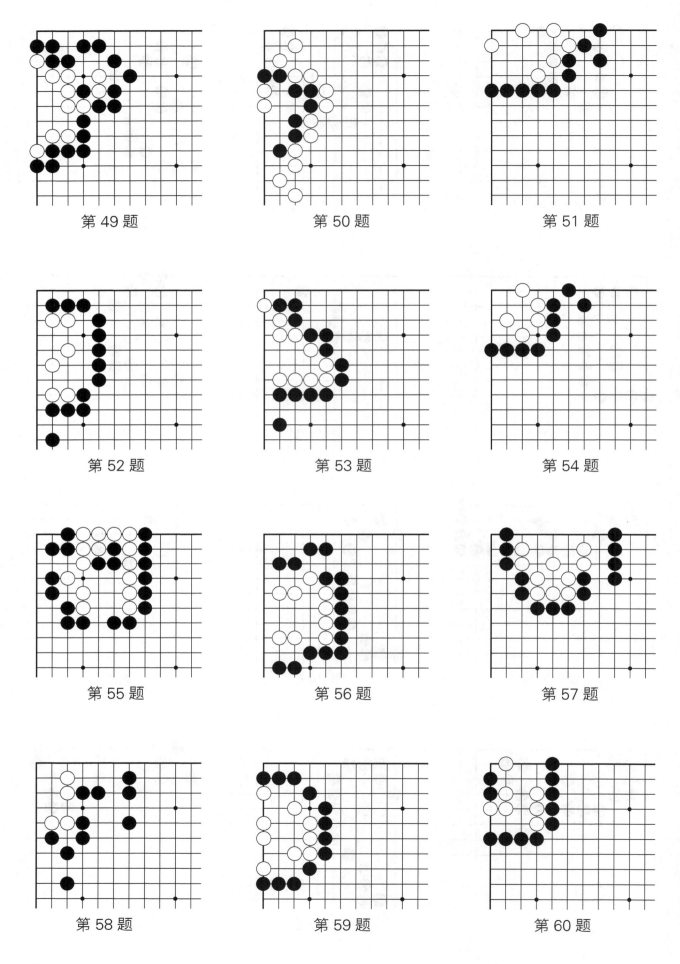

第 49 题　　　　　　　　第 50 题　　　　　　　　第 51 题

第 52 题　　　　　　　　第 53 题　　　　　　　　第 54 题

第 55 题　　　　　　　　第 56 题　　　　　　　　第 57 题

第 58 题　　　　　　　　第 59 题　　　　　　　　第 60 题

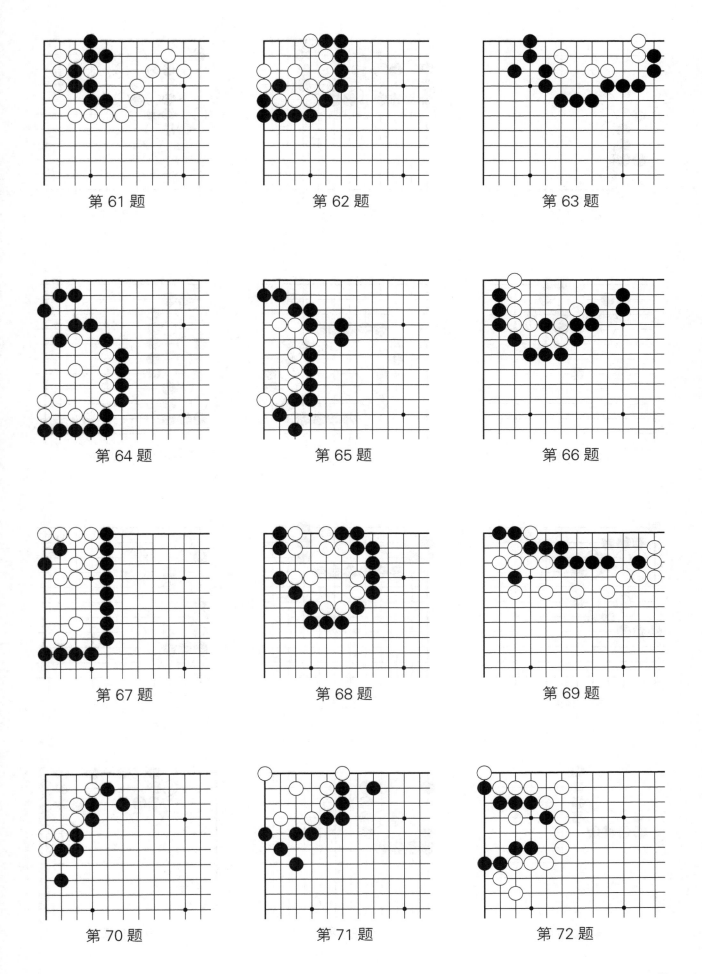

第 61 题　　　　　　第 62 题　　　　　　第 63 题

第 64 题　　　　　　第 65 题　　　　　　第 66 题

第 67 题　　　　　　第 68 题　　　　　　第 69 题

第 70 题　　　　　　第 71 题　　　　　　第 72 题

7

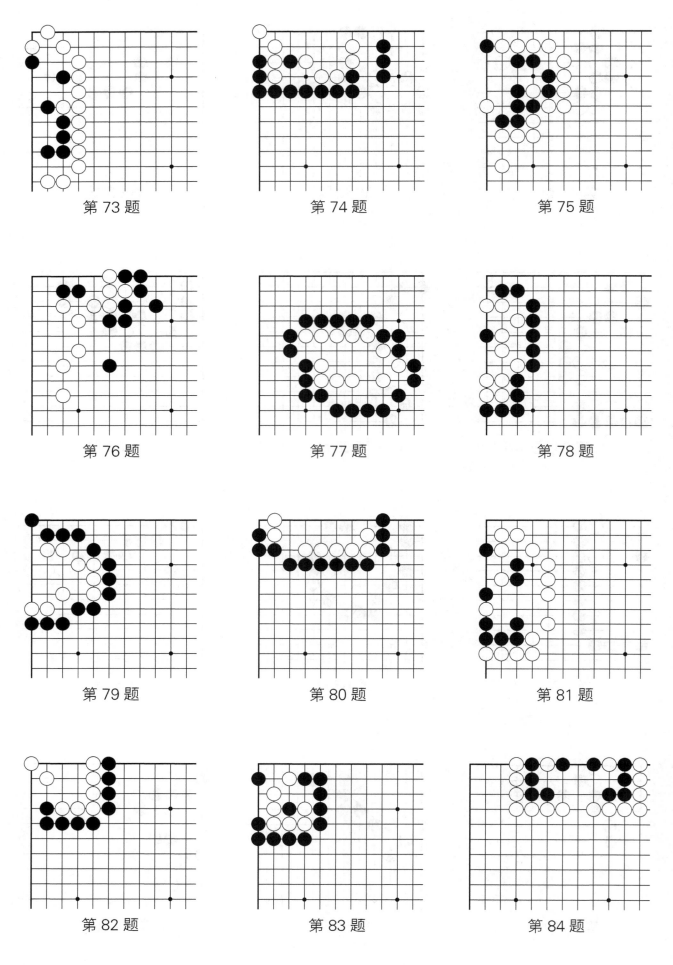

第 73 题　　　　　　第 74 题　　　　　　第 75 题

第 76 题　　　　　　第 77 题　　　　　　第 78 题

第 79 题　　　　　　第 80 题　　　　　　第 81 题

第 82 题　　　　　　第 83 题　　　　　　第 84 题

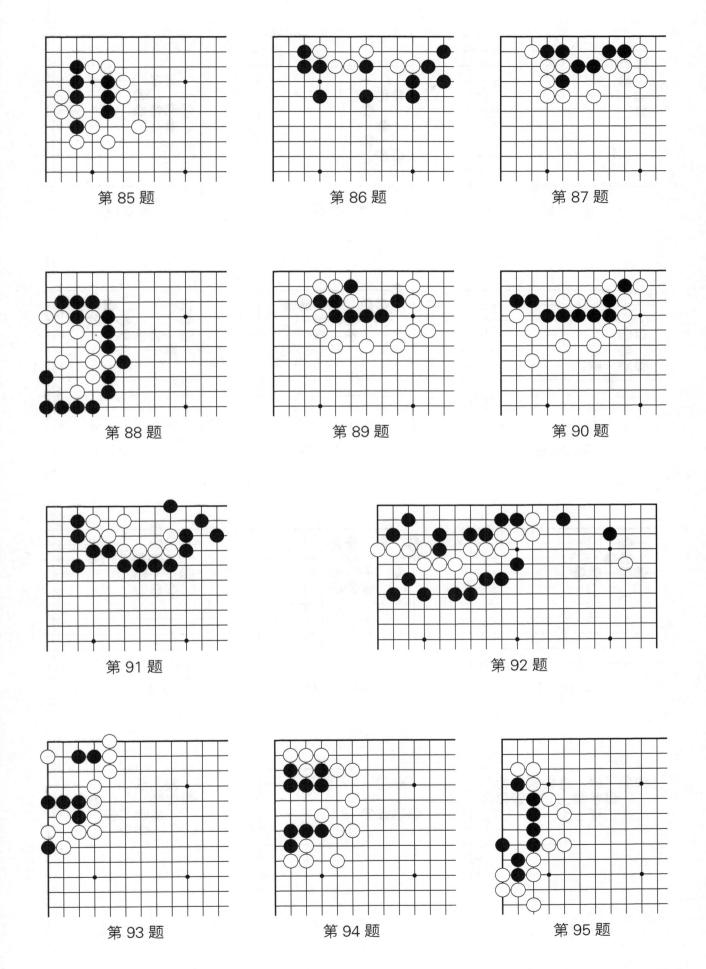

第 85 题　　　　　第 86 题　　　　　第 87 题

第 88 题　　　　　第 89 题　　　　　第 90 题

第 91 题　　　　　　　　　第 92 题

第 93 题　　　　　第 94 题　　　　　第 95 题

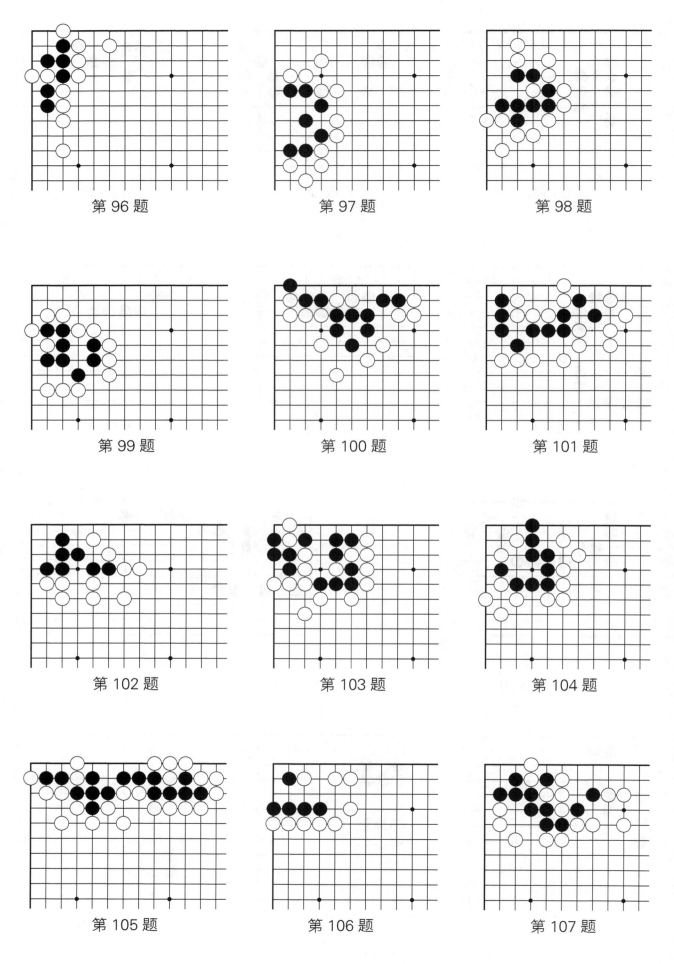

第 96 题　　　　　　　第 97 题　　　　　　　第 98 题

第 99 题　　　　　　　第 100 题　　　　　　　第 101 题

第 102 题　　　　　　　第 103 题　　　　　　　第 104 题

第 105 题　　　　　　　第 106 题　　　　　　　第 107 题

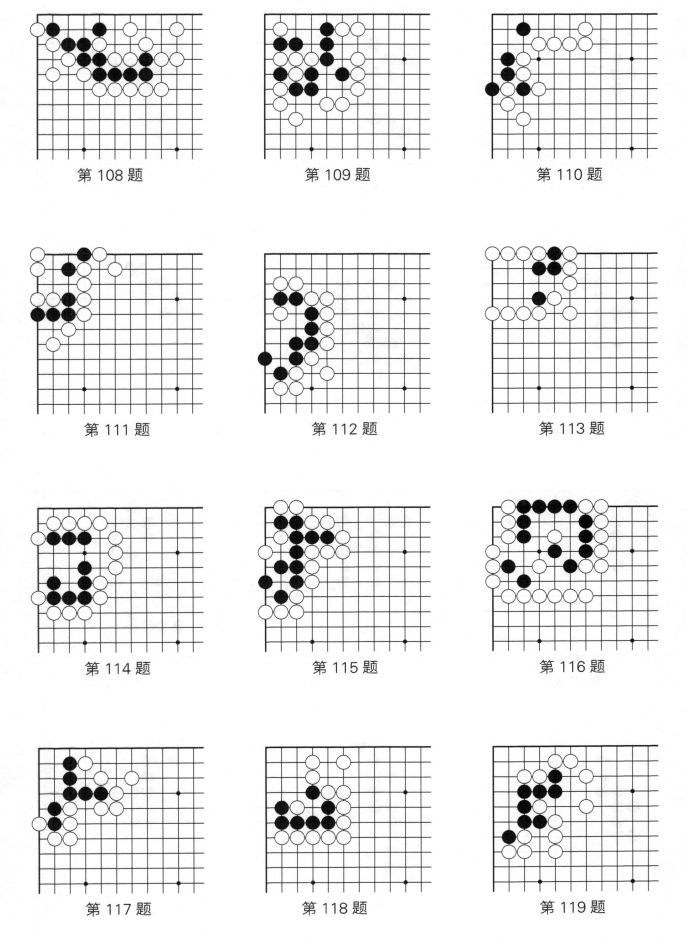

第 108 题　　　　　第 109 题　　　　　第 110 题

第 111 题　　　　　第 112 题　　　　　第 113 题

第 114 题　　　　　第 115 题　　　　　第 116 题

第 117 题　　　　　第 118 题　　　　　第 119 题

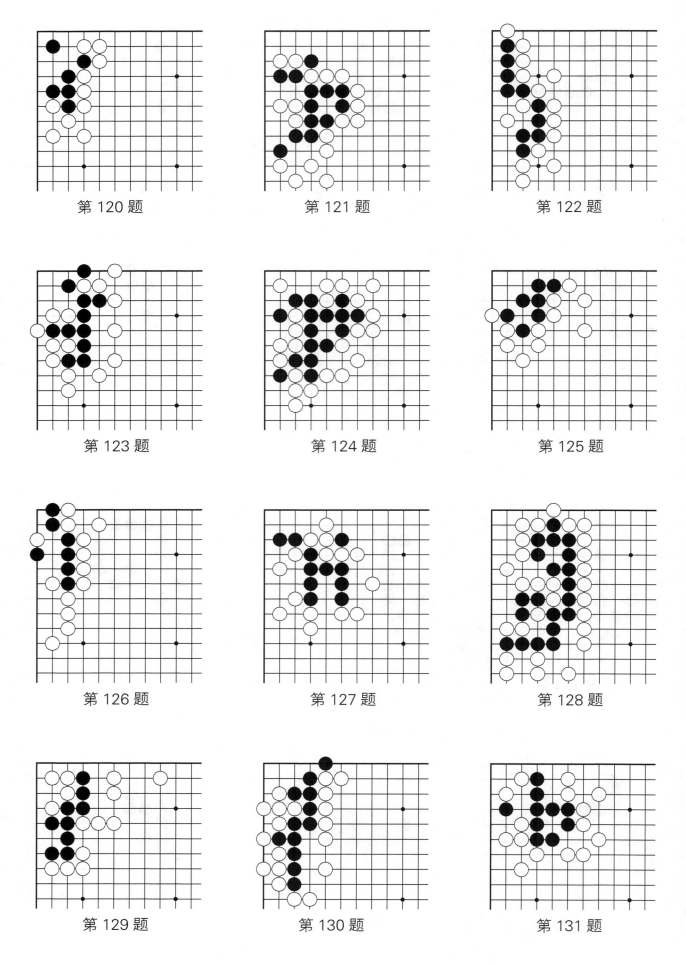

第 120 题　　　　　　第 121 题　　　　　　第 122 题

第 123 题　　　　　　第 124 题　　　　　　第 125 题

第 126 题　　　　　　第 127 题　　　　　　第 128 题

第 129 题　　　　　　第 130 题　　　　　　第 131 题

12

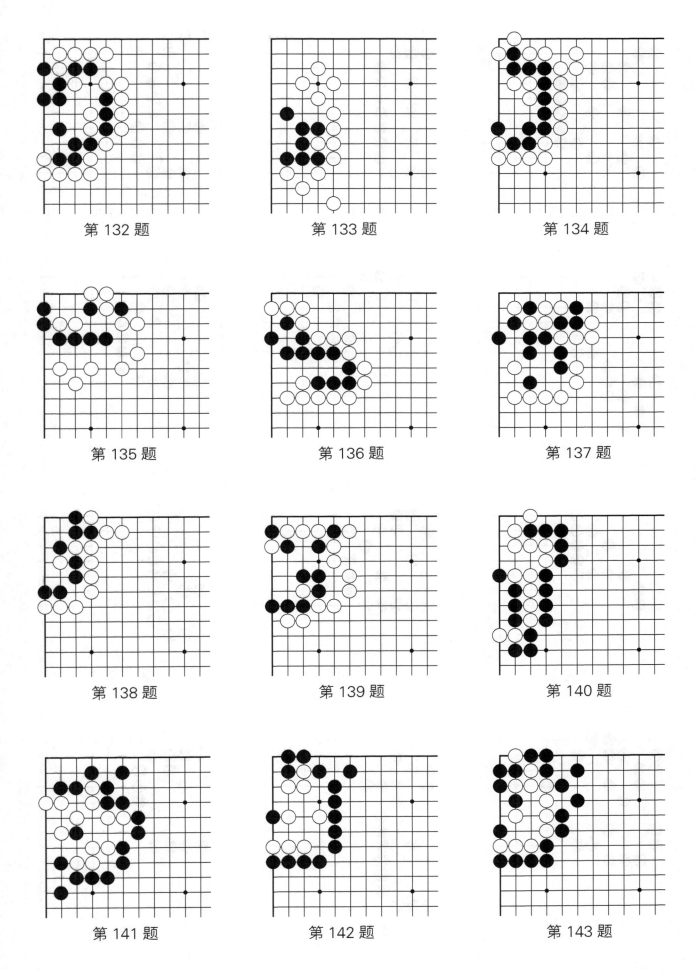

第 132 题　　　　　第 133 题　　　　　第 134 题

第 135 题　　　　　第 136 题　　　　　第 137 题

第 138 题　　　　　第 139 题　　　　　第 140 题

第 141 题　　　　　第 142 题　　　　　第 143 题

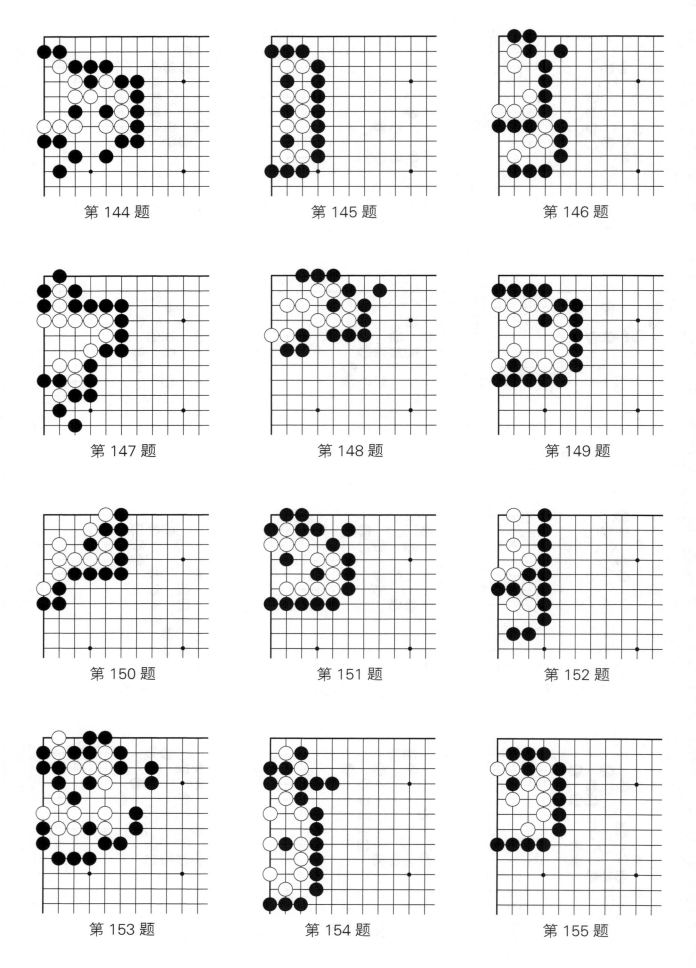

第 144 题

第 145 题

第 146 题

第 147 题

第 148 题

第 149 题

第 150 题

第 151 题

第 152 题

第 153 题

第 154 题

第 155 题

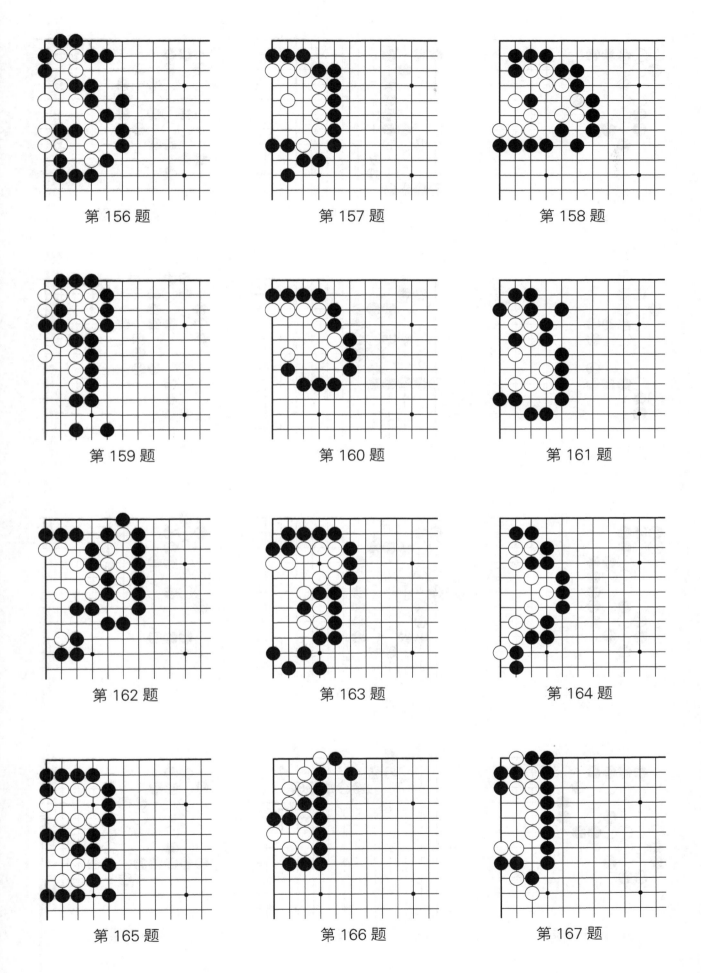

第 156 题　　　　　　第 157 题　　　　　　第 158 题

第 159 题　　　　　　第 160 题　　　　　　第 161 题

第 162 题　　　　　　第 163 题　　　　　　第 164 题

第 165 题　　　　　　第 166 题　　　　　　第 167 题

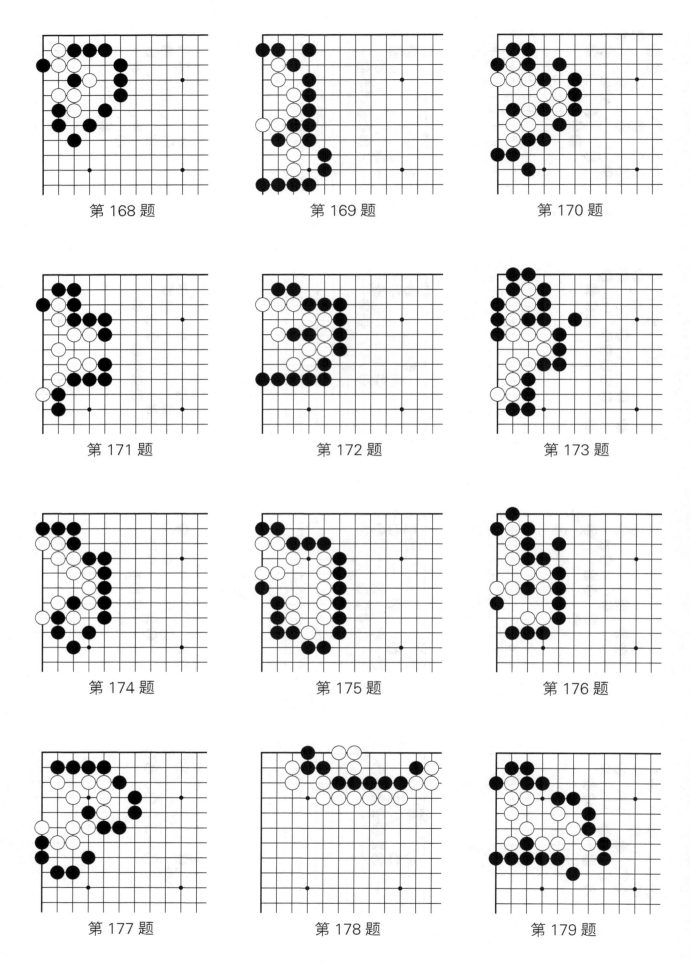

第 168 题　　　　　　　第 169 题　　　　　　　第 170 题

第 171 题　　　　　　　第 172 题　　　　　　　第 173 题

第 174 题　　　　　　　第 175 题　　　　　　　第 176 题

第 177 题　　　　　　　第 178 题　　　　　　　第 179 题

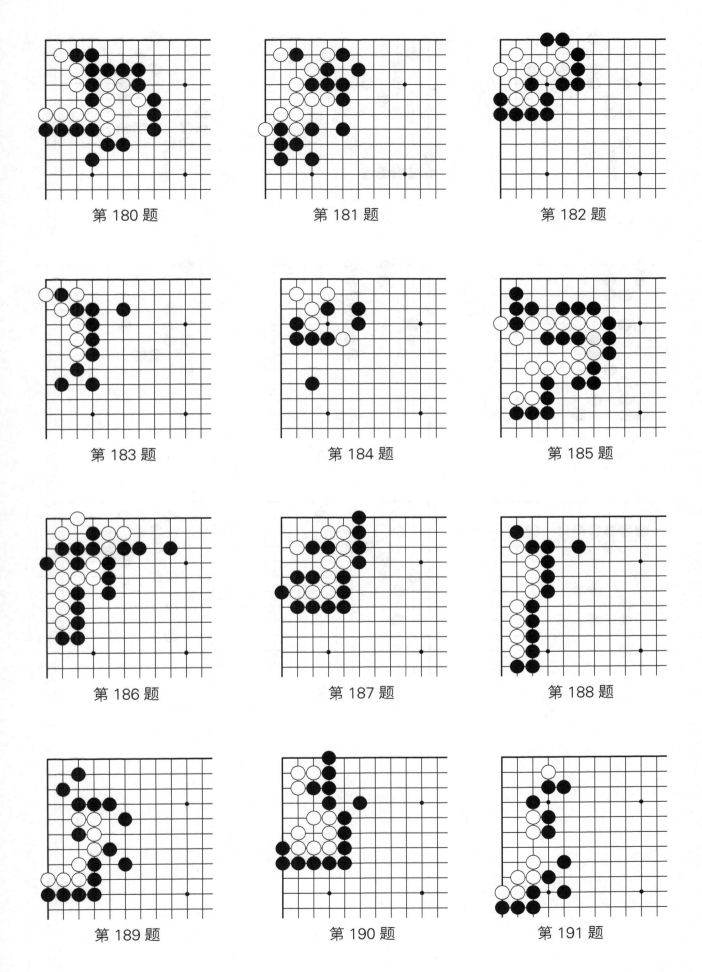

第 180 题　　　　　第 181 题　　　　　第 182 题

第 183 题　　　　　第 184 题　　　　　第 185 题

第 186 题　　　　　第 187 题　　　　　第 188 题

第 189 题　　　　　第 190 题　　　　　第 191 题

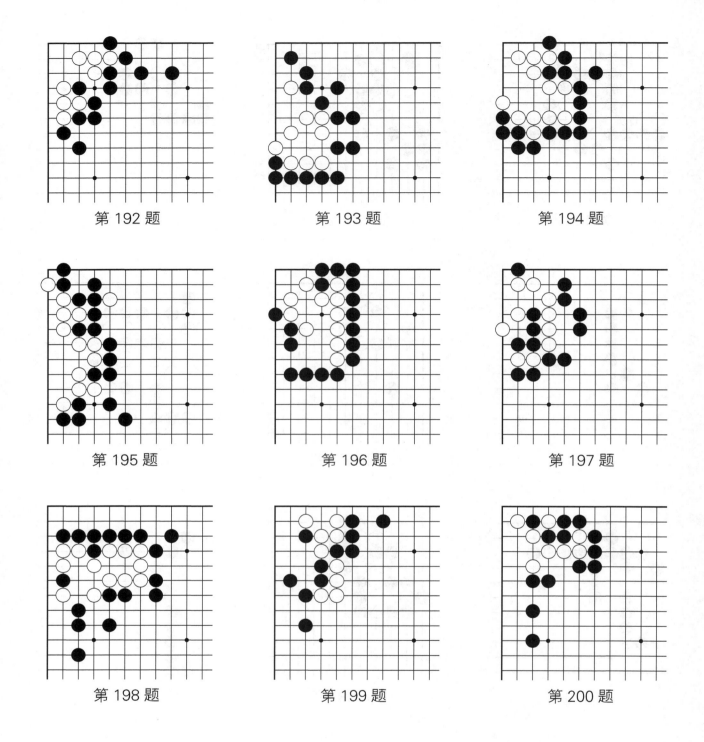

第 192 题　　　　　　第 193 题　　　　　　第 194 题

第 195 题　　　　　　第 196 题　　　　　　第 197 题

第 198 题　　　　　　第 199 题　　　　　　第 200 题

第二部分　解答 1~200

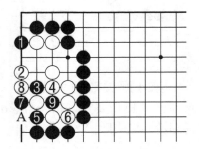

　　第1题正解图：黑1扳必然，白2跳，黑3靠只此一手，白4团眼，黑5挤，白6粘必然，黑7、9成劫杀。途中，黑3如于7位托则是假手筋，白5位团与黑A位连交换后再4位做眼，反成净活。

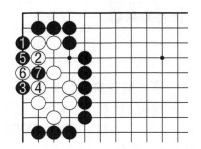

　　第1题变化图1：黑1扳，白2如弯，黑3点是妙手，白4只能贴，黑5爬，白6扑劫必然，黑7提，仍成劫杀。

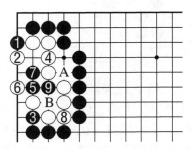

　　第1题变化图2：黑1扳时，白2打，黑3挤是手筋，白4粘，黑5夹，白6扳，黑7冲、9挤，白A、B两点不能兼顾，反被净杀。

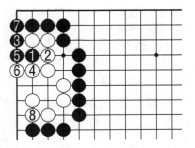

　　第1题失败图：黑1夹不是要点，白2正好粘，黑3渡，白4、6先手打后，再8团，安然成活。

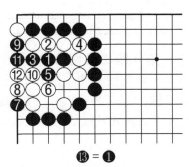

　　❸＝❶

　　第2题正解图：黑1长、3夹再5冲，白6挡时，黑7先扳再9扑，重要，白10打，黑11须弃子，白12只能提，黑13点入，白无两眼。

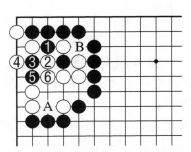

　　第2题失败图1：黑1冲、3打则俗，白4打做劫，黑5逃，白6打。此后，A、B见合，白必成一眼，成劫活。

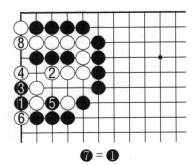

　　❼＝❶

　　第2题失败图2：正解图中黑5如单在本图1位扳则不是要点，白2贴抢得先机，黑3爬、5打，白6提、8粘成双活。

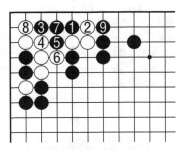

　　第3题正解图：黑1夹、3跳，妙手，白4粘，黑5、7挖粘即可解决问题。白8则黑9，白差一气。

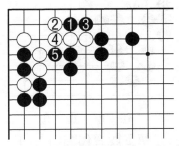

　　第3题变化图：白2如内扳，黑3退回即可，白4粘，黑5挤，白眼位不足。

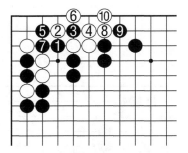

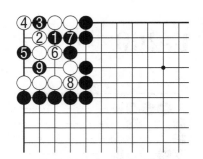

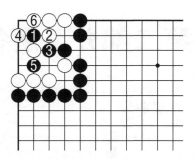

第3题失败图: 黑1扳、3断虽也是手筋,但不适用,白4打,及时转身,黑5、7虽能吃角,但白8、10活出一半,黑失败。

第4题正解图: 黑1尖、3扑寻找突破口,白4提,黑5点是形,白6打、8团亦徒劳,黑9挖,白死。

第4题失败图1: 黑1、3跨断没有抓住要点,白4打、6提即活,黑失败。

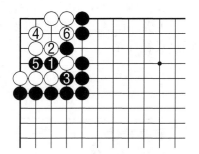

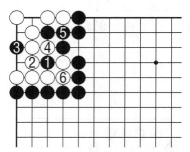

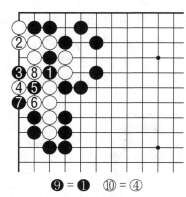

❾ = ❶ ⑩ = ④

第4题失败图2: 黑1打、3提也不是要点,白4弯冷静,黑5虽吃三子,但白6做眼,角上活出,黑失败。途中,白4如在5位吃,黑可于4位靠,白不活。

第4题失败图3: 正解图中黑5如先在本图1位打则俗,白2粘,黑3再点时,白4提是先手,再6粘成活,黑失败。

第5题正解图: 黑1扑不是常形,白2粘是好手,黑3大飞,只此一手,白4跨是常用手筋,以下至白8提两子,黑9扑,白10提劫,成劫杀。

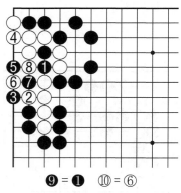

❾ = ❶ ⑩ = ⑥

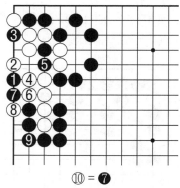

⑩ = ❼

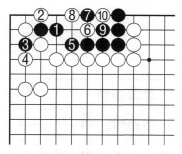

第5题变化图: 黑1扑时,白2如挡,黑有3扳的巧手,白4须粘,黑5跳,白6扑,黑7提,至白10,还原成前图,不过与正解图相比,黑7有在8位粘转换的选择,白2不严谨,白不如前图。

第5题失败图: 黑1飞在通常情况下是破眼的好手,但此际白可2、4应,黑5扑时,白6团,再8提是先手,黑9须补,白10粘做活,黑失败。

第6题正解图: 黑1退是当然的一手,白2扳缩小眼位也是正常思路,黑3断试应手,巧妙,白4如打,黑5贴,白6点时,黑7夹、9打成劫活。

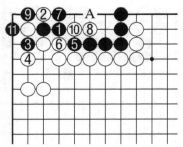

第6题变化图1： 黑5贴时，白6如挤，黑7打有弹性，白8点时，黑9正好提，白10断，黑11提，黑成净活。途中白10如在11位立，黑就于A位夹，亦活。

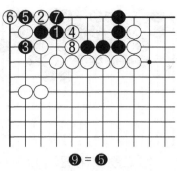

❾＝❺

第6题变化图2： 黑3断时，白4如跨反击，黑5扑、7打重要，白8粘，黑9提，仍成劫活。

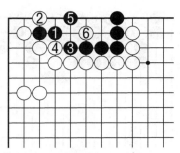

第6失败图1： 白2扳时，黑3单贴不行，白4挤是要点，黑5虎无济于事，白6点，黑死。

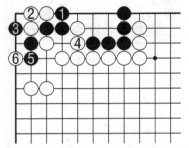

第6题失败图2： 变化图2中黑5如单在本图1位打，白2粘正是时机，黑3打，白4粘，黑5长也做不出眼，白6托，黑亦死。

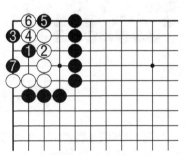

第7题正解图： 黑1点、3尖，妙手，白4如挤，黑5托、7尖成聚杀。

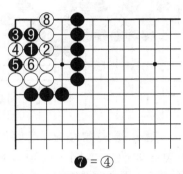

❼＝④

第7题变化图1： 白如4扑、6打、8立，黑9团，仍成聚杀。

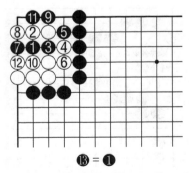

⓭＝❶

第7题变化图2： 黑1点时，白2如贴，黑3冲至黑7立弃子，好棋，白8只好挡，否则成假双活，黑9至13，白无活路。

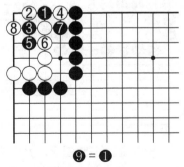

❾＝❶

第7题失败图1： 黑1托、3断打不是手筋，白4提，黑5长、7打，白8扳，黑9提成劫杀，黑失败。

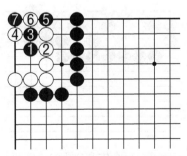

第7题失败图2： 正解图中白2粘时，黑3爬不行，白4夹是好手，黑5扳渡时，白6扑，黑7提，仍成劫杀，黑失败。

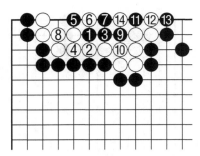

第8题正解图：黑1跨、3夹抓住了棋形要点，白4粘，黑5扳，白6扑必要，黑7提后，白8须粘，至白14成劫杀，这是双方最佳变化。

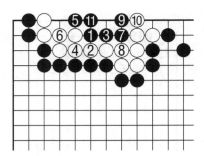

第8题变化图：白6如单粘，黑7顶、9立是冷着，白10挡，黑11粘成眼杀，白不行。

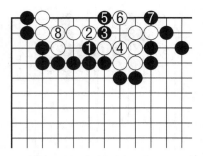

第8题失败图1：黑1单冲，俗手，白2挡，黑3打、5立，白6尖顶，黑7扳时，白8粘即成净活，黑失败。

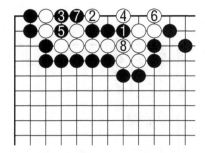

第8题失败图2：正解图中黑5如改于本图1位顶，则白2扳，黑3再打时，白4扳，黑5虽提两子，但白6立、8粘即活，黑失败。

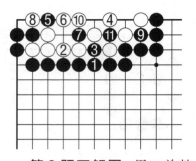

第9题正解图：黑1单粘是冷着，白2粘，黑3打沉着，白4做劫虽顽强，但黑5扳犀利，白6打、8提时，黑9打严厉，白10如做眼，黑11提成双劫，白被净杀。

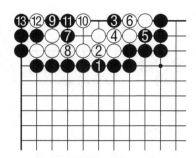

第9题变化图：黑1粘时，白2如跟着黑应，黑3点严厉，白4粘，黑5打、7夹，白气紧，至黑13，白净死。

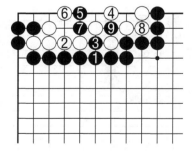

第9题失败图1：正解图中黑5不可于本图点，白6顶、8团抵抗，黑9提成劫杀，黑失败。

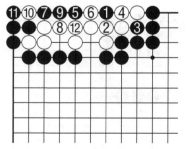

第9题失败图2：黑1直接点也不行，白2粘即可，黑3打，白4再粘，黑5再点，白6提，黑7渡不过去，白8至12，黑反成接不归，白活。

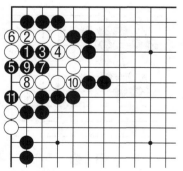

第10题正解图：黑1跨正中要害，白2冲，黑3贴、5打紧凑，白6以下至黑9粘，白10与黑11不能兼顾，成聚杀，白死。

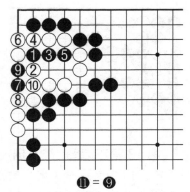

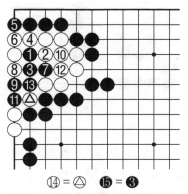

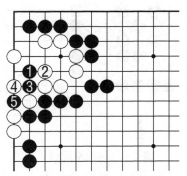

⑪=⑨

⑭=△　⑮=❸

第10题变化图1：黑1跨时，白2如扳，黑3冲仍是不可放过的要点，白4冲时，黑5打、7点是手筋，白8粘，黑9、11扑，白仍不活。

第10题变化图2：黑1跨时，白2如夹，黑3长、5立，白6粘，黑7冲是要津，白8爬、10粘，黑11扑，白12打负隅顽抗，黑13提，弃子重要，白14还提，黑15点，白还是不活。

第10题失败图1：黑1点似是而非，白2弯是愚形好手，黑3打时，白4扳做成劫活，黑失败。

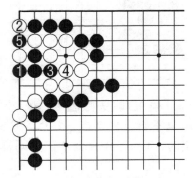

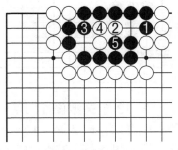

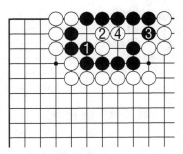

第10题失败图2：变化图2中黑5不能在本图1位随手打，白2扳顽强，黑3、5成劫，黑失败。

第11题正解图：黑1最大限度地扩大眼位，正确，白2尖，黑3单粘是冷着，此后白4、黑5两点见合，成双活。

第11题失败图1：黑1粘似是而非，白2顶击中要害，黑3再扩大眼位时，白4弯，黑无应手。

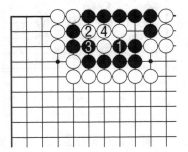

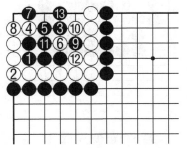

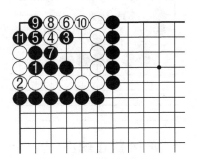

第11题失败图2：正解图中，黑3不能在本图1位挤，若如此，白2打、4粘即成聚杀，黑失败。

第12题正解图：黑1挤、3跳次序绝佳，白4扳、6挖虽是手筋，但黑7、9打吃再13立成劫，这是双方最佳应对。

第12题变化图：黑3跳时，白4若靠，则黑5夹，然后7、9连打，再11挡，黑眼杀白。

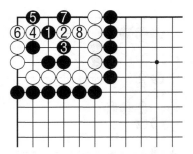

第12题失败图1: 黑1虎不好, 白2靠, 正在形上, 黑3如顶, 白4挤, 以下至白8成双活, 黑失败。

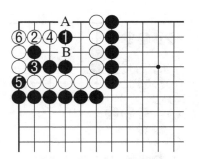

第12题失败图2: 黑1单跳不好, 白2扳, 黑3再挤来不及, 白4顶, 黑5打, 白6粘后, A、B见合, 黑五子被吃, 白活。

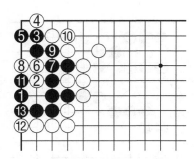

第13题正解图: 黑1倒虎是手筋, 白2点, 黑3爬、5立扩大眼位, 白6顶、8拐, 黑9粘是先手, 再11挤、13团, 成双活。

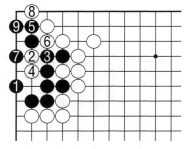

第13题变化图: 黑1倒虎时, 白2如跨、4长, 黑5爬扩大眼位, 白6断, 黑7扳、9立, 利用角上不入气的特点成活。

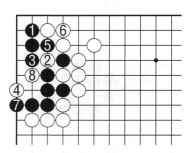

第13题失败图1: 黑1先爬次序有误, 白2提、4点, 占据急所, 黑5打、7挡, 白8断成劫, 黑失败。

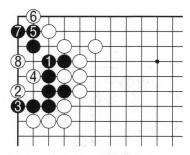

第13题失败图2: 黑1先粘也不行, 白2点、4尖, 黑5爬时, 白6、8成聚杀, 黑同样失败。

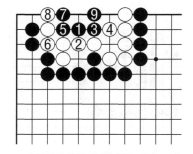

第14题正解图: 黑1点、3爬, 正着, 白4顶, 黑5挤、7立, 白8挡, 黑9立, 眼吃。

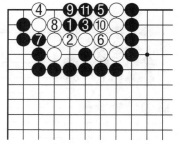

第14题变化图1: 黑3爬时, 白4如立, 则黑5尖顶、7挤, 至11粘, 成聚杀。

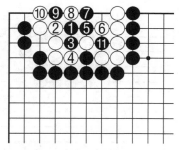

第14题变化图2: 黑1点时, 白2如团, 黑3冲、5打, 再7立, 白8、10即使能做劫, 黑11提是双劫, 白仍被杀。

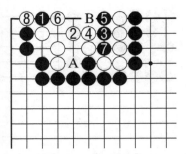

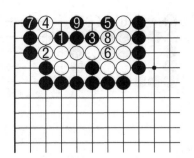

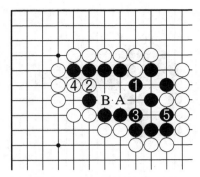

第14题失败图1：黑1从外侧扳不行，白2虎即可，黑3点，白4团，黑5吃，白6反打，白8提一子，此后白A、B见合，白净活，黑失败。

第14题失败图2：正解图中黑3如改为本图1位先挤再3爬，则白4立即可，黑5尖顶、7紧气，白8打，黑9只好做劫，成劫杀，黑失败。

第15题正解图：黑1挡显而易见，白2挖，黑3粘巧妙，白4粘，黑5做眼后，A、B见合，黑成活。

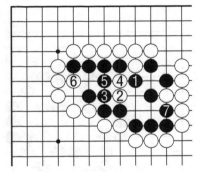

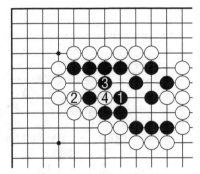

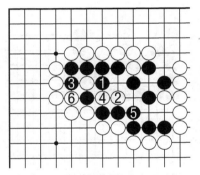

第15题变化图：黑1挡时，白2如夹，黑3粘，白4断，黑5打，白6破眼，黑7团，仍活。

第15题失败图1：正解图中黑3如改于本图1位做眼，忽略了白2打的冷着，黑3只好挡，白4提成劫杀，黑失败。

第15题失败图2：正解图中黑3如改于本图1位打，白2点，严厉，黑3提，白4、6位打后成劫，黑失败。

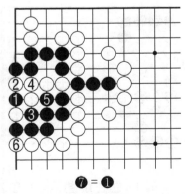

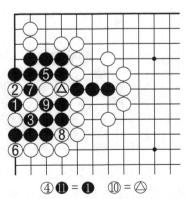

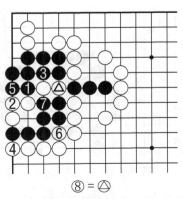

❼＝❶

④⓫＝❶　⑩＝△

⑧＝△

第16题正解图：黑1扑、3打是正着，白4粘紧气是强手，黑5也须紧气，白6打，黑7提成劫活，这是双方最佳变化。

第16题变化图：黑3打时，白4粘不好，黑5紧气重要，白6、8紧气，黑9提后，白10与黑11见合，黑活。

第16题失败图1：黑1挤不是要点，白2团，黑3、5紧气吃白，白6也紧气，黑7提不得已，白8扑，黑无两眼，失败。

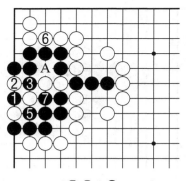

④⑧=❶

第16题失败图2：正解图中黑3不可从另一边打，白4粘，黑5须打，白6粘紧气是冷着，黑由于A位不入气，只能7位提四子，白8点，黑净死，失败。

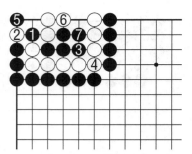

第17题正解图：黑1断是绝对的一手，白2扑欲延气，黑3打正是时机，白4只能粘，黑5再提，白6打时，黑7多送一子，成聚杀。

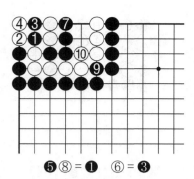

❺⑧=❶　⑥=❸

第17题失败图1：白2扑时，黑3多送一子不成立，至白8粘，白虽被滚打，但黑9打，白10粘成双活，黑失败。

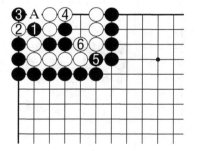

第17题失败图2：白2扑时，黑3如随手提，则白4拐，由于黑A位不入气，黑5打、白6粘成净活，黑失败。

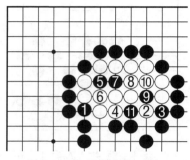

第18题正解图：黑1从外侧紧气有趣，白2扩大眼位，黑3仍从外边紧气是要点，白4团，黑5打、7冲是冷着，白8提，黑9扑、11挤，白无两眼。

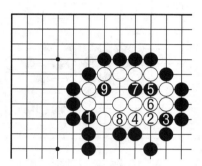

第18题变化图：黑1、3紧气时，白4团另一边，黑仍有5打、7长的破眼手段，白8如团，黑9打，成双吃，白仍不活。

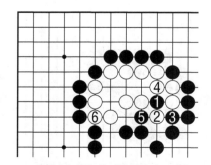

第18题失败图1：黑1挖、3打看起来像是破眼的要点，但此形中白4提后，黑5只能卡，白6团成弯四，黑不能杀白，失败。

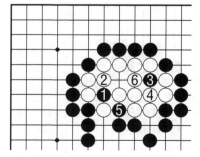

第18题失败图2：正解图中黑5如在本图1位先扑再3打，则次序不佳，白4粘，黑5只能卡，白6提两眼瞪圆，黑失败。

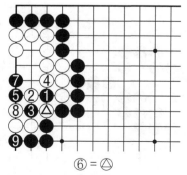

⑥=△

第19题正解图：黑1打必然，白2、4反打，欲做劫，黑5打、7长是鬼手，白8提时，黑9打。

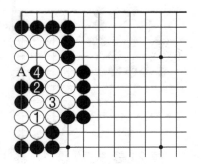

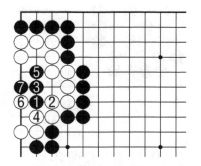

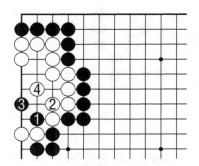

第19题正解图续：白1只好粘，黑2打，白3仍须粘，黑4冲后，因将来黑可在A位团，故此结果并非双活，白死。

第19题失败图1：黑1点、3长不成立，白4粘即可，黑5继续破眼，白6扳，黑7只能打，成万年劫，黑失败。

第19题失败图2：黑1打另一边则力度不够，白2粘，黑3只好吃两子，白4做眼即可成活，黑失败。

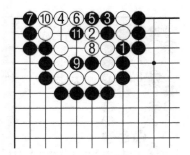

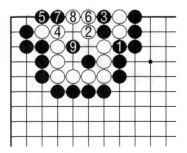

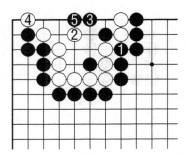

第20题正解图：黑1打朴实，白2打，黑3提，白4倒虎虽是形，但黑5拐、7立，白8粘时，黑9破眼，白10若抵抗，黑11吃白接不归。

第20题变化图1：白4如改于本图4位粘，则黑5扳至9点，白仍不活。

第20题变化图2：白2如虎，黑3尖是巧手，白4扳，黑5爬，白做不出两只眼，仍被杀。

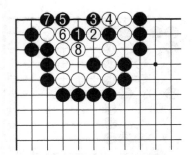

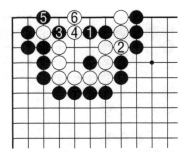

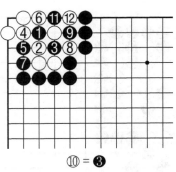

第20题失败图1：黑1跳是假手筋，白2打即可，黑3打、5尖也无用，至白8打，白安然成活，黑失败。

第20题失败图2：黑1长也不行，白2粘，黑3打、5提，白6立，黑无计杀白，失败。

⑩＝❸

第21题正解图：黑1搭为形之要点，白2顶，黑3扑又是与黑1相关联的妙手，白4打至8提必然，黑9打、11扑成劫杀。

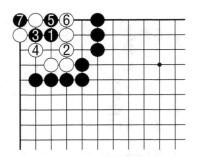

第21题变化图1：黑1搭时，白2如粘，则黑3挤、5打，白6打，黑7提，仍成劫。

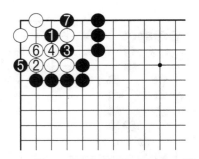

第21题变化图2：黑1搭时，白2如贴顽抗，黑3挖、5打是次序，白6团，黑7打，白仅存一眼，净死。

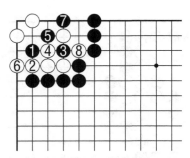

第21题失败图1：黑1跳、3挖再5打并不能杀白，白6立是要点，黑7打，白8提后，黑成接不归，白活。

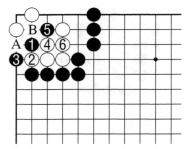

第21题失败图2：黑3如改为渡，则白4挡，黑5打时，白6粘，此后黑A、B两点不能兼顾，失败。

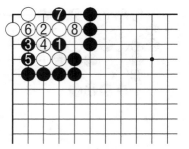

第21题失败图3：黑1如挖，白2单退冷静，黑3点、5粘，白6也粘，黑7夹破眼，白8顶即可成活，黑也失败。

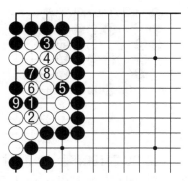

第22题正解图：黑1尖、3冲是此形关键之处，白4粘，黑5挤重要，白6也挤，黑7挖、9粘是妙手，白接不归被杀。

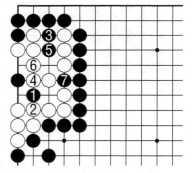

第22题变化图：黑3冲时，白4若单挤，则黑5冲、7打，白眼位仍不足。

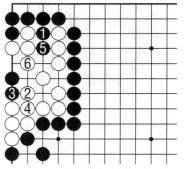

第22题失败图1：黑1单冲随手，白2做眼冷静，黑3打、5冲，白6退确保无事，黑失败。

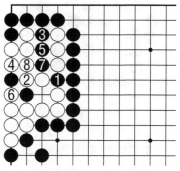

第22题失败图2：正解图中黑3若先于本图1位挤，则白2也挤，黑3再冲时，白4打忍耐，黑5、7虽可吃三子，但白8粘成活，黑失败。

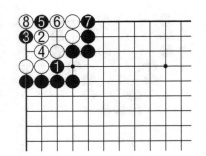

第23题正解图：黑1挤，白2虎是正应，黑3托是手筋，白4粘，黑5扳、7打，白8提成劫，这是双方最佳变化。

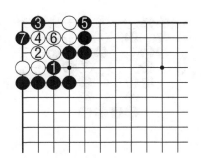

第23题变化图：黑1挤时，白2如粘则更差，黑3点、5挡，再7扳成盘角曲四形，白净死。

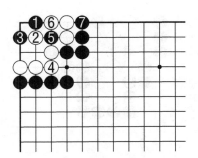

第23题失败图1：黑1点不是要点，白2虎，黑3只好扳，白4团，扩大眼位，黑5扑、7打，成缓气劫劫活，黑失败。

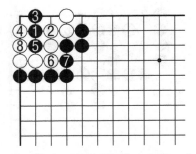

第23题失败图2：黑1点虽最易想到，却不是要点，白2粘，黑3立时，白4夹，妙手，黑5挤、7紧气，白8粘成双活，黑失败。

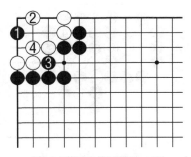

第23题失败图3：黑1点是错觉，白2跳是要点，黑3挤，白4粘即可活，黑失败。

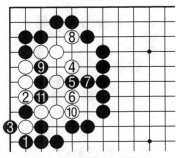

第24题正解图：黑1打、3提，以退为进是重点，白4虎，黑5挤重要，白6打后再8、10抵抗徒劳，黑11断，白死。

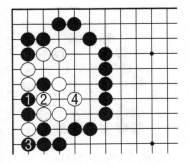

第24题失败图1：黑1顶急躁，白2打成先手，黑3须吃，白4成活，黑失败。

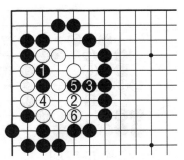

第24题失败图2：正解图中黑5如在本图1位断则过急，白2虎占据要点，黑3、5已不能破眼，黑失败。

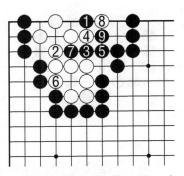

第25题正解图：黑1点，妙手，白2如做眼，黑3再点仍是妙手，白4冲、6做眼，黑7挤、9打，白被杀。

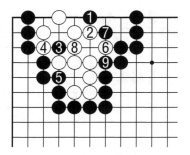

第25题变化图：黑1点时，白2如压，黑3扳、5团破眼，白6做眼，黑7正好挤，白8粘，黑9打，白仍不活。

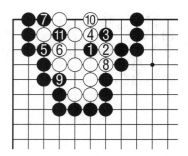

第25题失败图1：黑1靠不行，白2挖、4打是手筋，黑5团、7打，白8粘、10做劫，黑11提成劫杀，黑失败。

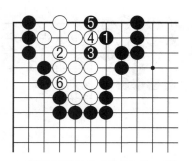

第25题失败图2：黑1尖，不让白于1位跳做眼，思路不错，但白2冷静，黑3尖顶时，白4挤，此后黑5、白6见合，黑不能杀白，失败。

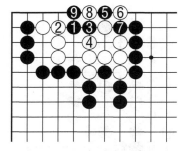

第26题正解图：黑1点是绝对手筋，白2团是最佳应手，黑3顶时，白4顶反抗，黑5扳至9打破眼，成为劫杀。但此劫白即使脱先一手，黑也不能净吃白，是对白有利的劫。

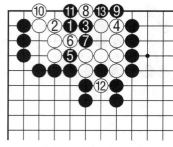

第26题变化图1：黑3顶时，白4如团用强，黑5、7冲断弃子是好手，白8扳，黑9也扳，白10最大限度地扩大眼位，黑11打、13提，白成净死，还不如前图。

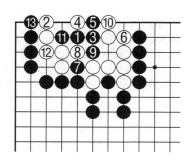

第26题变化图2：黑1点时，白2如立，黑3正好顶，白若4托、6团顽抗，黑7、9冲断至13，白两边不入气，被杀。

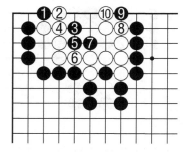

第26题失败图：黑1扳、3点的破眼手段欠功夫，白4粘，黑5、7欲聚杀，白8团、10打无条件活棋，黑失败。

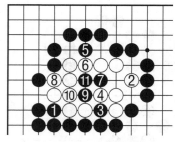

第27题正解图：黑1挤是要点，白2如扩大眼位，黑3冲、5刺，白6只能粘，黑7挖，妙手，至11团，白死。

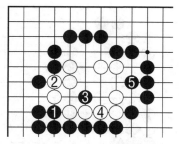

第27题变化图：黑1挤时，白2如团，则黑3夹、5刺，白亦不活。

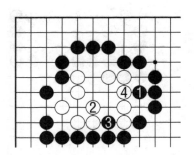

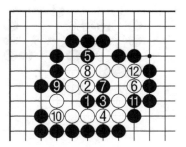

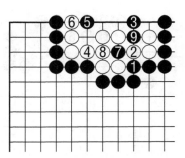

第27题失败图1：黑1刺不是要点，白2做眼即可，黑3再冲，白4粘即活，黑失败。

第27题失败图2：黑1夹、3顶破眼盲目，白2、4后，黑5再刺时，白6做眼，好棋，黑7弯，白8粘，再10、12团巧成双活，黑失败。

第28题正解图：黑1团是盲点，白2如挡，黑3点，白4扩大眼位时，黑5再点强烈，白6断，黑7扑、9挤，白眼位不足，被杀。

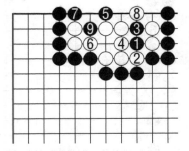

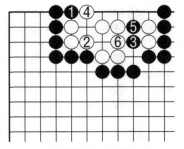

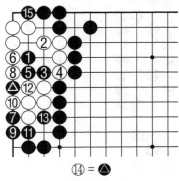

⑭ = ▲

第28题失败图1：黑1扳似是手筋，白2、4断打弃子，黑5托虽妙，但白6挡顽强，黑7拐、9扑成劫杀，黑失败。

第28题失败图2：黑1单拐也不行，白2挡正应，黑3扳，白4成眼，黑5冲吃，白6团即活，黑失败。

第29题正解图：黑1点方显而易见，白2弯是最强抵抗，黑3扳、5团，绝妙，白6爬，黑7托、9退重要，白10打，黑11、13先手破眼再15爬，白死。

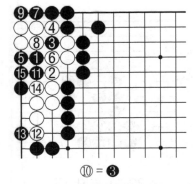

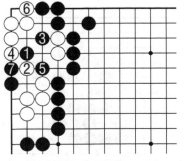

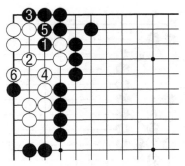

⑩ = ❸

第29题变化图1：黑1点时，白2如退，黑3扳、5挡是弃子好手，白6打时，黑7、9紧气再11团，至黑15成聚杀。

第29题变化图2：黑1点时，白2如尖顶，黑3扳、5挤，白6做一眼，黑7打，白仍无两眼。

第29图失败图：黑1直接扳入，思维过于简单，白2尖，占据要点，黑3爬，白4退即可，黑5连回，白6虎即活，黑失败。

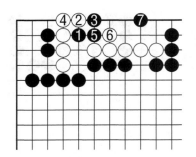

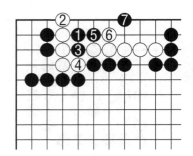

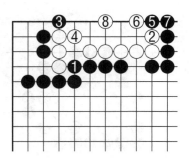

第 30 题正解图：黑 1 夹显而易见，白 2 扳，黑 3 打、5 粘，白 6 紧气，黑 7 小飞，白仅存一眼。

第 30 题变化图：黑 1 夹时，白 2 如立，黑 3 冲、5 拐弃子，白 6 只好挡，黑 7 大飞，白死。

第 30 题失败图：黑 1 团缩小眼位的办法在此不适用，白 2 挡扩大眼位明智，黑 3 扳，白 4 退，以下至白 8 跳，黑无计杀白，失败。

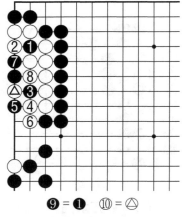

⑨＝❶　⑩＝△

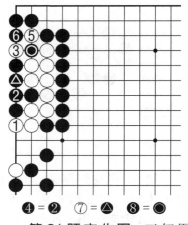

❹＝❷　⑦＝△　⑧＝●

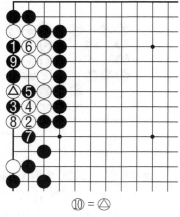

⑩＝△

第 31 题正解图：黑 1 扑是要点，白 2 提只此一手，黑 3 打、5 提、7 打重要，白 8 打是最强抵抗，黑 9 提三子，白 10 提成劫杀。

第 31 题变化图：正解图中白 10 如在本图 1 位打，黑 2 粘，白 3 提时，黑 4 点入，白 5 提，黑 6 打，白 7 只能挡，黑 8 提，仍是劫杀。此图结果白劫材不如正解图多。

第 31 题失败图 1：黑 1 打两子不好，白 2 扳扩大眼位，黑 3 再打，白 4 先粘，再于 6 位连回两子，黑 7 虎，白 8 打，黑 9 只能粘，成劫杀。此劫还须缓一气，黑失败。

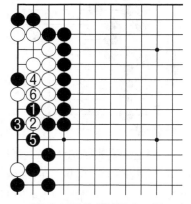

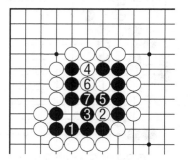

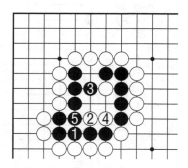

第 31 题失败图 2：黑 1 扳思维简单，白 2 断是手筋，黑 3 一路打，白 4 吃是正着，黑 5 提，白 6 粘成净活，黑失败。

第 32 题正解图：黑 1 粘，只此一手，白 2 断时，黑 3 打正确，以下至黑 7，黑活。

第 32 题变化图 1：白 2 点不好，黑 3 打谨慎，此后白 4、黑 5 见合，黑比正解图活得还大。

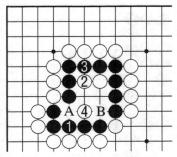

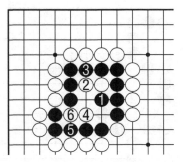

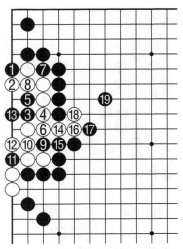

第32题变化图2：黑1粘时，白2顶、4点则更差，黑先手双活，但必须注意的是黑要等白先走，再跟着应，不可在此局部A、B位先着子。

第32题失败图：黑1打太粗心，白2逃、4点，妙手，此后黑5、白6两点见合，黑接不归。

第33题正解图：黑1扳是要点，白2挡，黑3跨、5长深入敌阵，白6粘是最强抵抗，黑7打、9挖，白10粘，黑11、13破眼，白14、16也冲不出去，黑17扳、19飞，白死。

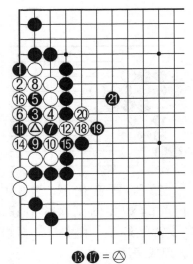

⑬⑰＝△

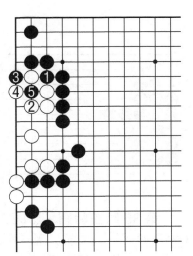

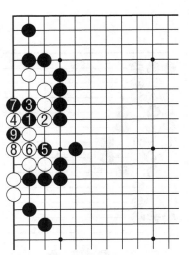

第33题变化图：黑5长时，白6如扳，黑7断，白8粘顽强，黑9打必然，白10、12打后，14扑准备做劫，黑15卡打、17点破眼，并不怕白18、20冲出，黑21飞，白逃不出去，净死。

第33题失败图1：黑1挤不好，白可2、4做劫，黑5提成劫杀，黑失败。

第33题失败图2：黑1跨、3长，准备工作也不充足，白4扳可以抵抗，黑5扳、7打，白8做劫，黑9成劫，黑失败。

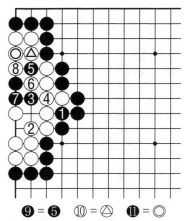

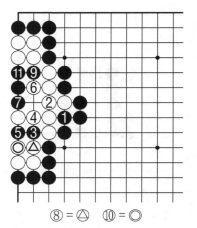

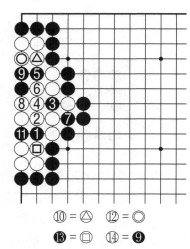

❾ = ❺　⑩ = ⊘　⓫ = ○

⑧ = ⊘　⑩ = ○

⑩ = ⊘　⑫ = ○
⓭ = ▣　⑭ = ❾

第34题正解图：黑1打，白2粘下边，黑3刺、5打是次序，白6打、8提抵抗，黑9回提五子，看上去白已无后路，但另有乾坤。白10打意外，黑11做成劫杀，至此为双方最佳变化。

第34题变化图：黑1打时，白2如跟着应，不好，黑3打、5提，白6虎，黑7顶重要，至11提，白反被净杀。

第34题失败图1：黑1打四子错着，白2反打正好，黑3扑，白4提，黑5打，白6打，黑7如破眼，白8打三子，以下至白14，做成两眼，黑失败。

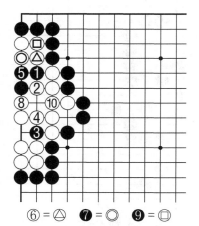

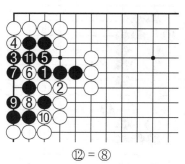

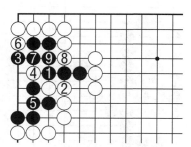

⑥ = ⊘　❼ = ○　❾ = ▣

⑫ = ⑧

第34题失败图2：黑1打上边，错误，白2打，黑3再打时，白4粘即可，黑5提，白6断、8打成先手，再10粘，由于下边四子是倒脱靴，白净活，黑失败。

第35题正解图：黑1打、3尖是妙手，白4挤，黑5粘，白6断、8扑，黑9提，至白12，黑成劫活。

第35题变化图：黑3尖时，白4如先断则次序有误，黑5粘是好手，白6挤，至黑9，黑成净活。

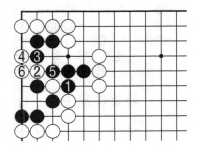

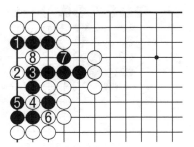

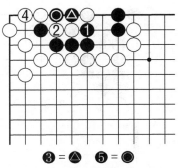

③ = △　　⑤ = ◎

第 35 题失败图 1：黑 1 不是做眼要点，白 2 扳是急所，黑 3 夹时，白 4、6 渡过，黑净死，失败。

第 35 题失败图 2：正解图中黑 3 如在本图 1 位挡则嫌急躁，白 2 点、4 扑是杀棋要着，黑 5 提、7 顶，白 8 挖是有力的一击，黑无两眼，失败。

第 36 题正解图：黑 1 打，正着，白 2 提，黑 3 扑重要，白 4 退，黑 5 提。

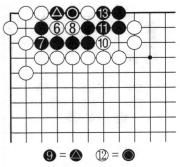

⑨ = △　　⑫ = ◎

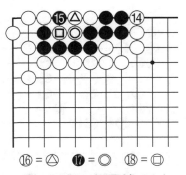

⑯ = △　　⑰ = ○　　⑱ = □

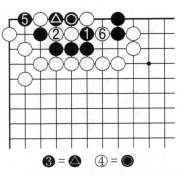

③ = △　　④ = ◎

第 36 题正解图续 1：白 6 扑，黑 7 粘，只此一手。白 8 再提，黑 9 扑，白 10 冲、12 提，黑 13 打，弹性十足。

第 36 题正解图续 2：白 14 挡有力，黑 15 提四子，白 16 打，黑 17 做劫，白 18 提，成劫活。此结果为双方最佳变化，手数很多，变化复杂，应仔细把玩体味。

第 36 题失败图：白 2 提时，黑 3 如扑另一侧则失误，白 4 提，黑 5 打，白有 6 挖的妙手。

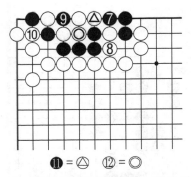

⑪ = △　　⑫ = ○

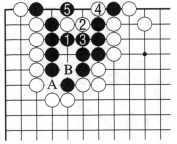

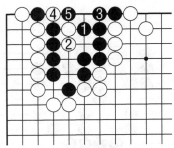

第 36 题失败图续：黑 7 从底下打无奈，白 8 先手粘，黑 9 再提时，白 10 卡，此后黑 11 与白 12 不能兼顾，黑死，失败。

第 37 题正解图：黑 1 挡是做眼要点，白 2 顶，黑 3 紧气，朴素，白 4 无论在哪边提，黑 5 均可吃白两子做活。途中，黑 3 不可随手于哪一边粘回一子，若如此，白 A 位打与黑 B 位交换后，再提另一侧之子，黑顿死。

第 37 题失败图 1：黑 1 顶不是要点，白 2 长，黑 3 只好粘，白 4 提一子，黑 5 扑，成劫活，黑失败。

35

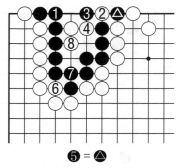

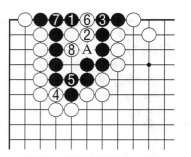

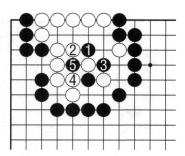

⑤＝▲

第37题失败图2：黑1粘不成立，白2提，黑3只能打，白4断打至8弯成聚杀，黑死。

第37题失败图3：黑1扳也不行，白2顶，黑3只好粘，白4打至8弯。白由于可在A位团成刀五聚杀，黑失败。

第38题正解图：黑1夹是漂亮的一击，白2顶是最佳应手，黑3打，白4只能做劫，黑5提成劫活，这是双方最佳变化。

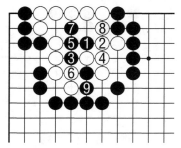

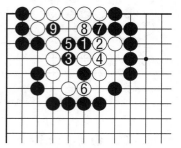

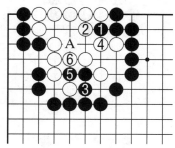

第38题变化图1：黑1夹时，白2如在另一边顶，则黑3打，白4粘抵抗，无理，黑5粘、7顶是次序，白8粘，黑9也粘，白不活。

第38题变化图2：黑5粘时，白6打不成立，黑7冲后，白8如断，黑9吃倒扑，白仍不活。

第38题失败图1：黑1冲、3粘破眼，思路过于简单。白4挡是做眼的要点，黑5打时，白6粘，净活，黑失败。途中，白4不可随手在5位挡，否则黑有A位靠的手筋，白顿死。

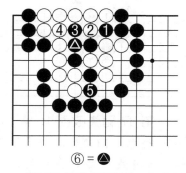

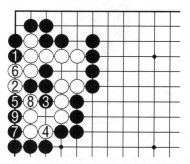

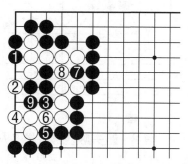

⑥＝▲

第38题失败图2：变化图1中黑7如先于本图1位冲是恶手，白2打，黑3吃时，白4可提，黑5粘，白6做眼即可活，黑失败。

第39题正解图：黑1爬缩小眼位是此际的要点，白2扳，黑3单冲，巧妙，白4挤欲扩大眼位，黑5打、7拐，白8只能打，黑9粘，白死。

第39题变化图1：黑3冲时，白4如立，黑5团、7冲，再9团成聚杀。

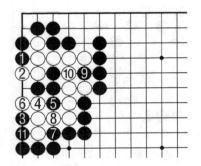

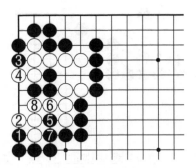

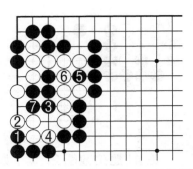

第39题变化图2：黑1爬时，白2如拐，黑3托是妙手，白4顶，黑5冲是冷着，以下至黑11为必然，白眼位不足。

第39题失败图1：黑1先在下边冲再3爬，次序错误，结果也大不相同。白4挡即可，由于黑已失去了2位托的手段，只好5挖、7粘，白8粘后成净活，黑失败。

第39题失败图2：正解图中黑3如先于本图1位冲则有误，白2挡，黑3再冲时，白可在4位扩大眼位，黑5冲、7团并不是聚杀，黑失败。

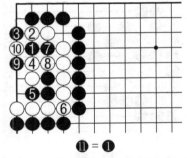

⓫ = ❶

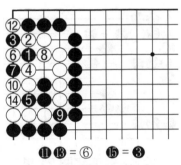

⓫⓭ = ⑥　⓯ = ③

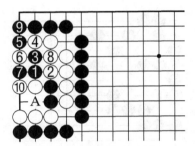

第40题正解图：黑1跳入是必然的一手，白2冲、4顶，黑5冲，时机绝妙，白6粘抵抗，黑7打、9扳巧手，白10提，黑11打二还一，白被杀。

第40题变化图：黑5冲时，白如6扑、8打，黑9断打即可，白10打，黑11粘弃子，好棋！白12提，黑13点入，白14粘，黑15断，白仍不活。

第40题失败图1：黑1扳不是要点，白2打即可，黑3长，白4冲，黑5只能渡，白6扑、8粘再10打，此后A位做眼与在6位提三子见合，白净活，黑失败。

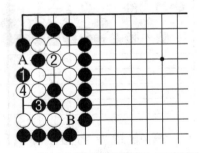

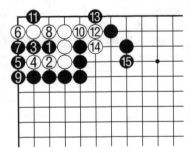

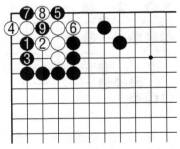

第40题失败图2：正解图中黑5如于本图1位扳不也是要点，白2打正好，黑3再冲为时已晚，白4打后，A、B见合，白轻松活出，黑失败。

第41题正解图：黑1点入严厉，白2冲，黑3贴下，白4再冲，黑5渡至9粘，白10拐，黑11点是要点，白12以下抵抗徒劳，黑15并后白被杀。

第41题失败图1：黑1靠不是要点，白2顶、4立，黑5托虽是局部妙手，但白6拐成劫活，黑失败。

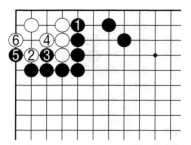

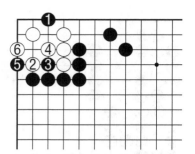

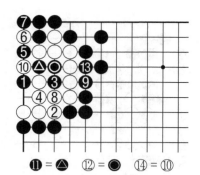

第41题失败图2： 黑1如单挡，白2靠是形，黑3冲、5打，白6做劫，黑已不能净杀白，黑失败。

第41题失败图3： 黑1如在一路点，白2靠重要，黑3冲、5打别无选择，白6打成劫活，黑失败。

⓫=△　⓬=◎　⓮=⑩

第42题正解图： 黑1扳是此形的要点，白2挤是最强抵抗，黑3打、5渡，白6扑、8打，黑9紧气，防白吃黑接不归，白10提，黑11打三还一，白12再打时，黑13紧气，白14提成劫活。

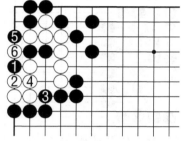

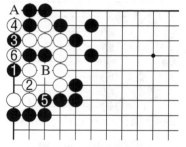

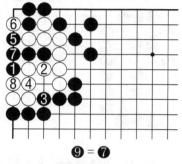

第42题变化图1： 黑1扳时，白2如打，黑3打、5渡是次序，白6提劫不得已，成劫杀。

第42题变化图2： 黑1扳时，白2如粘，黑3仍渡，白4扑时，黑5团重要，白6提，仍成劫。途中，黑5如在A位提，白将在B位打，先手做眼后，再5位成活。

⑨=⑦

第42题变化图3： 黑1扳时，白在2位打不好，黑3先团，再5渡，白6再扑，黑7可粘，白8提，黑9点，白被净杀。

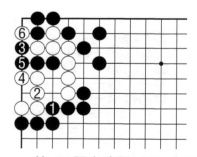

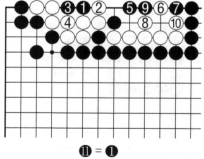

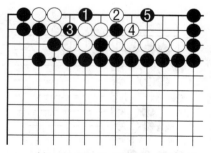

第42题失败图： 黑1先团再3渡不好，白4立冷静，黑5若粘，白6扑，净活，黑失败。途中白4不能在6位扑，若如此，黑将在4位扳，成劫杀。

⓫=❶

第43题正解图： 黑1托是此际好手，白2挡，黑3就先手打，白4提，黑5尖是妙手，白6只能跳，黑7单弯是冷着，妙！至黑11扑，成金鸡独立，白死。

第43题变化图： 黑1托时，白2如打，黑3倒扑成先手，白4提，黑5点，白无两眼，净死。

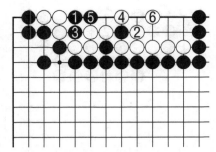
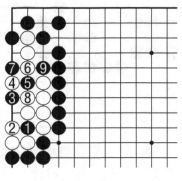
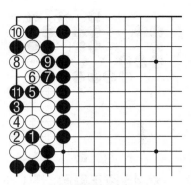

第43题失败图：黑1打不是要点，白2打，黑3只能提，白4提一子后，黑5、白6见合，黑无力杀白，失败。

⑩＝④

第44题正解图：黑1扑、3点是正确次序，白4搭是正应，黑5打、7提，白8打并不是接不归，黑9断，白两边不入气，只好在10位提，劫杀是正解。

第44题变化图1：黑3点时，白不能于4位团顽抗，黑5尖顶，妙手！白6顶，黑7断至11团成金鸡独立，白反成净死。

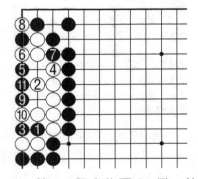
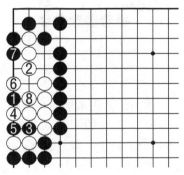
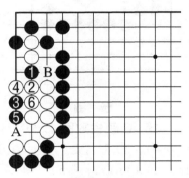

第44题变化图2：黑1扑时，白2如弯也不能活。黑3提，白4做眼，黑5点、7打是次序，白8提，黑9点、11粘，白死。

第44题失败图1：黑1直接点不行，白2退即可。黑3扑，白4挡、6打，黑7爬，白8提可活，黑失败。

第44题失败图2：黑1跨也不是手筋，白2夹即可。黑3点，白4挡，黑5爬，白6打，此后A、B见合，黑不能杀白，失败。

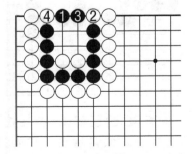
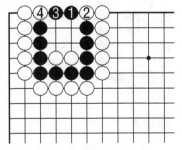
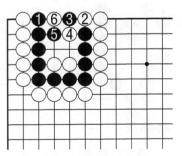

第45题正解图：黑1尖是形，白2拐、4挤成双活。此图妙处在于此局部黑、白双方均不能再在这里着子，值得玩味。

第45题变化图：由于是两边同形，黑1尖这边也行，白2挤时，黑3并，结果与前图完全相同。

第45题失败图：黑1挡则贪，白2拐，黑3挡时，白4打，黑5只好做劫，否则将成聚杀，白6提，黑打劫活，失败。

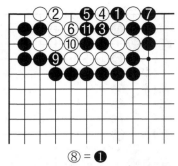

⑧ = ❶

第46题正解图：黑1扑，白2粘是最强抵抗，黑3挡、5打是好手，白6刺，意图防黑聚杀，但黑7、9连打紧凑，再11粘，仍成刀五，白死。

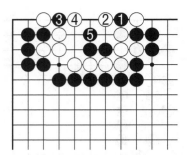

第46题变化图1：黑1扑时，白2如提，黑3再扑，白4提，黑5弯，成花六聚杀。

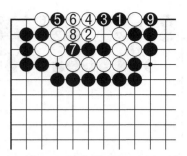

第46题变化图2：黑1扑时，白2如夹，黑3长、5扑，再7挤破眼，白8打，黑9提，白仍不活。

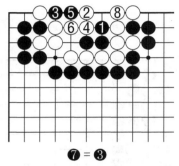

❼ = ❸

第46题失败图1：黑1单挡不行，白2飞是巧手，黑3扑，白4可挤，黑5、7徒劳，白8粘，巧成双活。

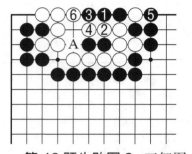

第46题失败图2：正解图中黑3如于本图1位长则前功尽弃，白2打，黑3再长，白就4打、6吃，此后，白A位做眼与提三子见合，安然活出，黑失败。

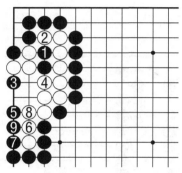

第47题正解图：黑1冲是弃子手筋，白2打必然，黑3从一路打是巧手，白4提两子，黑5跳回，至黑9，白无两眼，顿死。

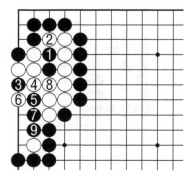

第47题变化图：黑3一路打时，白4反打也于事无补，黑5也反打，白6提，黑7打是先手，再9粘，白仍不活。

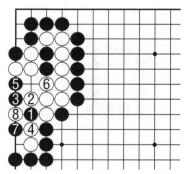

第47题失败图：正解图中黑3如在本图1、3连扳，则白4打，黑5打、7做劫，白8提成劫，黑失败。

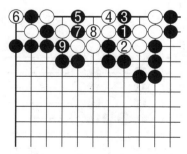

第48题正解图：黑1挖、3立弃子，深谋远虑。白4打时，黑5点是手筋，白6若提，黑7挤、9打，白两边不入气，被杀。

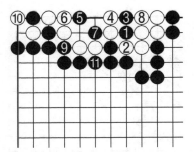

第48题变化图：黑5点时，白6如粘抵抗，黑7断打，再9、11两打，白接不归。

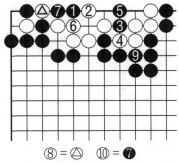

⑧=△　⑩=❼

第48题失败图1：黑1先点，次序错误。白2虎占据要点，黑3挖、5立时，白6可打，黑7提，白8反提，黑9只好吃五子，白10粘，成活，黑失败。

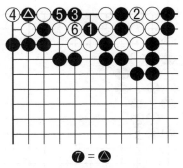

❼=△

第48题失败图2：正解图中黑5若于本图黑1打、3尖则不好，白4提顽强，黑5只能打，白6反打，黑7提成劫，黑失败。

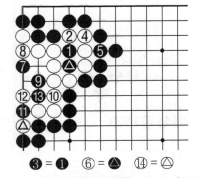

❸=❶　⑥=△　⑭=△

第49题正解图：黑1多送一子，再3扑是常用的紧气手筋，白4粘，黑5打，白6提，黑7点、9尖，白10须粘，黑11提、13断打，成劫杀。

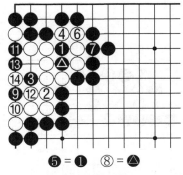

❺=❶　⑧=△

第49题变化图1：黑1长时，白2如粘，黑3点入是要点，白4提，黑再5、7紧气，白8提后，黑有9尖、11提的好手，白12若打，黑13退，还是劫杀。

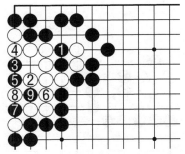

第49题变化图2：黑1长时，白2如弯做眼，黑3点、5爬犀利，白6粘，不得已，黑7提，白8只好扑，黑9提，仍是劫杀。

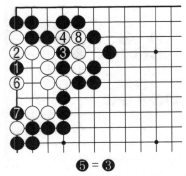

❺=❸

第49题失败图1：黑1先点不行，白2粘，黑3再送一子时，白4提，黑5扑，白不会在8位粘了，而是先6打，待黑7提时，白8再粘，成净活，黑失败。

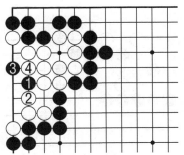

第49题失败图2：正解图中黑7若改为本图1位靠则半途而废，白2顶是正应，黑3尖破眼徒劳无功，白4打，黑无计，失败。

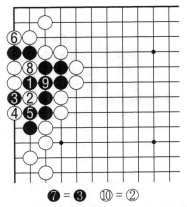

❼=❸　⑩=②

第50题正解图：黑1顶是关键，白2嵌是手筋，黑3扑、5打是强手，白6打，黑虽接不归，但黑7提、9粘，白10提，黑成劫活，成功。

41

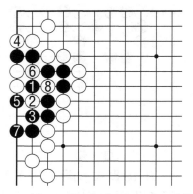

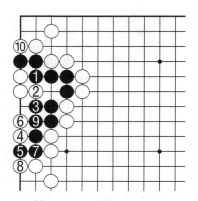

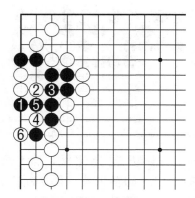

第50题失败图1：白2嵌时，黑3如打则随手，白4打，黑5提，白6也提，此后，黑7、白8见合，黑因不能兼顾而死，失败。

第50题失败图2：黑1粘回两子因小失大，白2冲，黑3夹似乎是形，但白4夹是手筋，黑5打，白6可长，黑7粘，白8、10两打，黑成接不归，失败。

第50题失败图3：黑1靠是假手筋，白2弯，黑3只能粘，白4断是手筋，黑5打时，白6于一路打是破眼巧手，黑失败。

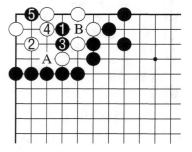

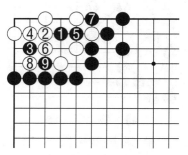

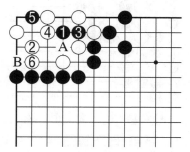

第51题正解图：黑1点是急所，白2尖抵抗，黑3挤只此一手，白4挡，黑5点入，此后A、B见合，白死。

第51题变化图：黑1点时，白2贴也不行，黑3跳是要点，白4粘确保一眼，黑5打、7提再9打，白仍无两眼。

第51题失败图1：正解图中黑3如打则轻率，白4挡，黑5点入也不能杀白。白6顶后，A、B见合，必成一眼，白活，黑失败。

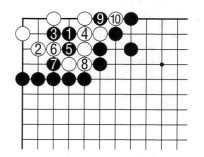

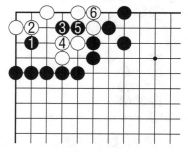

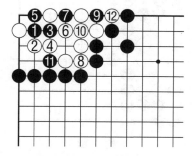

第51题失败图2：黑3冲也不行，白4粘是好手，黑5挤，白6紧气，黑7打、9扑成劫，黑失败。

第51题失败图3：黑1先跳次序不佳，白2贴正好，黑3再点时，白4团反击，黑5打，白6粘，黑两子被擒无功而返，更失败。

第51题失败图4：黑1靠是错着，白2扳，黑3再冲时，白4夹，黑5打，白6打，黑7提劫，白8团，黑9扑劫，以下至白12提成双劫，白活。

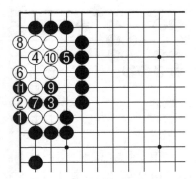

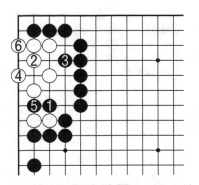

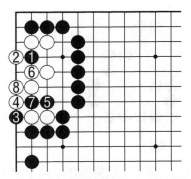

第52题正解图: 黑1扳、3打是要点,白4弯,黑5破眼,白6做眼时,黑7提两子,白8只好立,黑9挤、11提成劫杀。

第52题失败图1: 黑1单虎不佳,白2弯、4做眼,此后黑5、白6见合,白活,黑失败。

第52题失败图2: 黑1先夹防白于此位弯也不好,白2扳,黑再3扳、5打时,白6打、8做眼后即活,黑失败。

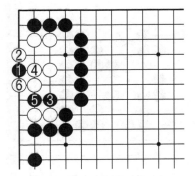

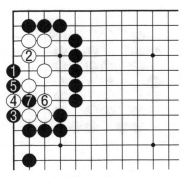

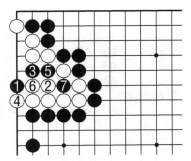

第52题失败图3: 黑1点也不是要点,白2尖顶正确,黑3虎时,白4须打,黑5吃,白6提成活,黑失败。

第52题参考图: 黑1点时,白2不可弯。如此,黑有3扳、5打的好手,白6只能做劫,黑7提,成劫。

第53题正解图: 黑1一路透点是妙手,白2做眼,黑3尖顶,白4只能挡,黑5打、7提成劫杀。

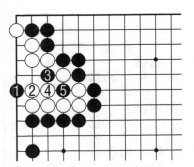

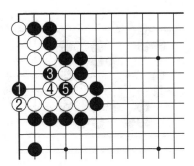

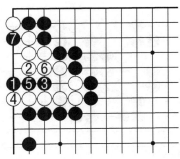

第53题变化图1: 黑1点时,白2如压,则黑3打是好手,白4也只能做劫,黑5提,还是劫杀。

第53题变化图2: 黑1点时,白2如挡,黑仍3打,白4还要做劫,黑5提,也是劫杀。

第53题变化图3: 黑1点时,白2不可虎。这样黑3点是好手,白4挡,黑5粘是先手,再7扑,白净死。

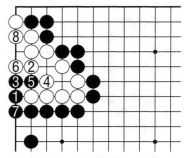

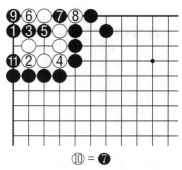

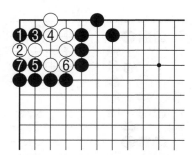

第53题失败图：黑1扳不是杀棋要点，白2虎即可。黑3只能长，白4做眼，黑5挤时，白6打是先手，再8做眼成活，黑失败。途中，黑3如在4位点，则白可于3位打，亦成活。

第54题正解图：黑1点严厉，白2、4团是最强抵抗，黑5挤、7扑是妙手，白8提时，黑9打、11拐，白死。

⑩＝❼

第54题变化图：黑1点时，白2若挡，黑3冲、5挤即可。此后，白6团，黑7打，白无两眼。

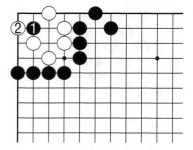

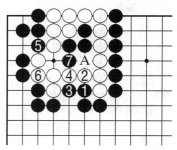

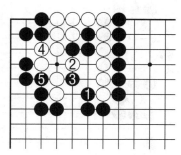

第54题失败图：黑1靠在多数情况下是要点，但此际不宜，白2扳后，黑无应手，失败。

第55题正解图：黑1拐缩小眼位是正确思路，白2挡，黑3顶、5挤，白6团眼时，黑7弯，此后，由于白不入气，黑能于A位团成刀五，白死。

第55题变化图1：黑1拐时，白2如打，则黑3挤是破眼要点。此后白4、黑5见合，白仍不活。

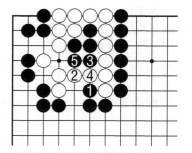

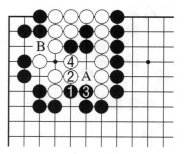

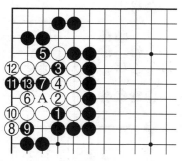

第55题变化图2：黑1拐时，白2如弯，则黑3冲、5团，仍是聚杀。

第55题失败图：黑1虎是恶手，白2拐，黑3团时，白4打冷静，白成净活，黑失败。途中，白4如在A位粘则随手，黑于B位挤，将还原成正解图。

第56题正解图：黑1冲、3扑次序好，白4如提，黑5挤破眼，白6做眼，黑7点、9挤至13粘，由于将来白早晚要在A位填子，故不是双活，白死。

44

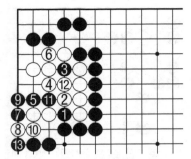

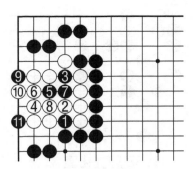

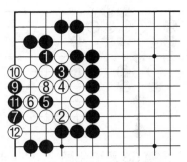

第 56 题变化图 1：黑 3 扑时，白 4 如退，则黑 5 是急所。白 6 团眼抵抗，黑正好 7、9 扳粘渡过，白 10 如粘，黑 11 打是先手，再 13 吃，白仍不活。

第 56 题变化图 2：黑 3 扑时，白 4 如拐，则黑 5 扳，妙手，白 6 粘，黑 7 也粘，可先手破眼，然后 9、11 两托，白还是不活。

第 56 题失败图 1：黑 1 挤不伦不类，白 2 粘是要点，黑再 3 扑、5 点为时已晚，白 6 拐即可。黑 7 托、9 点徒劳，白 10 挡后，黑 11 与白 12 见合，白活，黑失败。

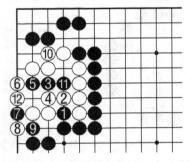

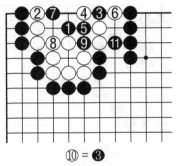

⑩ = ❸

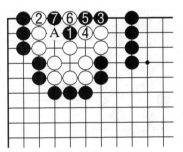

第 56 题失败图 2：白 2 挡时，黑 3 点是恶手，白 4 粘重要，黑 5 冲、7 托不成立，白 8 打至 12 提巧成双活。

第 57 题正解图：黑 1 托是妙手，白 2 挡，黑 3 再托，白 4 打，黑 5 断打后，再 7 尖顶是次序，白 8 只能粘，黑 9 断后再 11 顶，白两边不入气，顿死。

第 57 题变化图：黑 3 托时，白 4 如顶，则黑 5 渡过正好，白 6 扑，黑 7 提即可。因白在 A 位不入气，仍不能活。

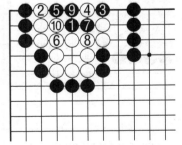

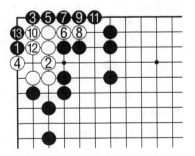

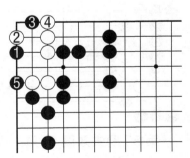

第 57 题失败图：黑 5 不能先尖顶，若如此，白 6 粘，黑 7 再打，白 8 粘，黑 9 提，白 10 打，接不归，白活，黑失败。

第 58 题正解图：黑 1 深深点入，犀利！白 2 粘抵抗，黑 3 飞，出其不意，白 4 只能阻渡，黑 5 至 11 爬回，白 12 团眼时，黑 13 多送一子破眼，白死。

第 58 题变化图 1：黑 1 点时，白 2 如靠，黑 3 点仍是手筋，白 4 挡，黑 5 渡过，白仍死。

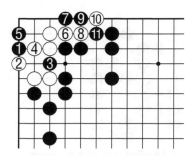

第58题变化图2：黑1点时，白2如尖顶，黑3挖是要点，白4打，黑5长，白6拐时，黑有7夹至11破眼的手段，白仍不活。

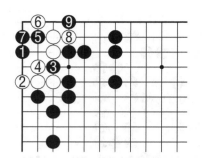

第58题变化图3：黑1点时，白2立，意在扩大眼位，黑3挖后再5、7破眼，好手！白8拐，黑9托，白还是不活。

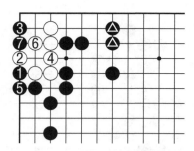

第58题失败图：黑1扳、3点在很多情况下均是要点，但此际忽略了黑△两子的支援作用，白4粘，黑5也须粘，白6做眼，黑7打，此后白即使脱先一手，仍是劫活，黑失败。

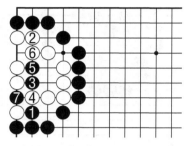

第59题正解图：黑1打重要，白2贴是正着，黑3靠是手筋，白4只能冲，黑5冲、7提成劫杀。

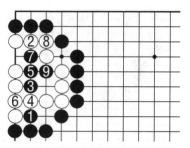

第59题变化图1：白6如粘，则黑7、9两挤，白净死。

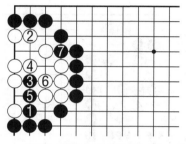

第59题变化图2：黑3靠时，白4拐不成立，黑可5粘、7挤破眼，白仍净死。

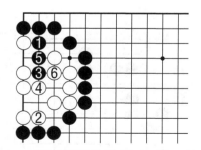

第59题失败图1：黑1从另一边打不行，白2贴即可。黑3靠，白4拐、6团后成两眼，净活，黑失败。

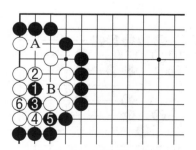

第59题失败图2：黑1靠过于深入，白2拐，黑3冲、5打时，白6粘，此后A、B见合，黑仍无力杀白，失败。

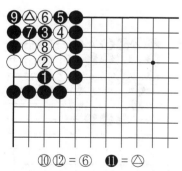

⑩⑫=⑥　⑪=△

第60题正解图：黑1冲重要，白2须粘，黑3再点入，白4冲、6扑抵抗，黑7粘、9提，至白12虽吃黑六子，但并不能净活。

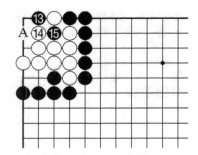

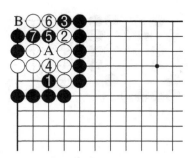

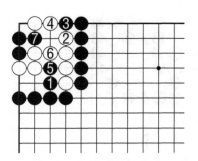

第60题正解图续：黑13打正中要害。白14须做劫，黑15提成劫杀。途中，黑13如在A位点则是假手筋，白可于14位挡，黑再于13位扑，黑成两手劫，失败。

第60题变化图1：黑1冲时，白2如贴，则黑3拐，白4粘重要，黑5扳、7粘，此后白A则黑B，将还原成正解图结果。

第60题变化图2：白4如顶则更差。如此，黑5、7两冲，轻松杀白。

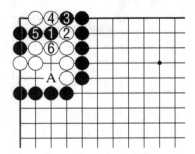

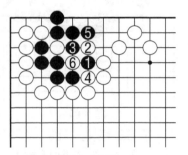

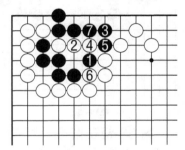

第60题失败图：黑1直接点不好，白2冲、4扑，黑5粘，白6打。因白在A位有后手眼，而黑又不能先手去角上白眼，故白已净活，黑失败。

第61题正解图：黑1虎是要点，白2扳、4打，黑5反打重要，白6提成劫活。

第61题变化图：黑1虎时，白2如逃，黑3跳是要点，白4冲、6打，黑7吃倒扑，净活。

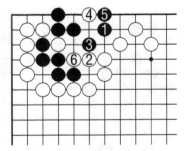

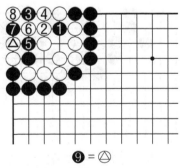

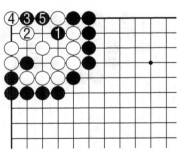

第61题失败图：黑1跳似乎是做眼的急所，但白2单弯巧妙，黑3做眼时，白4点、6挤致命，黑仅存一眼，不活。途中，白2不可在3位尖，否则，黑于2位尖将成劫活。

❾ = △

第62题正解图：黑1打，白2如反打，黑3点为妙手，白4粘，黑5打至黑9粘，白死。

第62题变化图1：黑1打时，白2如尖，黑3托是巧手，白4扑无力，黑5提，白还是净死。

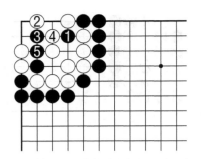

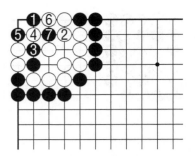

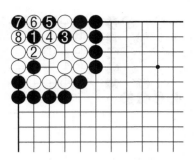

第62题变化图2：黑1打时，白2如飞应，黑3靠有力，白4打，黑5粘，白仍无两眼。

第62题失败图1：黑1单点不是手筋，白2做眼冷静，黑3冲吃，白4、6可做劫，黑失败。

第62题失败图2：黑1点、3吃是假手筋，白4冲，再6扑、8打即成净活，黑更失败。

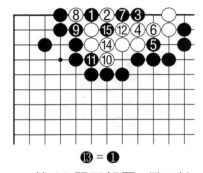

⑬=❶

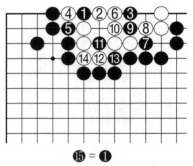

⑮=❶

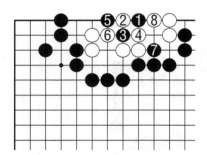

第63题正解图：黑1托、3点是正确次序，白4顶，黑5冲，白6粘，黑7、9两打，白10扩大眼位，黑11挤，白12、14只好如此，黑15提成劫杀。

第63题变化图：黑3点时，白如4提、6顶抵抗也无济于事，黑7、9冲断，使白气紧，白10打，黑11挖是决定性的一击，白12打，黑13反打，白14粘，黑15提劫，与正解图大同小异。

第63题失败图1：黑1先点，准备工作不充分，白2靠、4打，黑5提时，白6打，成接不归，黑7破眼，白8打成活，黑失败。

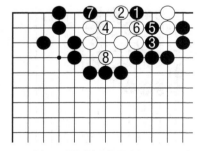

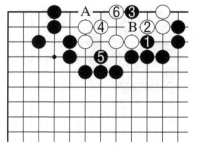

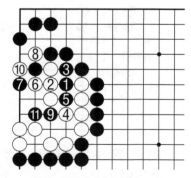

第63题失败图2：白2靠时，黑3、5连冲也不能杀白，白6挡后，黑7、白8见合，白活，黑失败。

第63题失败图3：黑1冲、3点嫌俗，白4单弯，沉着。黑5破眼时，白6虎即可。此后，A、B见合，白成净活，黑失败。

第64题正解图：黑1扳入是要点，白2粘，黑3也粘，白4弯最为顽强，黑5挤绝妙，白6挡，黑7连扳强烈，白8打负隅顽抗，黑9打、11冲，白被杀。

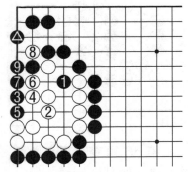

第64题变化图1: 黑1扳时，白2如双做眼，黑3飞是破眼要点，白4以下抵抗徒劳。因黑有△之子，至黑9粘，白仍净死。

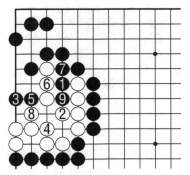

第64题变化图2: 黑1扳时，白2如单弯做眼，则黑3飞仍是要点，白4团也只能确保一眼，黑5顶，以下至黑9挤，白仍被杀。

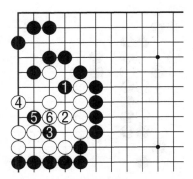

第64题失败图1: 黑3如点则鲁莽，白4跳是形，黑5扳无用，白6打即活，黑失败。

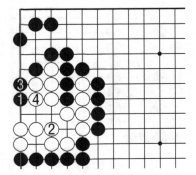

第64题失败图2: 正解图中黑7如于本图1位点是假手筋，白2团，冷静，黑3渡，白4团，成两眼活，黑失败。

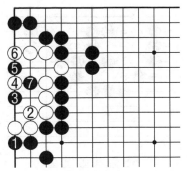

第65题正解图: 黑1挡虽普通，却是杀白要点，白2如粘，黑3点，白4靠，黑5打、7提，形成聚杀。

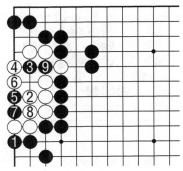

第65题变化图1: 黑1挡时，白2如改为虎，则黑3靠，白4扳，黑5托，妙手！白6打，黑7先手破眼再9扑，白仍不活。途中，白4如在9位粘，黑于7位打，白也不行。

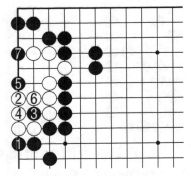

第65题变化图2: 黑1挡时，白2如跳方也不能抵抗，黑3、5两打后，再于7位渡，白仍无计做活。

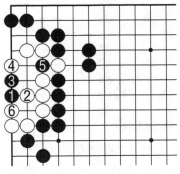

第65题失败图1: 黑1点方似是而非，白2顶即可。黑3长、5扑看似手筋，但白6打即活，黑失败。

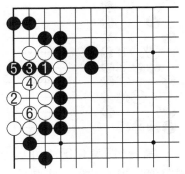

第65题失败图2: 黑1扑在很多情况下是破眼要着，但此形中，白2跳方，简单化解，黑3、5只是小利，白6安然活出，黑失败。

49

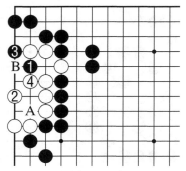

第65题失败图3：黑1单靠也不是要点，白2仍跳方，黑3渡，白4夹，此后A、B见合，白活，黑失败。

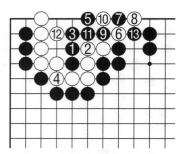

第66题正解图：黑1逃、3立必然，白4如粘回，黑5尖巧妙，白6扳，黑7夹、9打是手筋，以下至黑13打，白成净死。

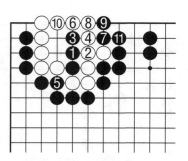

第66题变化图：黑1、3时，白4如贴，则黑5断，之后7、9连打，再11粘，白亦不活。

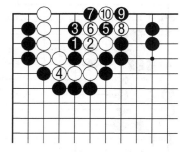

第66题失败图1：黑5如扳，则白6冲，黑7只好渡，白8打，黑9做劫无奈，白10提成劫杀，黑失败。

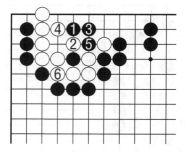

第66题失败图2：黑1点不是要点，白2提即可，黑3只好退，白4、6成活，黑失败。

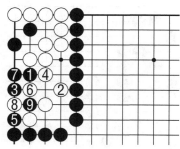

第67题正解图：黑1靠入是急所，白2尖为最强抵抗，黑3尖是妙手，白4拐为正着，黑5渡过，白6打、8扑做劫，黑9成劫杀。

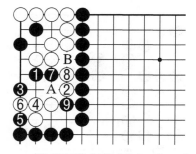

第67题变化图1：白4如团阻渡，黑5冲后，再7冲、9挤，此后A、B见合，白顿死。

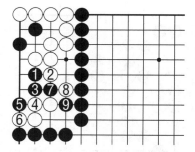

第67题变化图2：黑1靠时，白如2拐、4团，黑5扳是好手，白6阻渡，黑7冲、9打，白死。

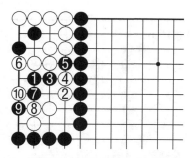

第67题失败图1：黑如3冲、5断则盲目，白6挡正确，黑7弯、9扳无济于事，白10扑，黑被吃，白活得更大。

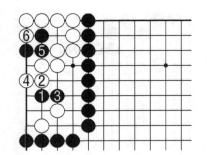

第67题失败图2：黑1点，白2顶，黑3只好冲，白4立，此后黑5与白6见合，成双活，黑失败。

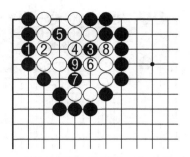

第68题正解图：黑1粘冷静，白2如粘，黑3扳、5点是要点，白6打，黑7打、9挤，白无两眼。

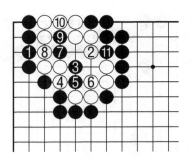

第68题变化图1：黑1粘时，白2如弯，黑3靠入是手筋，白4挤，黑5至11连打，白接不归。

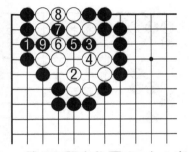

第68题变化图2：白2弯另一边也不行，黑3扳入是好手，白4如夹，黑5冲、7扑再9打，白顿死。

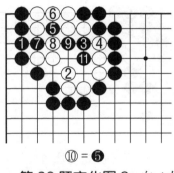

⑩＝❺

第68题变化图3：白4如断也不行。如此，黑5挖是妙手，白6打，黑7、9、11连打，白还是不活。

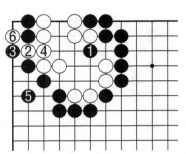

第68题失败图：黑1直接扳入则嫌急躁，白2、4挖粘，黑5只能虎，白6扑简单成活，黑失败。

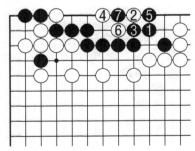

第69题正解图：黑1尖是形之要点，白2点，好手！黑不能走错。黑3团是愚形好手，白4跳必然，黑5打时，白6做劫，只此一手。黑7提成劫活，此为双方最佳应对。

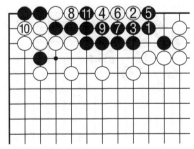

第69题变化图1：黑5打时，白6粘错误，黑7团是双方必争之处，白8爬，黑9打冷静，白10打，黑11提，白已无力杀黑。

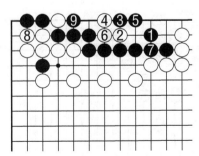

第69题变化图2：黑1尖时，白2点的位置不对，黑3夹是局部手筋。白4打，黑5退、7粘，白8打不得已，黑9提成双活。

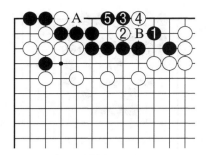

第69题变化图3：白4如打在右边，则黑5退后，A、B见合，黑仍净活。

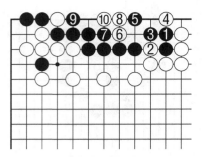

第69题失败图1：黑1挡错误，白2冲、4扳，黑5只好虎，白6点至10拐，黑成净死，失败。

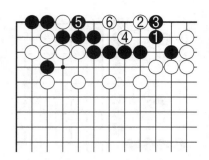

第69题失败图2：白2点时，黑3挡随手，白4尖，黑5提扩大眼位也于事无补，白6尖成聚杀，黑失败。

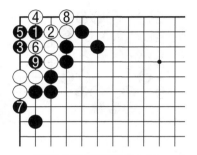

第70题正解图：黑1点、3尖是要点，白4若扳，黑5团重要，白6虎，黑7挡、9扑，白净死。

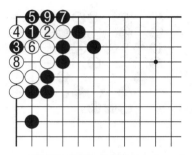

第70题变化图1：白4如扑也不行。黑5立，白6只能断打，黑7正好渡过，再9粘，白仍不活。

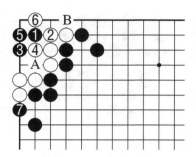

第70题变化图2：白4如挤，结果也大同小异。黑5粘，白6只能扳，黑7挡后，白A、B两点不能兼顾，仍被杀。

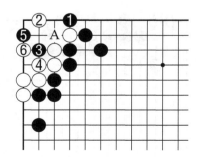

第70题失败图：黑1在一路打是假手筋，白2飞是要点，黑3夹、5尖虽是局部手筋，但白6扑后成劫活，黑失败。途中，白2如在A位粘，则黑可于6位点方，白在5位靠时，黑就在2位点入，白净死。

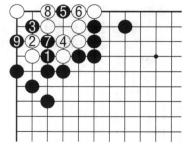

第71题正解图：黑1打容易想到，白2退顽强，黑3挤是绝妙杀着，白4如粘，黑5点重要，白6粘，黑7断、9扳，白顿死。

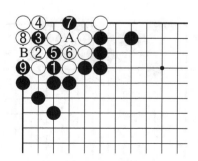

第71题变化图：黑3挤时，白4在角上打，黑5断即可，白6粘，黑7点要点，白8提，黑9爬破眼，此后A、B见合，白仍不活。

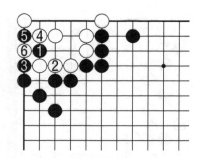

第71题失败图1： 黑1靠不好，白2粘正着，黑3渡，白4夹，黑5须扑劫，白6提成劫杀，黑失败。

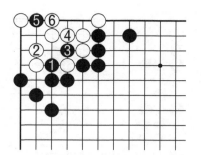

第71题失败图2： 白2退时，黑3提思路简单，白4粘，黑5打时，白6打即成净活，黑失败。

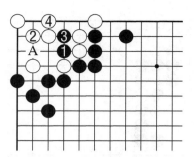

第71题失败图3： 黑1断打也不行，若如此，白2并，冷静，黑3冲吃，白4立即活，黑失败。途中，白2如于3位打，黑可于A位靠，妙手的一击，白顿死，不可不慎。

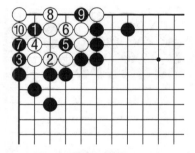

第71题失败图4： 黑1直接靠也莽撞，白2粘、4顶，黑5断、7爬毫无用处，白8立，冷静，黑9若扑，白10也扑，活净，黑失败。

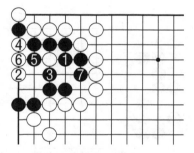

第72题正解图： 黑1粘只此一手。白2点入犀利，黑3打重要，白4提，黑5提，白6须粘，黑7做眼即活。

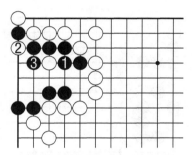

第72题变化图1： 黑1粘时，白2如提，黑3打即可轻松活出。

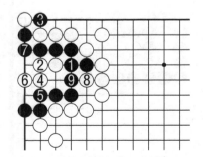

第72题变化图2： 白2夹也徒劳，黑3提即可。白4、6破眼，黑7粘，白8冲，黑9粘成双活。

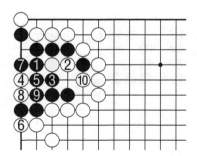

第72题失败图1： 黑1拐不是要点，白2打严厉，黑3再打为时已晚，白4点方击中要害，黑5粘，白6、8先手破眼，再10提，黑死。

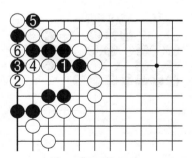

第72题失败图2： 黑3如尖顶阻渡则贪，白4打，黑5只此一手，白6提，无端生出劫来，黑失败。

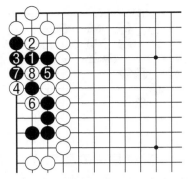

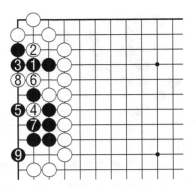

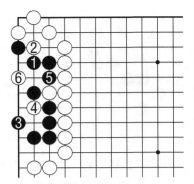

第73题正解图：黑1立是正着，白2打，黑3粘弹性十足，白4夹是常用手筋，黑5、7做劫，成劫活。

第73题变化图：白4如断，黑5打即可，白6打、8挡，黑9尖即活掉大半，亦不比正解图差。

第73题失败图1：黑3不可做眼，否则白4断是手筋，黑5虎，白6点，黑净死。

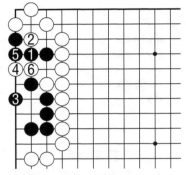

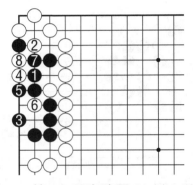

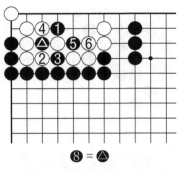

8＝△

第73题失败图2：黑3也不能在另一边虎。若如此，白4点入，黑5粘，白6冲，黑死。

第73题失败图3：黑1退不好，白2打仍是要点。黑3虎，白4托至白8提，黑仅存一眼，失败。

第74题正解图：黑1扳是此形的好手，白2打，黑3打，白4只得提，黑5打，白6做劫无奈，黑7提成劫杀。

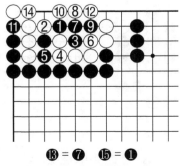

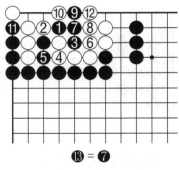

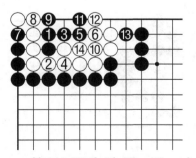

⑬＝⑦　⑮＝①

⑬＝⑦

第74题变化图1：黑1扳时，白2如打另一边，黑3可反打，白4粘抵抗，无理，黑5打、7粘，白8托也无用，黑9弃子，巧手！白10打，黑11打、13点，白14粘做最后挣扎，黑15打，白死。

第74题变化图2：白8如在本图紧气，则黑9立是冷着，白10扑，黑11打、13点，白死。

第74题失败图：黑1冲太俗，白2必然，黑3拐，白4粘，黑5以下虽顽强，但至白14，黑差一气被吃。

54

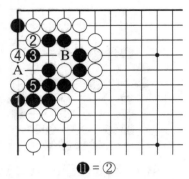

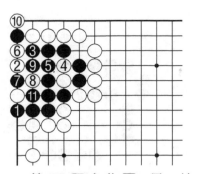

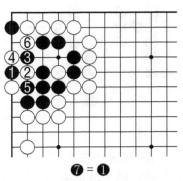

⑪＝②

第75题正解图： 黑1挡必然，白2拐、4扳，黑5打是愚形好手，此后A、B两点见合，黑净活。

第75题变化图：黑1挡时，白2如跳，黑3冲、5提成一眼，白6断入，黑7扑是常用手筋，以下至黑11打，白成接不归，黑仍活。

❼＝❶

第75题失败图1：黑1靠过强，白2挖打反击，黑3只能打，白4提，黑5须打，白6打做眼，黑7提成劫活，失败。

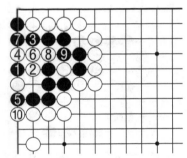

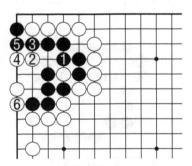

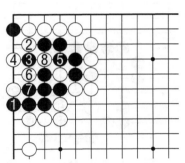

第75题失败图2：白2挖打时，黑3贴不成立，白4提一子，黑5挡，白6团破眼是强手，黑7粘，白8冲、10挡，黑被眼吃，失败。

第75题失败图3：黑1单提也不行，白2点、4立先手破眼，再6渡，黑成净死，更失败。

第75题失败图4：白4扳时，黑5不可单提，以下白6打、8提成劫，黑失败。

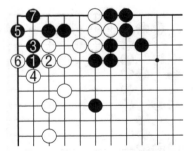

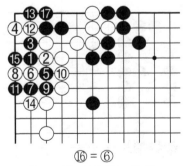

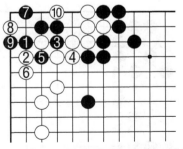

第76题正解图：黑1点是常用手筋，白2团、4扳是本手，黑5虎是做活要点，此后白6、黑7见合，黑活。

⑯＝⑥

第76题变化图：黑1、3时，白4如点则过分，黑5扳，白6、8抵抗徒劳，以下至黑17粘，黑活得更大。

第76题失败图1：黑1扳太保守，白2挡即可，黑3打、5提，白6退，黑7、9无用，白10后，黑死，失败。

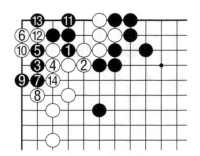

第76题失败图2：黑1撞气不好，黑3虽是手筋，但白6点是好手，以下至白14成金鸡独立，黑失败。

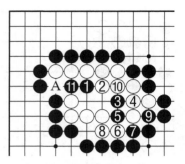

第77题正解图：黑1点是冷着，白2挡，黑3至11一气呵成，白A位不入气，被杀。

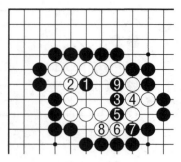

第77题变化图1：黑1点时，白2粘也无济于事，黑简单3点、5冲即可，白6如挖，黑7、9两打，白仍不活。

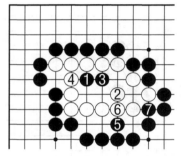

第77题变化图2：黑1点时，白2虎也不行，黑3与白4交换后，再5、7去眼，白顿死。

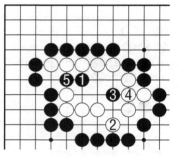

第77题变化图3：黑1点时，白2扩大眼位也徒劳，黑3点、5冲，白无应手。

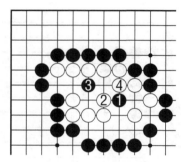

第77题失败图：黑1看似要点，其实不然，白2挡、4粘，轻松做出两眼，黑失败。

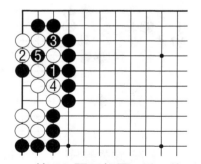

第78题正解图：黑1挤不容易想到，白2抵抗，黑3、5成劫是正解。

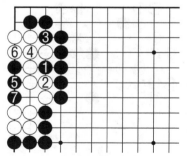

第78题变化图1：黑1挤时，白2如团，则黑3打、5、7爬成直三，白无应手。

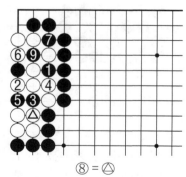

⑧＝△

第78题变化图2：黑1挤时，白2吃也大同小异，黑3扑、5提是次序，白8虽吃倒脱靴，但仅得一眼，黑9提，仍是劫活。

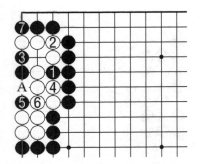

第78题变化图3: 黑1挤时，白2如团，黑3顶冷静，白4再团，黑5、7两打，白接不归，反成净死。

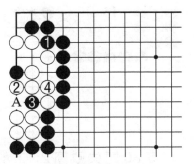

第78题失败图: 黑1挤另一边不是手筋，白2简单一挡，黑3扑，白4可粘。此后，黑在A位提，白可吃倒脱靴，黑失败。

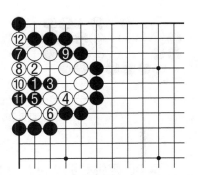

第79题正解图: 黑1点是形的要点，白2如顶，黑3冲、5挤，白6粘无奈，黑7扳巧妙，至白12成劫，次序井然。

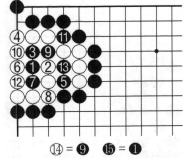

⑭＝❾ ⑮＝❶

第79题变化图: 黑1点时，白2如压则软弱，黑3顶，白4须阻渡，黑5冲、7挤，至15必然，白死。

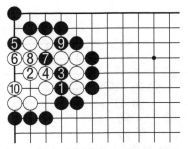

第79题失败图: 黑1冲不是要点，白占据2位，黑已无法杀白，黑3以下只不过吃四子，至白10做成两眼，黑失败。

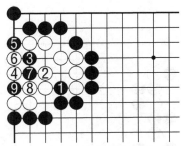

第79题参考图: 虽然黑1不是要点，但白若于2位应则黑误打误撞，黑3夹，白4虽是手筋，黑5渡、7打、9提。

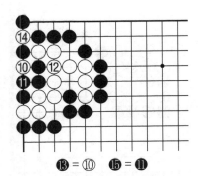

⑬＝⑩ ⑮＝⑪

第79题参考图续: 白12打后14提虽吃六子，但黑15点，白死。

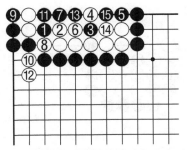

第80题正解图: 黑1、3是好次序，白4抵抗，黑5、7必然，白8、10两打也无济于事，至黑15，白死。

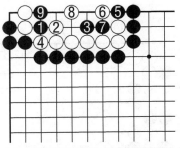

第80题变化图: 黑3点时，白4若断也徒劳，黑5拐、7打，白8尖，黑9多送一子重要，白顿死。

57

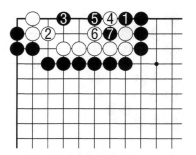

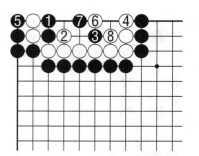

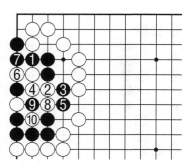

第80题失败图1：黑1拐不是要点，白简单于2位弯，至黑7成劫。

第80题失败图2：正解图中黑3不可先于本图1位打，则白2也打，黑3再点时，白4挡顽强，黑5只好提，白6夹、8打成劫活，黑失败。

第81题正解图：黑1冲只此一手，白2扳，黑3挖是手筋，白4粘强硬，黑5退沉着，白6提、8挤必然，黑9扑，白10提劫，黑成劫活。此为双方最佳变化。

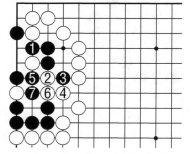

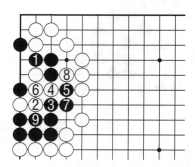

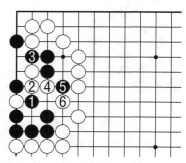

第81题变化图1：黑3挖时，白4若打则软弱，黑5打、7提成净活。白还不如前图。

第81题变化图2：黑1冲时，白2长不成立，黑3压必然，白4、6挖粘无用，黑7粘、9打，白差一气，损得更多。

第81题失败图1：黑1提似为活形，但白2挤是要点，黑3再冲时，白4拐出，黑5挖，白6打，黑成净死，失败。

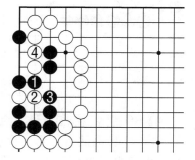

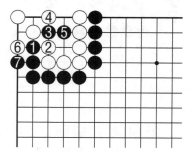

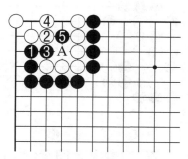

第81题失败图2：黑1挡不好，白2冲，黑3挡时，白4连回，黑无两眼，失败。

第82题正解图：黑1顶是形，白2挡是最强抵抗，以下至黑7成劫，黑有利。

第82题变化图1：黑1顶时，白2退则松，黑3冲、5挖，白在A位不入气，突然死亡。

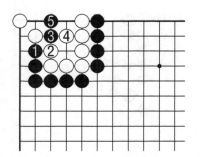

第82题变化图2：黑3断时，白4若打则为低级失误，黑5立成金鸡独立。

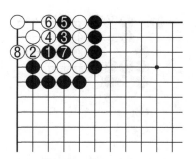

第82题失败图1：黑1似是而非，白2断弃子明智，黑3尖虽是吃子手筋，但白4、6先手成一眼，再8立，活掉一半，黑失败。

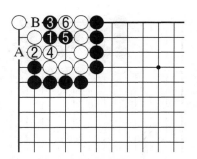

第82题失败图2：黑1搭过于深入，白2顶重要，黑3立、5曲，白6挤即活，黑失败。要注意的是，白6不可在A位立，否则黑于B位打，成万年劫。

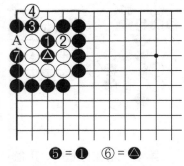

⑤=❶　⑥=△

第83题正解图：黑1多送一子，巧妙！白2提，黑3挤紧凑，白4若扳，黑5扑、7爬，由于白A位不入气，被杀。

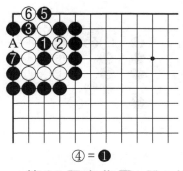

④=❶

第83题变化图：黑3挤时，白4粘也不行，黑5扳、7爬，白A位仍不入气，不活。

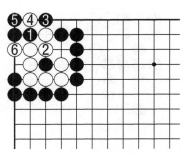

第83题失败图：黑1挤是第一感，但此际不适用，白2提、4扑，黑即无力杀白，失败。

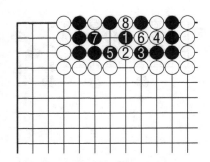

第84题正解图：黑1两边同形走中央是正着，白2虎顶同理，黑3挤，白4破眼最强，黑5反打重要，白6提，黑7提一子，白8提成劫活，这是双方最佳应对。

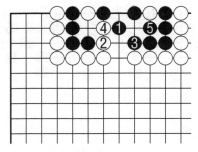

第84题变化图：黑1飞时，白2冲打轻率，黑3贴即可，白4与黑5见合，安然成活。

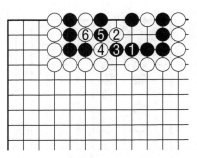

第84题失败图1：黑1贴欲扩大眼位，但白2点占据要筋，黑3冲，白4冲、6提，黑成接不归，失败。

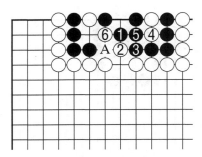

第84题失败图2: 黑5如随手提则大谬,白6正好打,由于黑A位不入气,全体被灭,黑不可不慎。

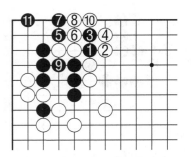

第85题正解图: 黑1断,白2打,黑3立是典型的弃子手筋,白4挡,黑5、7扳立是妙手,白8挡时,黑9先手打,再11跳是好手。

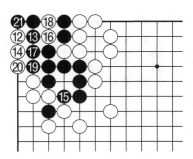

第85题正解图续: 白12大飞破眼,黑13先贴,再15做眼是次序,白16扑,黑17须粘,白18虽提两子,黑19团、21打,白接不归,黑成净活。

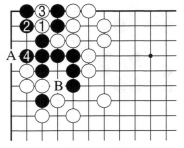

第85题变化图1: 正解图续中白12如改在本图1位打,黑2反打,白3提时,黑4就挡,此后A、B两点见合,黑亦活。

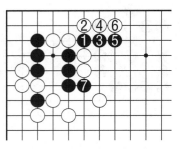

第85题变化图2: 黑1断,白2打,无理。黑3、5先手长后,再7冲,白包围圈被破,无应手。

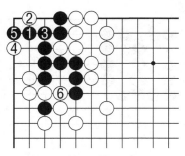

第85题失败图1: 正解图中黑11如改在本图1位虎,不是要点。白2托、4飞是手筋,以下黑5与白6见合,黑净死,失败。

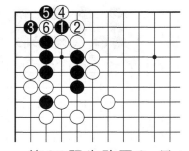

第85题失败图2: 黑1、3扳虎思路简单,白4打,黑5只得做劫,白6提成劫活,黑失败。

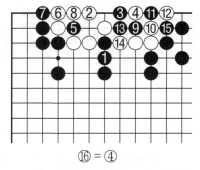

⑯=④

第86题正解图: 黑1粘冷静,白2倒虎是形,黑3点入,妙手!白4如靠,黑5、7两打是次序,使白气紧后再9打、11提,以下至白16提成劫杀,这是双方最佳应对。

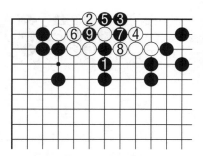

第86题变化图1: 黑3点时,白4如弯,黑5挤又是妙手,白6只能做劫,黑7打、9提成劫杀。但此图是黑的先手劫,白不如前图。

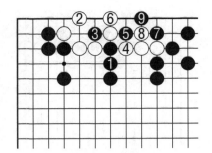

第86题变化图2：黑1粘时，白2如虎另一边，黑3断是手筋，白4顶，黑5打至9渡，白无两眼，净死。

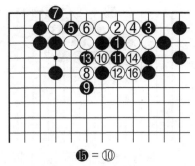

⑮ = ⑩

第86题失败图：黑1顶是俗手，白2挡，黑3虎至黑7提虽破掉白上边眼位，但白有8靠至12打的出逃手筋，白16粘后，黑已无法封白，失败。

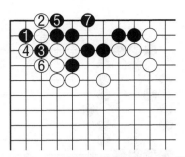

第87题正解图：黑1夹是借力的手筋，白2立，黑3断、5先手打，再7虎成活。

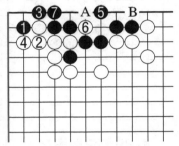

第87题变化图：白2如粘，则黑3渡，白4挡，黑5虎是要点，白6断意在破眼，黑7粘冷静，此后A、B见合，黑仍净活。

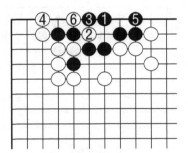

第87题失败图1：黑1单虎错着，白2断、4立，黑5立做眼，白6扑，黑无两眼，被杀。

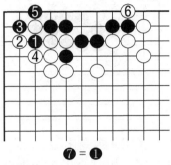

⑦ = ①

第87题失败图2：黑1断似乎是手筋，则白2打，黑3反打，白4提正着，黑5打时，白6扳必要，黑7提成劫活，失败。

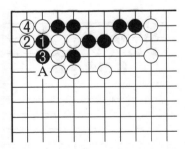

第87题失败图3：前图黑3如逃，白4单粘冷静，黑死。需要注意的是，白4如于A位打则有误，被黑在4位打成净活。

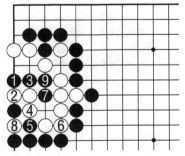

第88题正解图：黑1跳入是要点，白2冲下，黑3反冲是急所，白4拐，黑5挤重要，白6团，黑7打、9挤后白无应手，被吃。

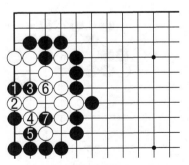

第88题变化图：白6如在本图做眼，黑7扑后白被灭。

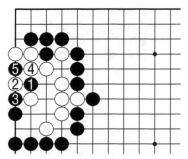

第88题失败图：黑1靠入是假手筋，白2扳，黑3只好打，白4打做劫，黑5提成劫杀，黑失败。

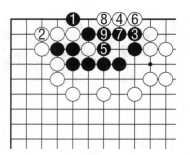

第89题正解图：黑1扳是次序，白2若粘，黑3挡必然，白4点，黑5单提沉稳，白6渡，黑7、9做活。

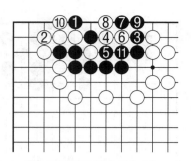

第89题变化图1：白4打无用，黑5提，白6夹，黑7、9扳粘紧凑，白10打，黑11吃成倒扑，黑活得更舒服。

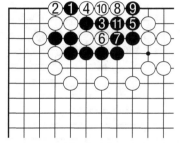

第89题变化图2：黑1扳时，白2如打，黑3先退是好手，白4提，黑5可挡，白6以下的努力徒劳，至黑11打，白接不归，黑仍无恙。

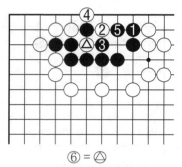

⑥=△

第89题失败图1：黑1单挡轻率，白2打、4渡，黑5只能吃，白6提后成劫活，黑失败。

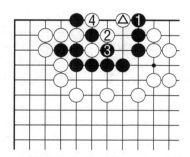

第89题失败图2：白△点时，黑1冲不佳，白2打、4扑成劫活，黑失败。

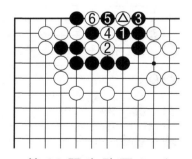

第89题失败图3：白△点时，黑1弯也不好，白2逃成立，黑3打无奈，白4吃、6提，黑成劫活，失败。

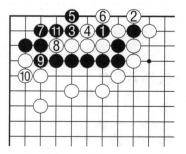

第90题正解图：黑1先打，再3、5夹立是次序，白6提一子，黑7弯是要点，白8挤，黑9顺势粘，此后白10与黑11见合，成净活。

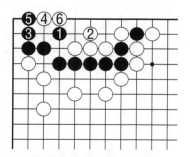

第90题失败图1：黑1单尖松懈，白2单虎即可，黑3弯做眼，白4点、6爬，黑顿死，失败。

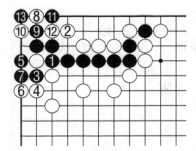

第90题失败图2：黑1先挤也不好，白2尖是要点，黑3、5打拔，白6立，黑7须粘，白8飞是杀棋手筋，黑9弯，白10扳、12断打，黑成劫活，失败。

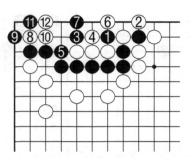

第90题失败图3：正解图中黑5如在本图打则俗，白6提，黑7只好立，白8夹后至白12打成劫，黑失败。

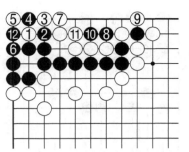

第90题参考图：需要注意的是，失败图2中白8如在本图1位靠则拘泥于常法，黑2冲至6粘后，白7如粘，黑8以下使白气紧，再12打，白成接不归，黑活。

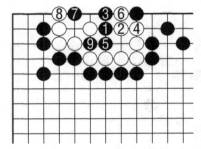

第91题正解图：黑1靠是杀着，白2尖顶，黑3立冷静，白4团，黑5顶占据要害之处，白6打，黑7点入，妙手，白8如挡，黑9断后成金鸡独立，白被净杀。

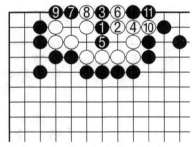

第91题变化图1：黑7点时，白8如冲，黑9渡后，白眼位不足，白10抵抗，黑11弃子，白仍不活。

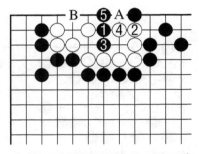

第91题变化图2：黑1靠时，白2单顶，黑3仍须顶破眼，白4夹，黑5单立，妙手，此后A、B见合，将还原成正解图。

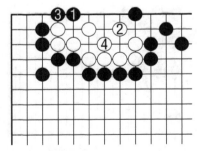

第91题失败图1：黑1先点有误，白2尖是要点，黑3渡，白4做眼即活，黑失败。

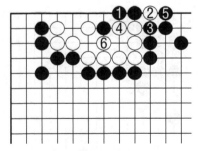

第91题失败图2：变化图2中黑3不可在本图1位退。如此，白2扳、4打先手利用后，再6打成净活，黑仍失败。

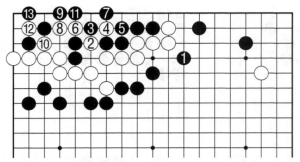

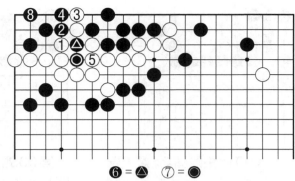

第92题正解图：黑1飞封，阻白出逃之路，白2挖、4打是手筋，黑5如粘，白6打、8顶反击，黑9扳渡，白10挤重要，黑11打时，白12反打，黑13做成劫杀，此图是双方最佳应对。途中，黑9如于11位扳，则白于9位打，这样仍是劫。

❻ = ▲　　❼ = ◉

第92题变化图1：正解图中白8不可于本图1位打，黑2、4先手两打，再6扑、8做眼，白无两眼，全灭。

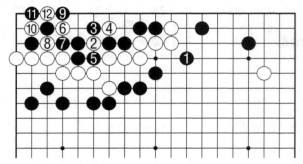

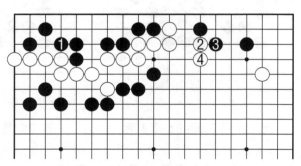

第92题变化图2：正解图中黑5如提，白6跨是手筋，黑7至11仍要做劫，白12提，仍是劫杀。

第92题失败图：黑1补棋保守，白2、4压长，简单出头，黑已无力杀白，黑失败。

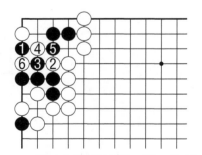

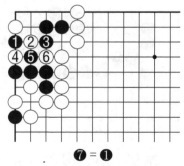

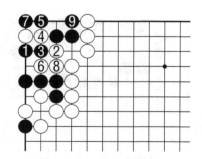

第93题正解图：黑1靠是鬼手，白2冲，黑3挡、5吃，巧妙做劫。

❼ = ❶

第93题变化图1：黑1靠时，白2扳虽也是劫，但至黑7黑变成先手提劫，白损一劫材。

第93题变化图2：黑1靠时，白2尖顶则欠考虑，黑3顶，白4、6只好如此，以下至黑9成净活，黑获意外之喜。

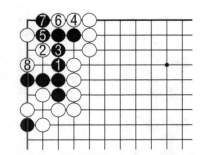

第93题失败图1：黑1挡扩大眼位是一般思路，白简单2尖、4拐即可。黑5、7抵抗，白8做成聚杀，黑失败。

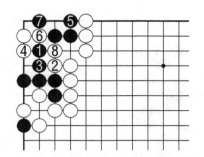

第93题失败图2：黑1尖也不行，白2拐缩小眼位，黑3只好连，至白8，成金鸡独，黑失败。

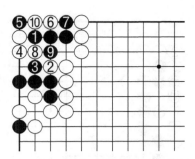

第93题失败图3：黑1顶，白2拐仍是要点，黑3只能挡，至白10，黑还是两边不能入气，同样失败。

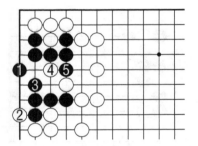

第94题正解图：黑1尖是手筋，白2扳，黑3简单地弯即可做眼，白4破眼时，黑5挤是好手，黑活。

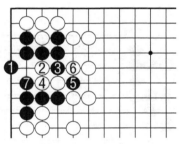

第94题变化图：黑1尖时，白2先尖也不行，黑3挤仍是好手，白4粘，黑5断收紧，白6打，黑7反打即可，白不能杀黑。

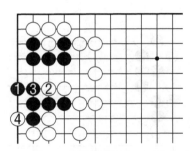

第94题失败图1：黑1尖另一边不是要点，白2贴即可，黑3团时，白4扳，黑无两眼，失败。

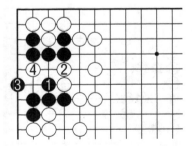

第94题失败图2：黑1挡是俗手，白2顶、4点，黑无计做活，失败。

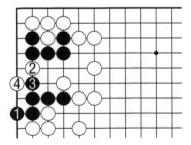

第94题失败图3：黑1立似是而非，白2靠是手筋，黑3夹，白4扳，黑无应手，失败。

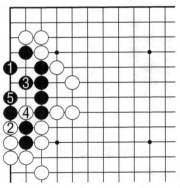

第95题正解图：黑1虎是好手，白2打，黑3做眼即可，至黑5，黑活。

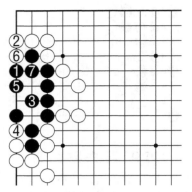

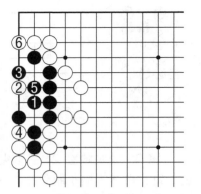

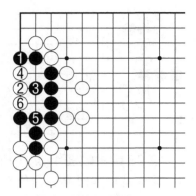

第95题变化图：黑1虎时，白2立也无济于事，黑3做眼，再5并、7粘，白无法继续。

第95题失败图1：黑1先做眼不是要点，白2点后，4吃、6立，黑死。

第95题失败图2：黑1立也不行，白2是要点，黑3虎，白4、6两顶，黑无法做出两眼。

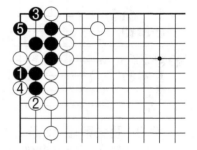

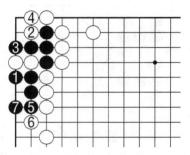

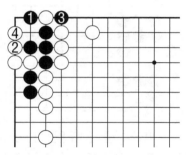

第96题正解图：黑1打，愚形妙手！白2打无奈，黑3挡、5虎，白无法吃黑。

第96题变化图：黑1打时，白2吃也属徒劳，黑3提后，白4与黑5见合，黑活。

第96题失败图1：黑1单打不成，白2打、4长，黑顿死。

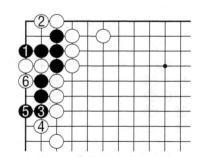

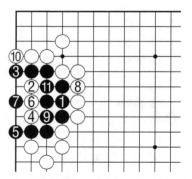

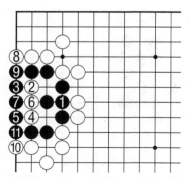

第96题失败图2：黑1挡也不是要点，至白6，黑无法做出两眼。

第97题正解图：黑1粘扩大眼位，正确。白2、4、6是最强抵抗，至黑11成双活。

第97题变化图：白2夹时，黑也可于3位扳，白4夹、6粘，至黑11成双活。

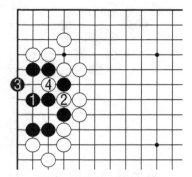

第97题失败图1：黑1并看似要点，但白简单2吃、4扑，黑死。

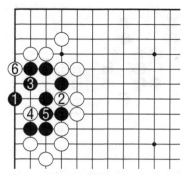

第97题失败图2：黑1跳虽是形，但此时不适用，白2仍打，至6，黑无计做活。

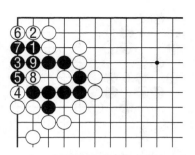

第98题正解图：黑1扳、3虎，巧手！白4拐、6立，黑7团即可简单成活。

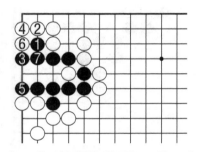

第98题变化图1：黑3虎时，白4立也不行，黑5挡、7粘，白无法吃黑。

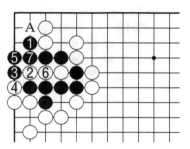

第98题变化图2：黑1扳时，白2夹也无济于事，黑3扳后，5退、7提，此后A位与6位见合，黑活。

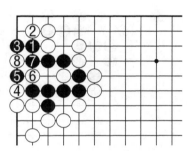

第98题失败图：白2拐后，黑若于3立，则随手，白4拐、6打成劫。

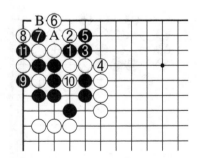

第99题正解图：黑1断，好手，白2如打，黑3长，多送一子，妙手！白4粘无奈，黑5拐，白6虎为最强抵抗，黑7夹，至11成劫，此处白若A位粘不行，黑B位打后，白被吃。

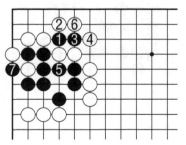

第99题变化图1：黑3长时，白4如吃，黑5简单一打，然后7提，即活。

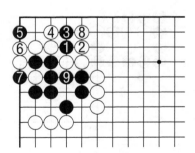

第99题变化图2：白2如从另一边打，黑3仍多弃一子，妙手！白4挡时，黑5点、7提，利用白气紧，先手得眼，白8只此一手，黑9再做一眼，净活。

67

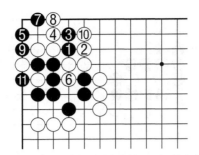

第99题变化图3： 变化图2中白6如冲破眼，则黑7、9可在角上先手做成一眼，再11提，仍活。

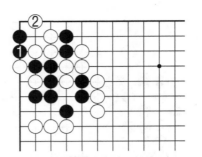

第99题失败图： 变化图3中黑7如急于在本图1位断吃则无谋，白2尖是手筋，黑仅存一眼，顿死。

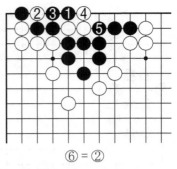

⑥＝②

第100题正解图： 黑1扳是手筋，白2如扑，黑3提，多弃一子是关键，白4打，黑5反打，白6只能提。

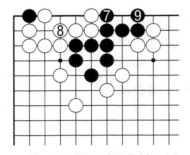

第100题正解图续： 黑7挡，要吃倒脱靴，白8只能粘，黑9立，活出。

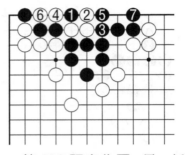

第100题变化图： 黑1扳时，白2如直接打，黑3、5反打，再7做眼，仍活。

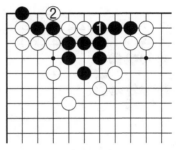

第100题失败图： 黑1紧气，凑白2吃，无谋，黑无处寻眼，失败。

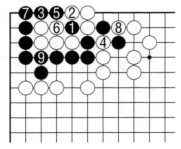

第101题正解图： 黑1断，突施杀手，白2如打，黑3扳是要点，白4断，黑5打，至黑9吃白接不归。

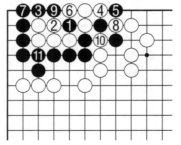

第101题变化图： 黑1断时，白2从另一边打，黑3仍扳，白4拐，黑5反打重要，白6只能提，黑7粘，白8须打，黑9、11还是吃白接不归。

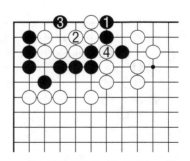

第101题失败图1： 黑1挡太贪，白2粘后，黑3、白4见合，黑失败。

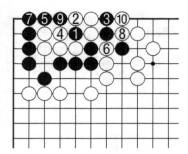

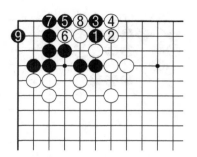

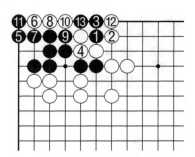

第101题失败图2：正解图中白2打时，黑3急于挡不行，白4正好提，黑5、7、9时，白10提两子，黑已失去接不归的手段，黑失败。

第102题正解图：黑1挤，妙手！白2只此一手，黑3立，白4抵抗，黑5尖、7粘、9跳，即活。

第102题变化图1：黑3立时，白4粘，则黑5跳，白6点也无济于事，至黑13，黑活。

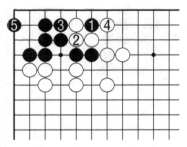

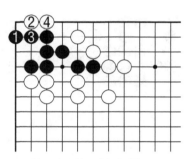

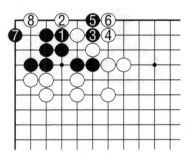

第102题变化图2：黑1挤时，白2粘也属徒劳，黑简单3团、5跳即成活。

第102题失败图1：黑1跳太过平凡，白2点、4爬，黑无法做出两眼，失败。

第102题失败图2：黑1单团也不行，白2扳，黑3再挤已来不及，黑5立时，白可6挡、8点，黑顿死。

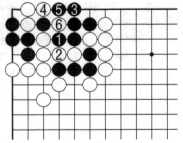

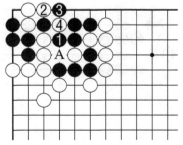

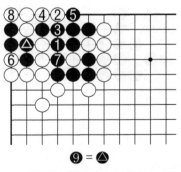

第103题正解图：黑1顶，白2粘必然，黑3绝妙，白4打，黑5做劫是正解。

第103题变化图1：黑1顶时，白2如单打，黑3即可做劫，成劫活。

9 = ▲

第103题变化图2：黑1顶时，白2若点，则黑3粘、5挡，至黑9成倒脱靴，黑活。

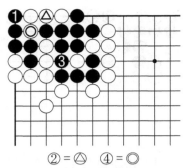

②＝△　④＝○

第103题失败图1：变化图2中黑7若于本图1位提则大意，白2靠、4扑，黑死。

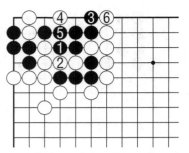

第103题失败图2：白2粘时，黑3立欲成净活，贪心。白4点、6挡成金鸡独立，黑顿死。

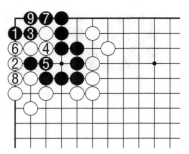

第104题正解图：黑1点，妙手！白2只得渡过，黑3挤、5团至9粘，白无法杀黑。

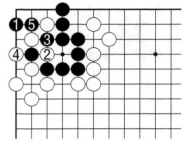

第104题变化图1：黑1点时，白2若吃，则黑3、5断吃，白无法杀黑。

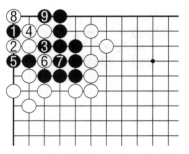

第104题变化图2：黑1点时，白2挡也不行，黑3挤，白4如粘，黑5挡至9爬，黑活得更大。

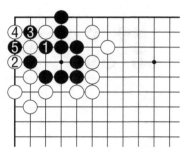

第104题失败图1：黑1挤不是要点，白简单2渡、4打成劫。

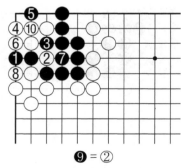

⑨＝②

第104题失败图2：黑1立也不行，白2断、4虎好次序。黑5点抵抗，白6、8两打后10粘，成聚杀，黑死。

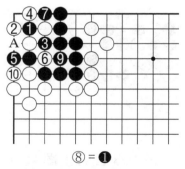

⑧＝❶

第104题失败图3：黑1挤虽是手筋，但在本题并不合适。白2打正着，4提、6扑后，8粘冷静，黑9提，白10紧气，黑A位不入气，无法成活。

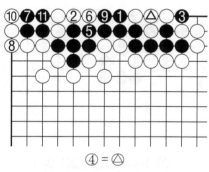

④＝△

第105题正解图：黑1打别无选择，白2打，黑3提四子，白4点入破眼，黑5粘欲做眼，白6爬破眼最强，黑7弯好手，至黑11提为双方必然。

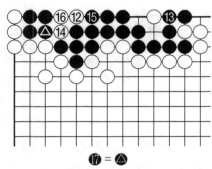

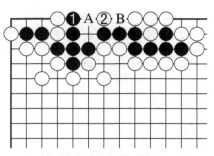

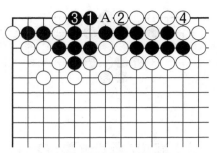

⑰ = △

第105题正解图续: 白12托,继续追杀,黑13粘冷静,白14扑时,黑15打、17吃,成倒脱靴,黑活。

第105题失败图1: 黑1打太随意,白2简单一夹,因黑A、B位均不入气,已净死,黑失败。

第105题失败图2: 黑1做眼也不行,白2爬即可。黑3打无奈,白4粘,黑A位不能团眼,亦被白杀,黑仍失败。

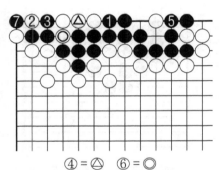

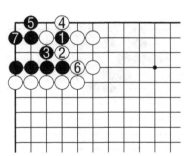

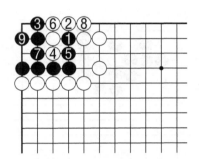

④ = △   ⑥ = ◎

第105题失败图3: 正解图中黑11在本图1位打不够谨慎,白有2打、4托的顽强手段,黑5粘做眼,白6扑,黑7提,成劫活,失败。

第106题正解图: 黑1挖是正应,白2如打,黑3反打,白4提,黑5立扩大眼位,白6紧气,黑7两眼成活。

第106题变化图1: 黑1挖时,白2如从一路打,则黑3须先立,白4顶,黑5也粘重要,白6只此一手,黑7打是先手,然后9位做成净活。

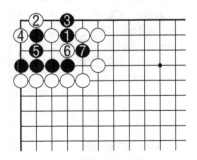

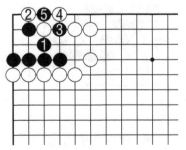

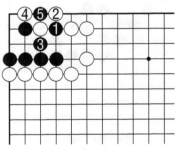

第106题变化图2: 黑1挖时,白2扳也无妨,黑3立冷静,白4打、6挖,黑7打,白接不归,黑活。

第106题失败图1: 黑1顶过于简单,白2扳占据要点,黑3打吃,白4做劫,黑成劫活,失败。

第106题失败图2: 变化图中黑3如不立而先打吃,则白4扳做劫,将还原成失败图1,黑须谨慎。

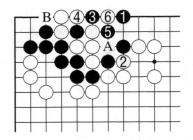

第107题正解图：黑1跳
极妙，白2打，黑3扳、5虎又
是巧手，以下白如A位提，黑
可B位打，白只得提劫，劫活
是双方最佳结果。

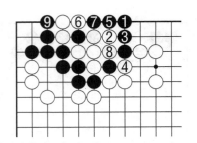

第107题变化图1：黑1
跳时，白若2弯、4打与黑对
杀，黑5曲，妙手，白6、8两
提无奈，黑9打，白成接不归，
黑活。

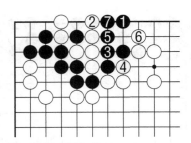

第107题变化图2：黑1
跳时，白2立也不能长气，黑
3、5紧气，白6无法直接紧黑
气，黑7打，快白一气。

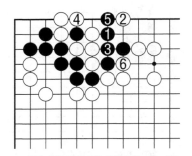

第107题失败图1：黑1
尖顶过于平凡，白2点是妙手，
黑3打、5挡，白6紧气，黑被
杀，失败。

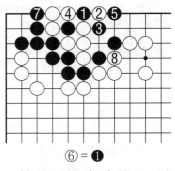

⑥=❶

第107题失败图2：黑1
扳、3打也不成立，白4提、6
粘即可。黑7挡，白8打，黑
被吃，失败。

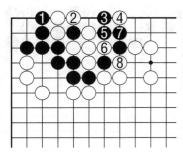

第107题失败图3：黑1
打、3点也不是手筋，白4靠是
妙手，黑5贴，白6打、8提，
黑仍被歼。

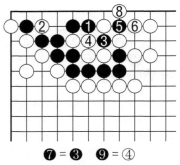

❼=❸　❾=④

第108题正解图：黑1顶
是扩大眼位的要点，白2打去
眼，黑3扑、5挤绝妙，白6
打，黑7先手提，再9粘做活。

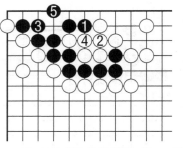

第108题变化图：黑1顶
时，白2如粘也不能杀黑，黑
3、5做眼成净活。

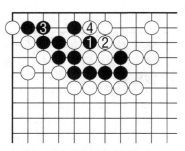

第108题失败图1：黑1
提一子，轻率。白2粘，黑3
粘做眼无用，白4打，黑无两
眼，失败。

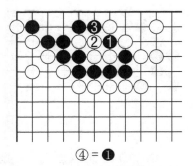

④=●

第108题失败图2：黑1扑鲁莽，白2提，黑3再打，白4粘，黑全灭，失败。

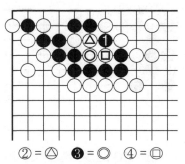

②=△　❸=○　④=□

第108题失败图3：正解图中黑5如于本图1位单提则欠考虑，白有2打的手段，黑3只得做劫，白4提，黑成劫活，仍失败。

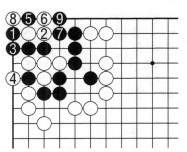

第109题正解图：黑1扳阻渡，白2夹破眼，黑3粘是不易察觉的妙着，白4只好提，黑5扳至9打成胀牯牛，黑净活。

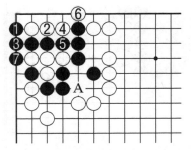

第109题变化图：黑3粘时，白如4顶、6渡用强，黑7提四子即可。因有A位的后手眼位，白已不能杀黑。

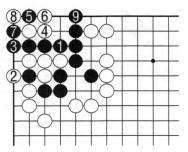

第109题失败图1：黑1先打再3立，着法过于简单。白4贴，黑5夹虽是此际的手筋，但至黑9仍不免成万年劫，失败。

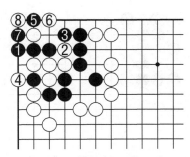

第109题失败图2：黑1单立也不成立，白2冲、4提，黑5夹、7打无奈，白8提劫，黑失败。

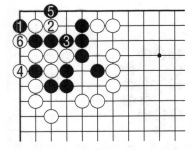

第109题失败图3：正解图中黑3如顺手打则俗，白4提，黑5夹虽是手筋，但白6扑成劫，黑前功尽弃，失败。

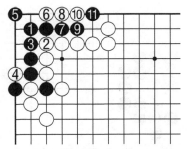

第110题正解图：黑1并是此际做眼的形，白如2团、4扑破眼，黑5尖一·1是妙手，白6托不能破眼，至黑11，白而反大损，黑活。

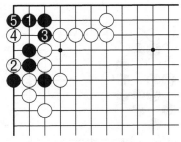

第110题变化图：黑1并时，白2扑也不能破眼，黑3挤扩大眼位，白4点，黑5挡即可，白不能杀黑。

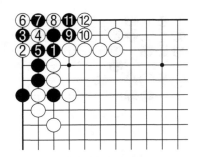

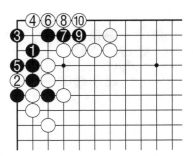

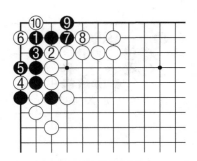

第110题失败图1:黑1挤急于扩大眼位,白2点入妙手,黑3靠只此一手,以下至白12挡,黑无奈做劫,失败。

第110题失败图2:黑1退也不得要领,白2扑即可,黑3做眼,白4点入严厉,黑5虽确保一眼,但白6爬后可一路盘渡,黑被杀。

第110题失败图3:正解图中黑5不可随手提。如此,白6托至10扳,黑成盘角曲四形,净死。

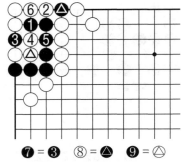

⑦=❸ ⑧=▲ ⑨=△

第111题正解图:黑1顶是要点,白2提,黑3扑是手筋,以下黑利用7提的先手,于9位做眼巧活。

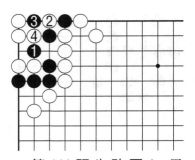

第111题失败图1:黑1吃无谋,白2提,黑3扑时,白4提,黑仅存一眼,失败。

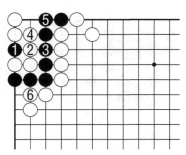

第111题失败图2:黑1扑似是而非,白2提即可,黑3、5粘,白6紧气,眼杀黑。

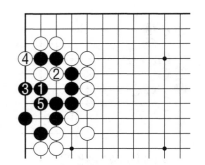

第112题正解图:黑1夹是巧手,白2如吃,黑3立是手筋,白4提无奈,黑5团成两眼。

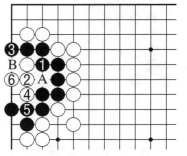

第112题失败图1:黑1粘似乎能扩大眼位,但白2长在筋上,黑3立,白4、6后,将来可在A、B处团成梅花六,聚杀,黑失败。

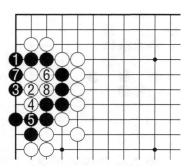

第112题失败图2:黑1立也不成,白2并仍然是手筋,黑3托,白4冲,黑5粘无奈,白6、8团成刀五,聚杀。

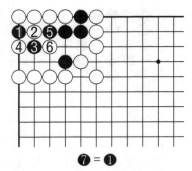

⑦ = ❶

第113题正解图：黑1靠出人意料，白2如打，黑3、5反打，白6卡打，黑7提。

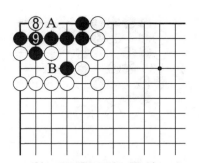

第113题正解图续：白8点破眼虽是正常思路，但黑9粘后，A、B见合，白无法杀黑。

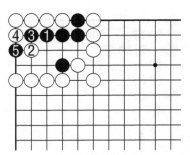

第113题失败图：黑1贴平凡，白2跳、4拐弃子，黑5提。

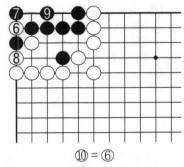

⑩ = ⑥

第113题失败图续：白6扑、8打，黑9只能弯，白10提，黑成劫活，失败。

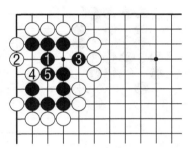

第114题正解图：黑1是不易察觉的好手，白2长，黑3做眼即可。白4尖顶，黑5团成两眼。

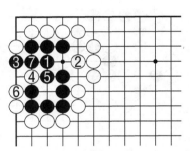

第114题变化图：白2如破眼，黑3打是要点，白4靠、6渡，黑7打即成活。

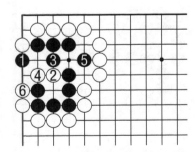

第114题失败图：黑1打太俗，白2点在筋上，黑3顶、5做眼，白6渡，黑顿死，失败。

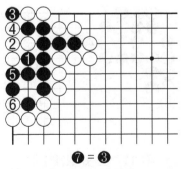

⑦ = ❸

第115题正解图：黑1打虽俗，却是唯一的一手。白2粘，黑3扑是要点，白4提时，黑5打，白若要杀黑，须在6位破眼，黑7提四子。

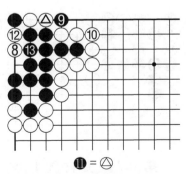

⑪ = △

第115题正解图续：白8点追杀，黑9提两子是先手，白10不得已，黑11粘、12打，成胀牯牛，黑巧活。

75

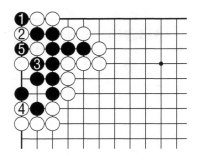

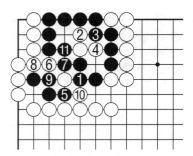

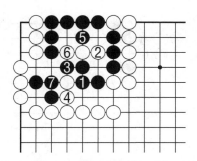

第115题失败图：黑1先扑再3打，次序有误。由于黑气撞紧，白4打，黑5只好提劫，成劫活，失败。

第116题正解图：黑1团是做眼要点，白2并，黑3粘重要，白4拐破眼，黑5冲至白10卡，黑先手定型后，再11粘，巧成双活。

第116题变化图：黑1团时，白2如横顶，黑3拐，白4只能粘，黑5顶、7虎，仍成双活。

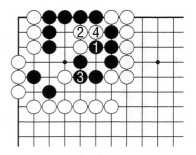

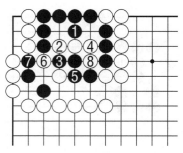

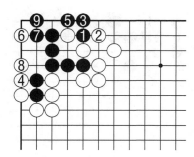

第116题失败图1：黑1做眼不行，白2顺势破眼，黑3再团已来不及，白4打后，黑被灭。

第116题失败图2：黑1顶也不行，白2、4两顶占据要津，黑5团，白6断是弃子好手，黑7打，白8吃成接不归，黑仍不活，失败。

第117题正解图：黑1挤是手筋，白2打，黑3立是相关联的手段，白4如一路打，黑5一路吃重要，白6点，黑7顶、9立成净活。

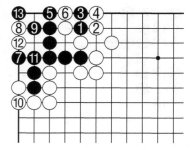

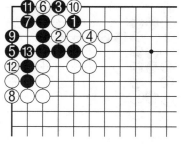

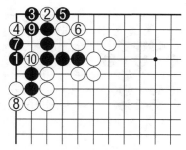

第117题变化图1：黑3立时，白4继续打，黑5立是先手，白6提，黑7虎是活形，白8以下徒劳，至黑13扑，黑净活。

第117题变化图2：黑1挤时，白2如单粘，黑3先手打，再5虎，白6扑时，黑7弯重要，白8粘，黑9须并，以下至黑13粘，安然成活。

第117题失败图：黑1单虎太随便，白2扳、4点简单杀黑，至白10扑走成大猪嘴型，黑死。

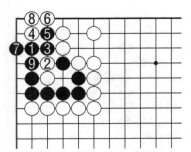

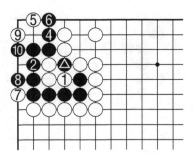

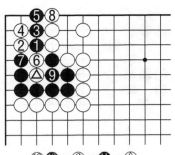

第118题正解图：黑1跳是做眼要着，白2打，黑3断紧凑，白4靠也不能杀黑，黑5冲、7立是手筋，再9打成活。

第118题变化图：正解图中白4如改为本图1位提，则黑2打、4挡，白5点无用，至黑10挡，黑活。

⑩⑬＝⑥　⑪＝△

第118题失败图1：黑1扳似是而非，白2夹是妙手，黑3、5冲下，白6断强烈，以下至白10扑，黑顿死。

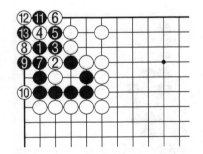

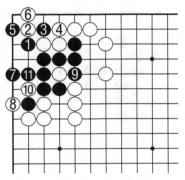

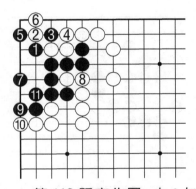

第118题失败图2：正解图中黑7如打则不慎，白8连扳是强手，至黑13提是劫活，失败。

第119题正解图：黑1扳后3、5连打，再7跳是连贯的好手段。白8若一路打，黑9提、11粘成活。

第119题变化图：白8如连回一子，黑9立、11粘是形，仍活。

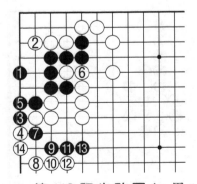

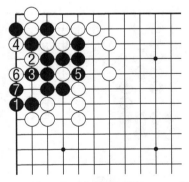

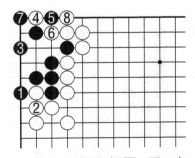

第119题失败图1：黑1单跳不行，白2立防黑先手成眼，黑3、5扳粘，白6连回即可。黑7打，白8挡至14退，黑无望。

第119题失败图2：正解图中黑7于本图1位立不是要点，白2、4打拔，黑5提必然，白6扳，黑7打成劫，黑失败。

第120题正解图：黑1打、3尖是做活的形，白4托，黑5打、7提，白8打后，成为黑稍有利的劫活。

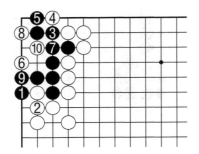

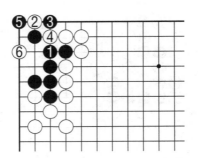

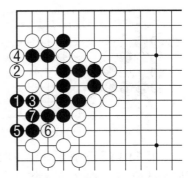

第120题失败图1：黑3不可顶。如此，白4扳、6点是次序，黑7粘顽抗，白8托、10挤，黑被聚杀。

第120题失败图2：黑1单粘不行，白2托、4断打，黑5提，白6点杀，黑净死。

第121题正解图：黑1飞是急所，白2尖渡是常用手筋，黑3先手挤后再5立、7粘成活。

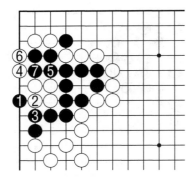

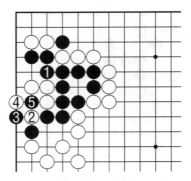

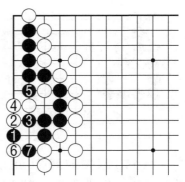

第121题变化图：黑1飞时，白2团破眼无理，黑3紧气，白4、6再渡已不成立，黑7打，白成接不归，黑活得更大。

第121题失败图：黑1粘平庸，白2挤成立，黑3打，白4可做劫，黑5提成劫活不得已，黑失败。

第122题正解图：黑1跳下是此际的佳着，白2尖是手筋，黑3打、5吃，白6反打，黑7做成劫活。

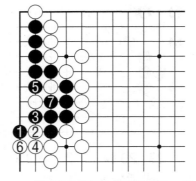

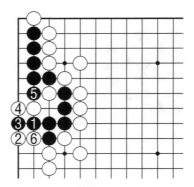

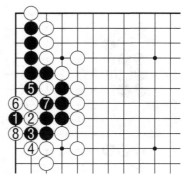

第122题变化图：黑1跳时，白2、4挖粘不行，黑5打、7提成净活。

第122题失败图1：黑1挡不行，白有2飞的妙手，黑3挡阻渡不行，白4挡、6打成倒扑，黑被灭。

第122题失败图2：黑1跳，白2冲、4夹紧气，黑5打，白6打、8提是先手，黑仍不活。

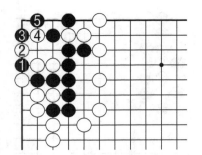

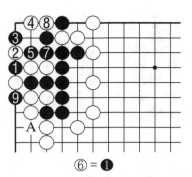

⑥=❶

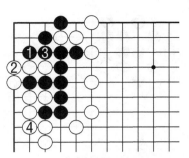

第123题正解图：黑1扑、3靠紧凑，白4只能打，黑5反打做成劫活，这是本题正解。

第123题变化图：黑3靠时，白4如点破眼，黑5、7打白接不归，白8断吃，黑9提，由于白只能在A位补，无法在1位点杀，黑成净活。

第123题失败图：黑1尖顶虽是先手，但白2粘冷静，黑3粘，白4也粘。黑全体不活，失败。

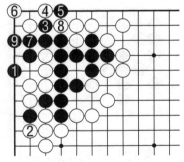

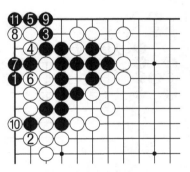

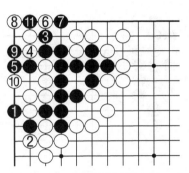

第124题正解图：黑1尖是长气妙手，白2须打，黑3挡下，白4扳、6虎顽强，黑7粘必要，白8断打，黑9立即可成活。

第124题变化图：黑3挡时，白4断也不行，至黑11，黑吃去角上白三子，仍活。

第124题失败图：黑1扳不好，白4断时，黑5只能立，长气，白6、8做劫顽强，至黑11提成劫活，黑失败。

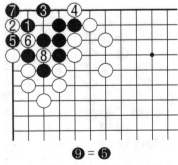

❾=❺

第125题正解图：黑1虎是要点，白2托，黑3做眼是正确次序，白4扳破眼，黑5、7连扑做成双劫，白8提，黑9再提仍是双劫，黑成活。

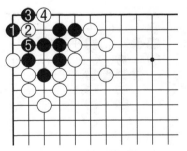

第125题失败图1：黑1飞求眼位，似是而非。白2跨是手筋，黑3扳、5打，成劫活，黑失败。

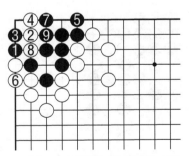

第125题失败图2：黑1挡，欲扩大眼位，白2点占据急所，黑只能3爬、5立抵抗，白6粘，黑7、9无奈做成劫活，失败。

79

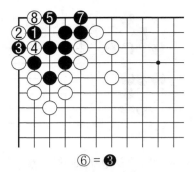

⑥ = ❸

第125题失败图3：正解图中黑3如先扑则是错着，白4提、6粘，黑7只得立，白8扑，黑成劫活，仍失败。

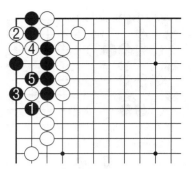

第126题正解图：黑1断是手筋，白2爬是最强抵抗，黑3打、5提成活。

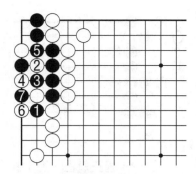

第126题变化图1：黑1断时，白2如打，黑3、5两打即可，白6做劫，黑7提，黑成双劫，仍净活。

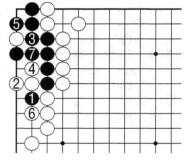

第126题变化图2：黑1断时，白2立也不能杀黑角，黑3粘，白4冲、6打是本手，黑7粘成净活。

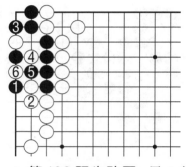

第126题失败图：黑1夹是假手筋，白2粘冷静，黑3只能一路吃，白4挖严厉，黑5挡，白6提，黑成劫活，失败。

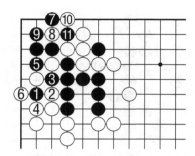

第127题正解图：黑1、3跨断是常用手筋，白4打，黑5先手提后再7跳是妙手，白8、10做劫强硬，黑11提成劫活。

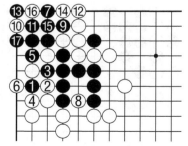

第127题变化图：黑7跳时，白8如于中央破眼，黑9虎是眼形，由于气宽，白10点入并不能形成小猪嘴的劫杀，至黑17吃成胀牯牛，黑净活。

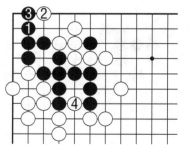

第127题失败图：正解图中黑7如在本图1位弯不是形，白2先手破眼，再4挖，黑被灭。

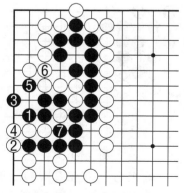

第128题正解图：黑1夹只此一手，白2渡，黑3一路尖巧妙，白4须补，黑5先手挤后再7提，成净活。

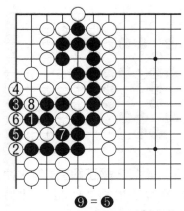

9 = ⑤

第128题变化图：黑3尖时，白4如尖防黑做眼，黑正好5扑、7打，白8提，黑9提两子，仍是净活。

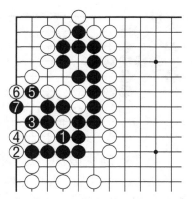

第128题失败图：黑1单提不好，白2渡过，黑只能5、7做劫活，失败。

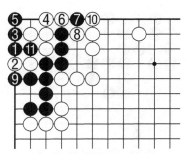

第129题正解图：黑利用角上白的弱点才可做活。黑1点正中要点，至白4立时，黑5长进角重要，白6虽可渡过，但黑7挡、9吃、11提，黑巧妙做活。

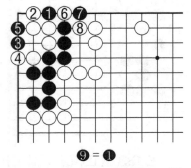

9 = ①

第129题失败图1：黑1扳有些贪，至白8成劫，黑若劫败，损失惨重，黑无谋。

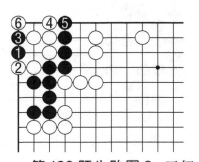

第129题失败图2：正解图中黑5若挡则急躁，白6扑，同样成劫，黑失败。

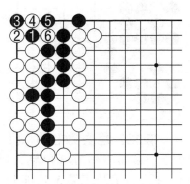

第130题正解图：黑1扳、3扑，妙手，白4提时，黑5做劫是要领，在如此狭小的空间，能争取到劫活，应当满意了。

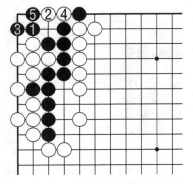

第130题变化图：黑1扳时，白2如来硬杀则结果适得其反。黑3立是手筋，白4扑，黑5团成一眼，白五子接不回去，黑活。

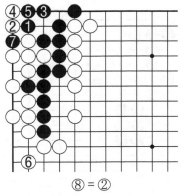

⑧ = ②

第130题失败图：黑3若急于做眼则胆子太小，白4长进角占据要点，黑5打时，白6将接不归的弱点补上，黑7提，白8打二还一，黑顿死。

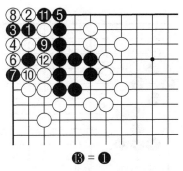

⑬ = ①

第131题正解图：黑1挤为奇兵，妙极！白2如吃，黑3立，多弃一子，白4以下至黑9挤为必然，白10打，黑11、13两手，白接不归，黑活。

81

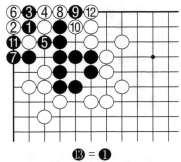

⑬ = ❶

第131题变化图：黑1挤时，白2如从另一边打，则黑3立、5打，白6提，黑7立重要，白8渡时，黑9扳至13提，白仍接不归。

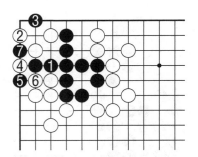

第131题失败图：黑1单粘平凡，白2倒虎，极具弹性，黑3点只此一手，白4、6做劫，黑成劫活，失败。

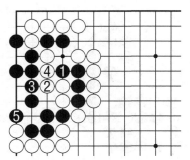

第132题正解图：黑1冲，弃子妙手！白2弯也具功力，黑不可不慎。黑3粘，好棋！白4吃四子无奈，黑5挡成活。

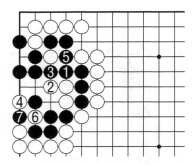

第132题失败图1：白2弯时，黑如不慎在3位粘，则白4托是巧手，黑5只能提，白6扑劫，黑7提，成劫活，失败。

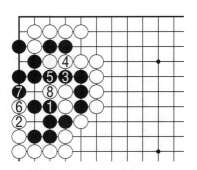

第132题失败图2：黑1团似是而非，白2长驱直入，黑3打，白4顺手反打，黑5粘，白6爬、8冲，黑死，失败。

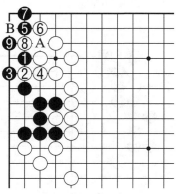

第133题正解图：黑1托是要点，白如2挖、4粘，黑5跳是轻妙之着，白6顶，黑7立极具弹性，白8打，黑9做成劫活，白如于A位粘，黑可于B位粘应对。

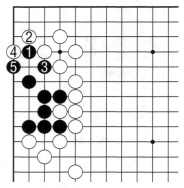

第133题变化图：白2若扳，黑3虎即可成立，白4打，黑5仍做劫活。

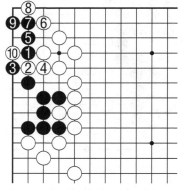

第133题失败图：黑5长则轻率，白6尖至10扑，黑被杀，失败。

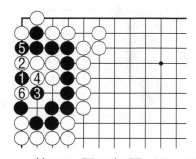

第134题正解图：黑1跳是奇思妙想，白2须冲下，黑3做眼重要，白4打，黑5吃时，白6提，黑成劫活。

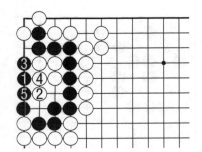

第134题变化图：黑1跳时，白2若尖，则黑3渡，白4团，亦不能聚杀，黑5粘成双活。

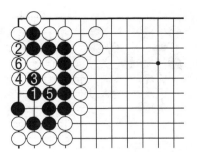

第134题失败图：黑1单做眼不行，白2渡是先手，黑3只能补，白4尖、6粘，黑因不入气被灭。

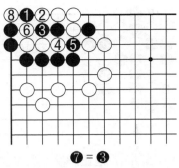

❼＝❸

第135题正解图：二·1经常是角上的眼位要点。黑1尖，占据要点，白2须顶，黑3冲，弃子，白4吃，黑5反吃，白6提两子，黑7扑是要领，由于白气紧，白8只能提，黑成劫活。

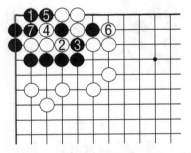

第135题变化图：黑1尖时，白2若打，则黑3断、5挤，黑6须补，黑7打，白接不归，黑成净活。

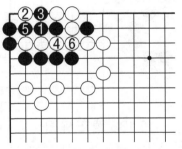

第135题失败图：黑1贴头脑简单，白2跳，此后黑3、白4见合，黑仅存一眼，不活。

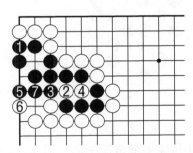

第136题正解图：黑1团大智若愚，白2若打，黑3反打弃四子，5、7又成一眼，安然活出。

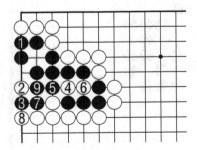

第136题变化图：黑1团时，白若先占据2位要点，则黑3靠，妙手，白4打吃，黑仍5打弃子，然后7、9成活。

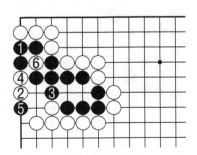

第136题失败图1：黑3若急于做眼，则白4是杀着，黑死。

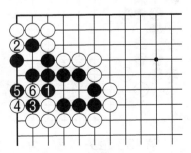

第136题失败图2：黑1做眼不是急所，白2打，黑3挤，扩大眼位，白4打，黑5只能做劫反抗，白6提，黑成劫活，失败。

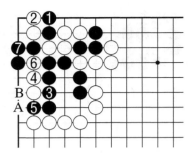

第137题正解图： 黑1立，好手。白2打必然，黑3粘，白要杀黑，就只能在4位破眼，黑5冲，白6打，黑7粘，成金鸡独立，黑活。白6若于A位渡，则黑B位扑，白接不归，黑仍活。

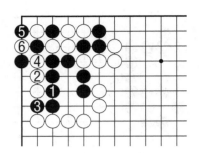

第137题失败图1： 黑1直接粘不行，白2、4后，黑5只能打，白6提，黑成劫活，失败。

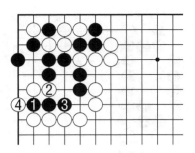

第137题失败图2： 黑1冲也不行，白2反冲，黑3须退回，白4渡，黑死，失败。

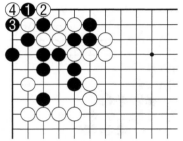

第137题失败图3： 黑1、3是此局部常用手筋，但于此形中不适用。白4提，黑本应净活，却走成劫活，失败。

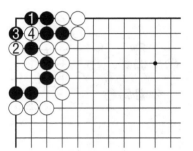

第138题正解图： 黑1弯是妙手，白2打只此一手，黑3打成劫。

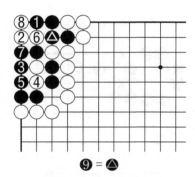

❾ = ▲

第138题变化图： 黑1弯时，白2若点，黑3打是好手，白4长，黑5提，白6断吃，黑7打、9吃，成倒脱靴。

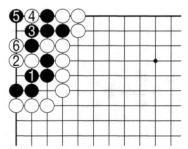

第138题失败图： 黑1打是恶手，白2立，黑3只得粘，白4扑是手筋，黑5提，白6拐成金鸡独立，黑死。

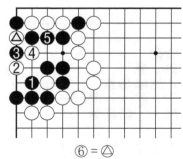

⑥ = ▲

第139题正解图： 黑1提冷静，白2跳是最强抵抗，黑3提，白4打，黑5粘成劫。

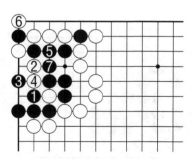

第139题变化图： 黑1提时，白2若吃则软弱。黑3尖，白4只得挤，黑5粘、7打后，白无法继续。

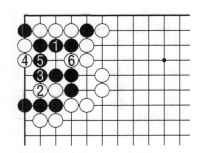

第139题失败图1：黑1粘不好。白简单2、4两长后6冲，黑顿死。

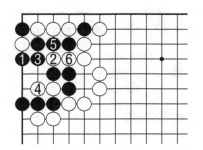

第139题失败图2：黑1提不够冷静，白2靠是手筋，黑3只能团，白4长，黑无法成活。

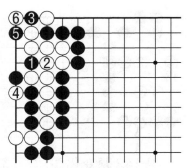

第140题正解图：黑1、3好次序，白4扑，黑5扳，白6提成劫。

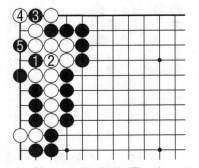

第140题变化图：白4也可于本图4位提，黑5扳，与正解图大同小异。

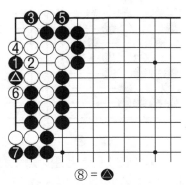

⑧＝▲

第140题失败图：黑1长不行。白2粘冷静，黑3只得扑，白4挡至白8成活，黑失败。

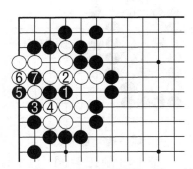

第141题正解图：黑1长只此一手。白2粘必然，黑3顶、5打，白6顶做劫，黑7提成劫。

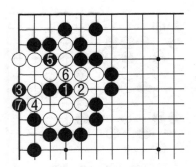

第141题变化图：黑1长时，白2若粘另一边，不好。黑3夹是手筋，白4顶，黑5吃、7渡，白无计成活。

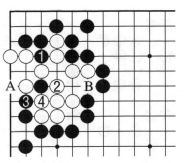

第141题失败图：黑1吃是俗手，白2打、4提后，A、B见合，黑失败。

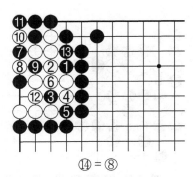

⑭＝⑧

第142题正解图：黑1冲、3靠是手筋，白4如冲，黑5打、7渡是连贯手段，白8、10连扑必然，黑11提，白12提欲长气，黑13紧气是冷着，白成劫杀。此图是双方最佳变化。

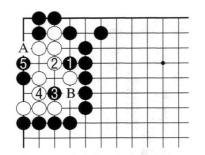

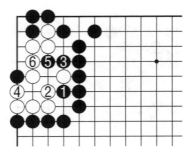

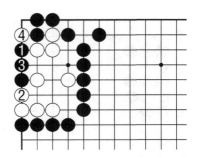

第142题变化图: 黑3靠时,白4不可于二路粘,黑5占据要点,此后A、B两点黑必得其一,白被净杀。

第142题失败图1: 黑1冲另一边是错着,白2挡,黑3再打为时已晚,白4、6做眼成净活,黑失败。

第142题失败图2: 黑1渡不是时机,白2打,黑3如粘,白4扑,黑接不归,失败。

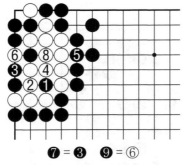

7=③ 9=⑥

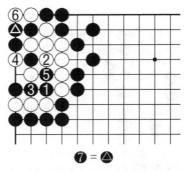

7=△

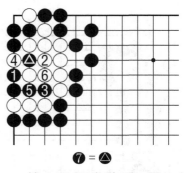

7=△

第143题正解图: 黑1打是此题的关键,白2如粘,黑3多送一子是要领,白4提,以下的抵抗无用,至黑9粘,白由于自身不入气,被净杀。

第143题变化图: 黑1打时,白2若也打,黑3提三子即可。白4提,黑5挤是要点,白6提,黑7打破眼,白被杀。

第143题失败图: 黑1爬不得要领,白2打重要,黑3打,白4提、6团,黑7只得提,成劫杀,黑失败。

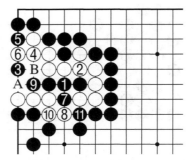

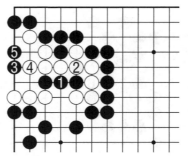

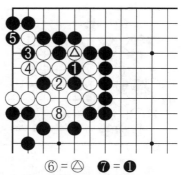

⑥=△ 7=❶

第144题正解图: 黑1粘是要点,白2也要粘,黑3点入,妙手!白4粘意在阻渡,黑先5拐再7冲是次序,白8打,黑9长后,由于白A、B两点不入气,遂被歼。

第144题变化图: 黑3点时,白4顶也不行,黑5渡回,白眼位不足,仍死。

第144题失败图: 黑1提不是要点,白2打,黑3、5打拔,缩小白眼位,白6先手提后,8位做两眼成活,黑失败。

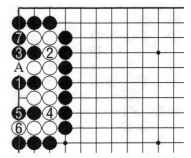

第145题正解图：黑1立，掌握"两边同形走中央"的原则，重要。白如2、4两打，黑3、5均立，白6打，黑7粘后，白由于A位不入气，被净杀。

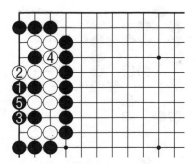

第145题变化图：黑1立时，白2如打两子，黑3立，妙手！此后，白4与黑5不能兼得，白仍不能活。

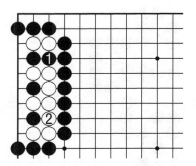

第145题失败图：黑1吃白两子思维简单，白2吃一子即活，黑失败。

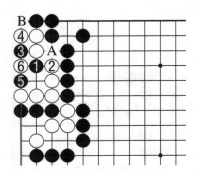

第146题正解图：黑1跨是常用手筋，白2冲，黑3一路扳，绝妙！白4只好阻渡，黑5做劫，下一手白若于A位粘，黑走B位打仍是劫，所以白只好在6位提成劫杀。

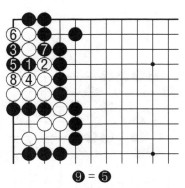

⑨=⑤

第146题变化图：黑3扳时，白4如打也不行，则黑5粘，白6打，黑正好7、9两打，白因气紧而被灭。

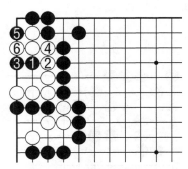

第146题失败图1：白2冲时，黑3立不是要点，白4粘，黑5再扳，白6挡，由于是双活之形，黑无计可施，白成净活，黑失败。

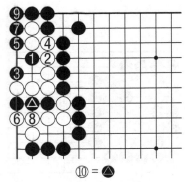

⑩=▲

第146题失败图2：黑3如先尖则有误，白4粘，黑5再扳，白6打、8提成先手，黑9须补，白10做成两眼，黑失败。

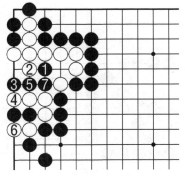

第147题正解图：黑1点击中要害，白2挡，黑3再点严厉，白4冲下顽抗，黑5打、7吃，白两边不入气，被杀。

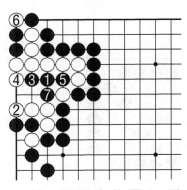

第147题变化图1：黑1点时，白如2打，黑3贴占据要点，白4拐渡，黑5、7吃白一子，白两处后手眼，不可两全，仍死。

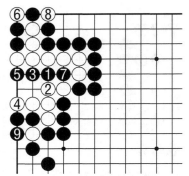

第147题变化图2：黑1点时，白2如粘，黑3冲，白4打，黑5吃，顺调破眼，白6提不成立，黑7断后，由于是假双活，白无法收黑气，至黑9提，白仍被吃。

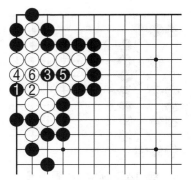

第147题失败图1：黑1先点下边，次序错误，白2贴是要点，黑3再点上边，已来不及，白4打、6倒扑，白活，黑失败。

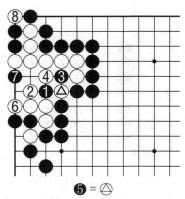

❺＝△

第147题失败图2：黑1、3打拔破眼最易想到，但不好。白4、6均为先手打，黑7点，白8正好提两子，黑仍无计杀白，失败。

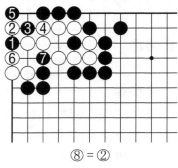

⑧＝②

第148题正解图：黑1托是显而易见的要点，白2打是最佳应手，黑3打必然，白4须反打，黑5提、7挤，白8提，黑劫杀白角是本题正解。

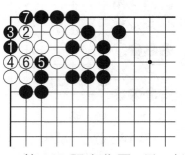

第148题变化图：黑1托时，白2弯不行，黑3爬是要点，白4回手打，黑5、7后，白全体被杀。

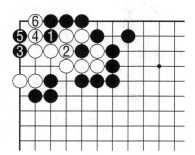

第148题失败图：黑1先打是俗手，白2提，黑3托，白4拐，黑5爬，白6顺势打，黑已不能杀白，失败。

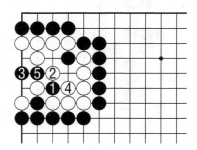

第149题正解图：黑1断是要点，白2打，黑3点杀，白4提，黑5挤成金鸡独立，白无法做眼，净死。

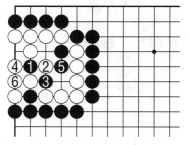

第149题失败图1：黑1挖多数情况下是手筋，但此际不适用。白2打，黑3扑时，白4可提，黑5虽吃六子，但白6粘活去大半，黑失败。

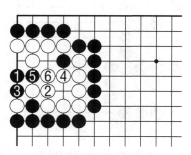

第149题失败图2：黑1单点也不好，白2粘冷静，黑3提，白4、6成活，黑失败。

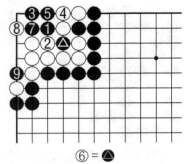

⑥＝△

第150题正解图: 黑1翻打是绝对的第一感,白2提必然,黑3尖绝妙,白4粘阻渡,黑5打、7团弃子,再9提,白全灭。

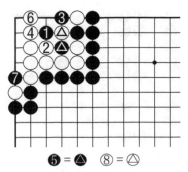

⑤＝△　⑧＝△

第150题失败图1: 白2提时,黑3提则轻率,白4打、6立扩大眼位,黑7提破眼,白8提后,黑成劫杀,失败。

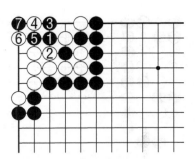

第150题失败图2: 黑3如立,似乎可行,但忽略了白4靠的好手,黑5、7成劫杀,黑仍失败。

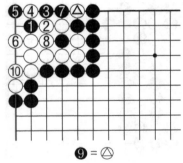

❾＝△

第150题失败图3: 黑1靠是假手筋,白2顶是要点,黑3扳渡,白4扑、6立成先手,至白10粘,轻松做活。

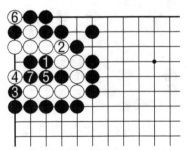

第151题正解图: 黑1挤是手筋,白2粘必然,黑3拐、5粘是假双活,白6只好长气,黑7团,白无计成活。

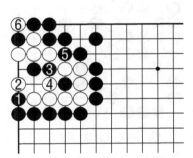

第151题失败图1: 黑如先于1位拐不行,白2挡,黑3挤时,白4提,黑5断,白6提成劫。

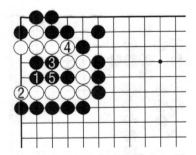

第151题失败图2: 黑1顶是俗手,白2立、4粘成为双活,黑失败。

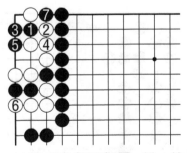

第152题正解图: 黑1挖,妙手!白2打,黑3立,白4粘时,黑5拐又是好手,至黑7,白死。

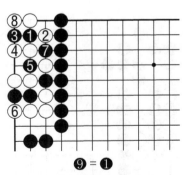

❾＝❶

第152题变化图: 白4如挡也不行,黑5扑是好手,白6提必然,黑7提、9扑,白顿死。

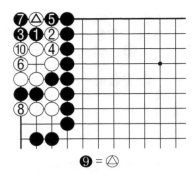

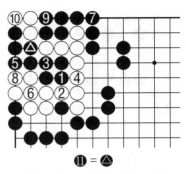

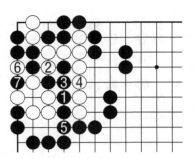

❾ = △

⑪ = △

第152题失败图：白4粘时，黑5若打则无谋，白6弯、8提，黑无法杀白。黑9粘，白10粘可活。

第153题正解图：黑1团是不易想到的好手，白2只能粘，黑3粘、5团绝妙，至黑11，白死。

第153题失败图1：黑1冲不是要点，白2、4两打后6扑，成劫。

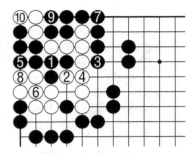

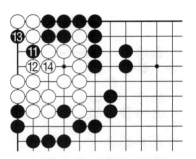

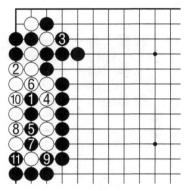

第153题失败图2：黑1单粘也不行，白2好手，黑5团弃子，欲故技重演，至白10提。

第153题失败图2续：黑11吃，白12打后于14位做眼，成净活。

第154题正解图：黑1长是此际要点，白2打、4粘顽强，黑5冲是严厉手段，白6粘上方，黑7挤是弃子妙着，至黑11打，白眼位不足，被杀。

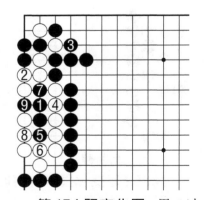

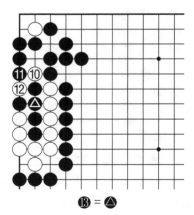

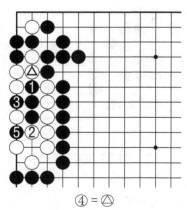

⑬ = △

④ = △

第154题变化图：黑5冲时，白6如粘下边，黑7打、9提即可。

第154题变化图续：白10只能吃五子，黑11打、13点后，白眼位不足，仍被杀。

第154题失败图：正解图中黑5如于本图1位打则随手，白2打、4吃，黑5提成劫杀，黑失败。

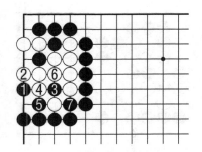

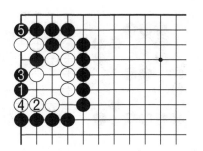

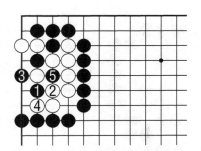

第 155 题正解图：黑 1 跳破眼是冷静的杀着，白 2 如挡，黑 3 挤是手筋，白 4 吃无用，至黑 7 打，白无两眼，被灭。

第 155 题变化图：黑 1 跳时，白 2 若冲，黑 3 也冲，白 4 冲下，黑 5 正好吃倒扑，白仍不活。

第 155 题失败图：黑 1 夹似是而非，白 2 团，黑 3 只好打破眼，白 4 打，黑 5 提成劫杀，黑失败。

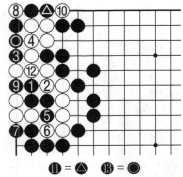

⑪ = ▲ ⑬ = ◎

第 156 题正解图：黑 1 弯是要点，白 2 粘，黑 3 挤入弃子，妙极！白 4 如打，黑 5 冲、7 打，白三子成接不归，白 8、10 抵抗，以下至黑 13 点，白无两眼，被净杀。

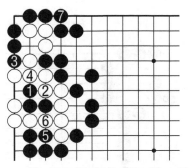

第 156 题变化图：黑 3 挤时，白 4 粘也不行，黑 5 团缩小眼位，再 7 粘回，白仍不活。

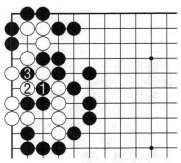

第 156 题失败图：黑 1 打思路平庸，是错着，白 2 正好做劫，黑 3 提成劫杀，黑失败。

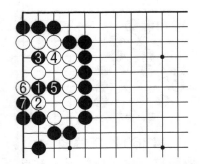

第 157 题正解图：黑 1 靠是破眼要着，白 2 挖时，黑 3 也挖是妙想，白 4 粘，黑 5 顶是急所，白 6 扳，黑 7 双吃，白无两眼，不活。

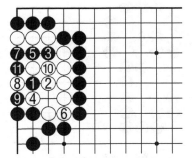

第 157 题变化图：黑 1 靠时，白 2 如顶，黑 3 断，妙手！白 4 打，黑 5 吃三子，白 6 以下抵抗徒劳，至黑 11 打，白仍死。

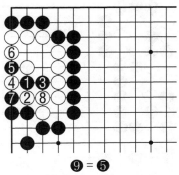

❾ = ❺

第 157 题失败图 1：白 2 挖时，黑 3 单顶，不够细腻，白 4 扳，黑 5 只好扑，至 9 提成劫杀，黑失败。

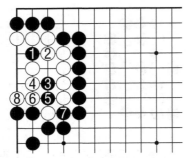

第157题失败图2：黑1单挖急躁，白2打正好，黑3点，白4、6是先手，再8挡成净活，黑更失败。

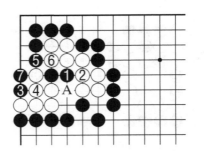

第158题正解图：黑1冲只此一手，白2如粘，黑3点是杀着，白4粘，黑5顶后，白6与黑7见合，白不活。途中，白4若于5位顶也无用，黑可在A位冲杀白。

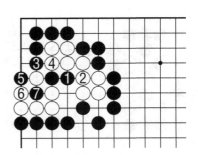

第158题失败图1：黑3如先顶则俗，白4打、6做劫，黑7提成劫杀，黑失败。

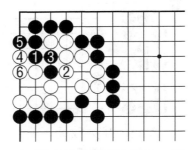

第158题失败图2：黑1单顶不是要点，白2打，黑3只得连回一子，白4、6扳粘做成两眼，黑失败。

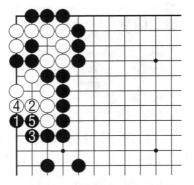

第159题正解图：黑1飞是要点，白2如做眼，黑3退冷静，白4团做眼，黑5紧气，白两边不入气，被歼。

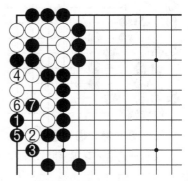

第159题变化图：黑1飞时，白若2扳、4打，黑5一路打，妙手！白6顶，黑7挖，白不活。

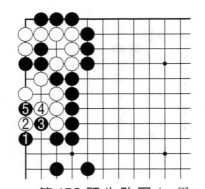

第159题失败图1：黑1跳不是要点，白2靠顽强，黑3打、5提成劫杀，黑失败。

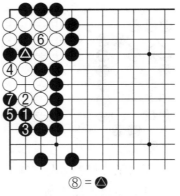

⑧＝△

第159题失败图2：黑1、3扳粘太俗，白4打、6提正好，此后黑7与白8见合，白成净活，黑失败。

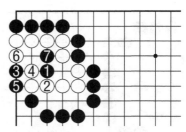

第160题正解图：黑1点是要点，白2粘，黑3再点巧妙，白4冲，黑5渡、7破眼，白不活。

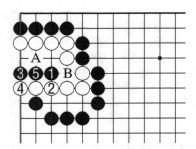

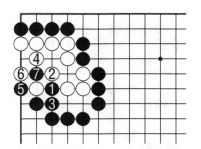

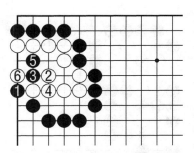

第160题变化图：黑3点时，白4挡也不行，黑5粘后，A、B两点必得其一，白顿死。

第160题失败图1：黑1、3挖粘过于平凡，白4、6做劫，黑7提成劫杀，失败。

第160题失败图2：黑1扳是缓着，白2做眼占据要点，黑3打、5顶破眼勉强，白6扑，黑两子被吃，白净活，黑失败。

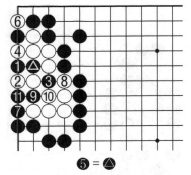

⑤=△

第161题正解图：黑1立是绝对的一手，白2打，黑3打、5扑紧凑，白6提，黑7拐重要，白8打，黑9、11挖粘，白眼被破，净死。

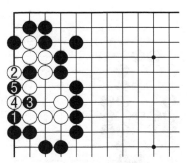

第161题失败图1：黑1单拐松懈，白2提紧要，黑3挖破眼，白4扑，黑5提，成劫杀，黑失败。

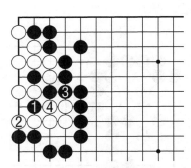

第161题失败图2：正解图中黑7不能于本图1位挖，白2正好挡，黑3粘，白4吃一子成活，黑失败。

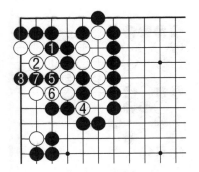

第162题正解图：黑1挤是急所，白2若粘，黑3点巧妙，白4提两子，黑5断成立，此后白6、黑7两点不能兼顾，白全体被杀。

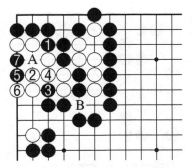

第162题变化图：黑1挤时，白2如虎，黑3冲、5托巧妙，白6打，黑7吃，此后A、B两点白不能兼顾，被杀。

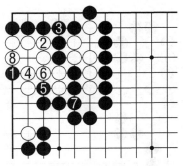

第162题失败图：黑1点过急，白2先手打后再4贴，黑5打、7粘时，白8打仍可活，黑失败。

93

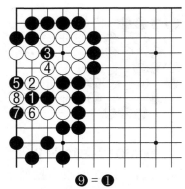

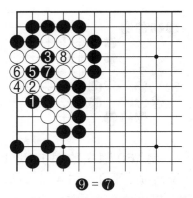

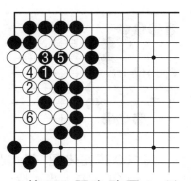

❾ = ❶

第163题正解图：黑1立必然，白2挡，黑3断是手筋，白4如粘，黑5扳是强手，白6打，黑7渡、9提，白眼位不足，被杀。

❾ = ❼

第163题变化图：黑3断时，白4立也不行，黑5打至9打，白被一气吃，净死。

第163题失败图1：黑1打不得要领，白2立即可，黑3、5虽吃六子，但白6立可活大半，黑失败。

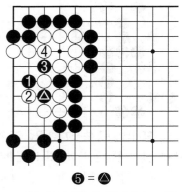

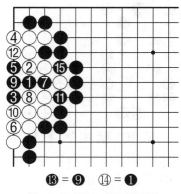

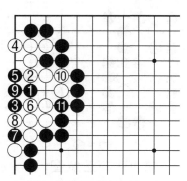

❺ = ▲

第163题失败图2：黑1翻打虽是好思路，但此际不恰当，白2提、4打，黑5提成劫杀，黑失败。

⑬ = ❾ ⑭ = ❶

第164题正解图：黑1点是形，白2粘必然，黑3尖是手筋，白4立抵抗，至黑15，白死。

第164题变化图：黑5扳时，白6若挤，则黑7扑，白8提，黑9粘、11挤，白无计成活。

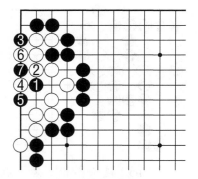

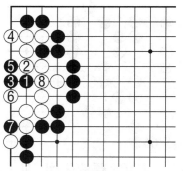

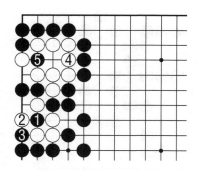

第164题失败图1：白2粘时，黑3扳则无谋，白4扳、6挡，至黑7成劫杀，黑失败。

第164题失败图2：白2粘时，黑3立也不行，白4、6是绝对先手，再于8位粘，成活。

第165题正解图：黑1扑，妙手！白2提后，黑3挤、5扑成金鸡独立，白死。

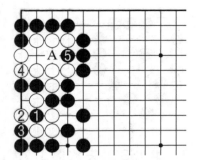

第165题变化图： 黑3挤时，白4如打，黑5冲后白A位不入气，与正解图大同小异。

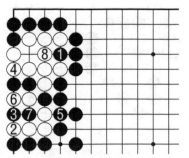

第165题失败图： 黑1冲次序错误，白2挡，黑3点，白4打，至白8，白成两眼。

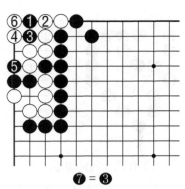

❼＝❸

第166题正解图： 黑1点是形，白2只得粘，黑3挤，好手！白4吃。黑5拐、7扑成金鸡独立，白无法成活。

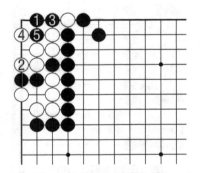

第166题变化图： 黑1点时，白2挡也无济于事，黑3提、5吃，白顿死。

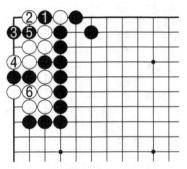

第166题失败图： 黑1提太俗，白2挡，黑3只得点，白4挡、6提，黑无法继续。

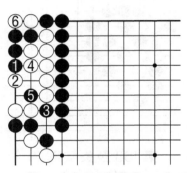

第167题正解图： 黑1多送一子是要领，白2靠，黑3挤、5打，白6提四子。

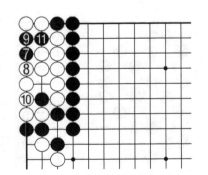

第167题正解图续： 黑7靠，巧手，至黑11，白全灭。

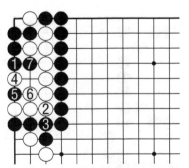

第167题变化图： 黑1爬时，白2如先团，黑3接即可，白4靠，黑5扑是手筋，白6提，黑7挤，白不入气。

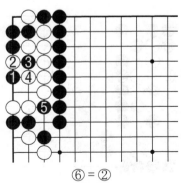

❻＝②

第167题失败图： 黑1跳不够朴实，白2扑是好手，黑3只好提，白4打，黑5须打，白6提成劫，黑失败。

95

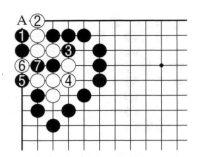

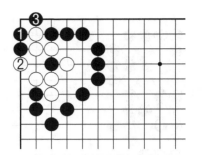

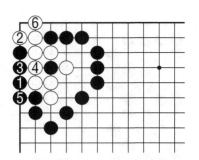

第168题正解图: 黑1爬进,妙手! 白2立,黑3断是次序,白4粘无奈,黑5渡、7提,白于A位不入气,白死。

第168题变化图: 黑1爬时,白2如挡,黑3渡,白顿死。

第168题失败图1: 黑1急于求渡,失策。白2占据要点,黑3粘,白4打是先手,再6做眼,白活,黑失败。

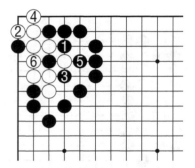

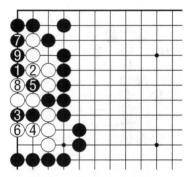

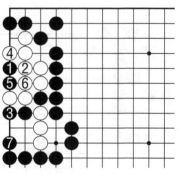

第168题失败图2: 黑1先断也急躁,白2打,黑3打时,白4做眼,黑5提,白6粘即活,黑失败。

第169题正解图: 黑1点是要点,白2如团,黑3弃子是要领,白4如吃,黑5扑至9粘,白仅存一眼,被杀。

第169题变化图: 白4如改为吃黑一子,黑5先手破眼,再7弯,白仍不活。

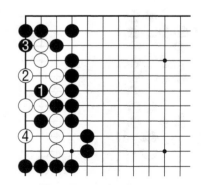

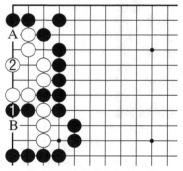

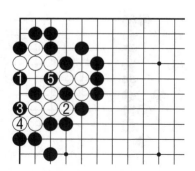

第169题失败图1: 黑1断是凭感觉下棋,并不好。白2尖巧妙,黑3拐破眼,白4枷一子成活,黑失败。

第169题失败图2: 黑1挡也不行,白2虎是要点,此后A、B两点见合,白活,黑失败。

第170题正解图: 黑1尖是要点,白2如提,黑3扳、5扑手段连续,白无应手,被杀。

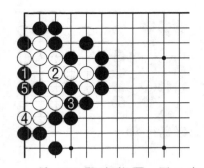

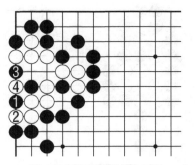

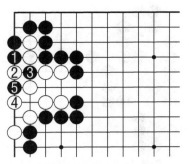

第170题变化图：黑1尖时，白2粘也无用，黑3粘、5团破眼，白仍死。

第170题失败图：黑1先扳不是手筋，白2打，黑3只好做成劫杀，白4提，黑失败。

第171题正解图：黑1打，朴实，白2反打正着，黑3提两子，白4做劫，重要，黑5提劫，劫杀是正解。

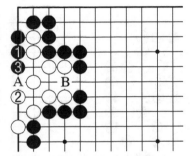

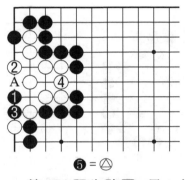

⑤ = △

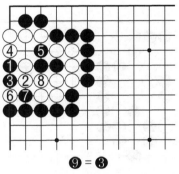

❾ = ❸

第171题变化图：黑1打，白2不能单做眼，黑3长是要害，此后A、B见合，白反成净死。

第171题失败图：黑1点是假手筋，白2做眼冷静，黑3断吃，白4成眼，黑由于A位不能入气，白成净活，黑失败。

第172题正解图：黑1夹是破眼的急所，白2长，黑3爬，白4打，黑5断是决定性的手段，白提两子，黑7双吃，此后白8、黑9见合，白死。

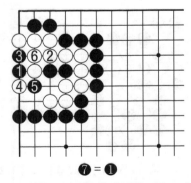

❼ = ❶

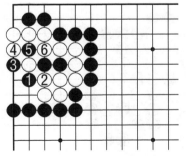

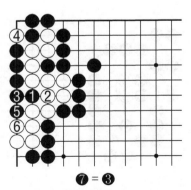

❼ = ❸

第172题变化图：黑1夹时，白2如打，黑3顶破眼，白4吃两子，黑5打、7扑去眼，白仍被杀。

第172题失败图：黑1先扳再3打则俗，白4顶即可，黑5提，白6吃黑接不归，白活，黑失败。

第173题正解图：黑1打、3粘简明有力，白4扑，黑5多送一子，妙手！白6虽提六子，但被黑7点，白仍眼位不足，被杀。

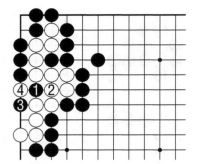

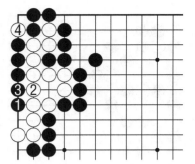

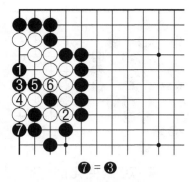

7 = **3**

第173题失败图1：黑3如做劫，则半途而废，白4提成劫，黑失败。

第173题失败图2：黑1托不得要领，白2粘冷静，黑3不可粘，白4扑，黑五子接不归，白活得更大。

第174题正解图：黑1点入是要点，白2团眼是最强应手，黑3并至7打，净杀。

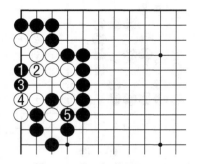

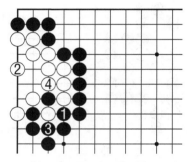

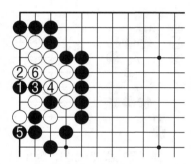

第174题变化图：黑1点时，白2应也不行，黑3、5破眼，白仍净死。

第174题失败图1：黑1打不行，白2尖占据要点，黑3提，白4做活，黑失败。

第174题失败图2：黑1点此位则大谬，白2正好做眼，黑3冲、5打，白6打，黑成接不归，白活，黑失败。

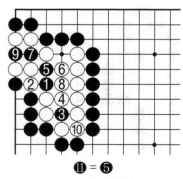

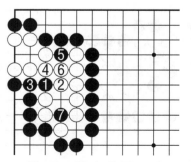

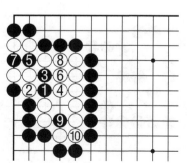

11 = **5**

第175题正解图：黑1扳是要点，白2断，黑3扑、5挤是手筋，白6打，黑7扑重要，白8提，黑9提、11扑，白死。

第175题变化图：黑1扳时，白2如顶，黑3接即可，白4团，黑5冲、7扑，白仍不活。

第175题失败图1：白2断时，黑3先挤也不是好次序，白4打、6提，黑7虽吃两子，但白8粘，黑9再扑时，白10粘即活，黑失败。

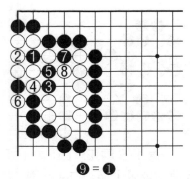

第175题失败图2： 黑1先扑，次序有误。白2提，黑再3扳、5打时，白可6提，黑7打，白8成劫，黑失败。

⑨ = ❶

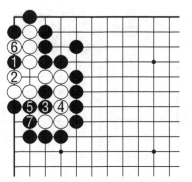

第176题正解图： 黑1夹正在筋上。白2打，黑利用白气紧的弱点，3、5连回，白6提，黑7打，白死。

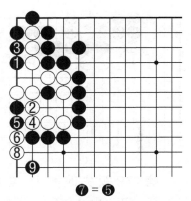

❼ = ❺

第176题变化图： 黑1夹时，白2如拐，则黑3粘，白4团，黑5爬、7扑，白8长，无济于事，黑9跳，白仍无计做活。

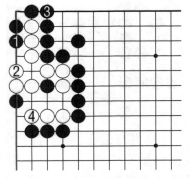

第176题失败图： 黑1爬不好，白2做眼即可，黑3粘，白4挡，净活，黑失败。

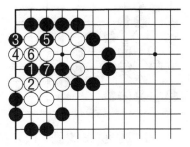

第177题正解图： 黑1点是形，白2只能粘，黑3扳、5打次序正确，白6粘，黑7也粘，白死。

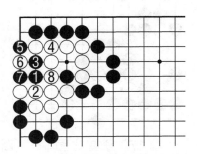

第177题失败图1： 白2粘时，黑3挤是俗手，白4粘即可，黑5渡不回去，白6扑、8打，黑接不归，失败。

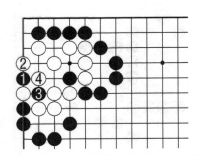

第177题失败图2： 黑1打不是要点，白2反打，黑3提，白4打，两眼瞪圆，黑失败。

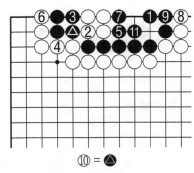

⑩ = ▲

第178题正解图： 黑1虎只此一手，白2断，黑3多送一子，绝妙！白4、6无奈，黑7挡，白8、黑9交换后，仍须10粘，黑11做成两眼。

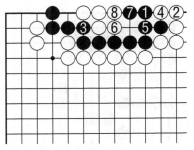

第178题变化图： 黑1虎时，白2如立，则黑3粘即可，白4打，黑5粘，白6、8成双活，黑仍不死。

99

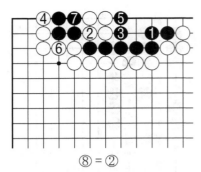

⑧＝②

第178题失败图1：黑1粘错误，白2断至8吃倒脱靴，黑无两眼，失败。

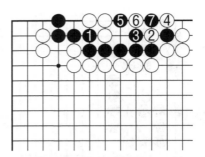

第178题失败图2：黑1粘另一边也不行，白简单2、4打拔，黑5尖顶，白6扑，成劫，黑失败。

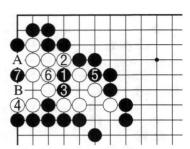

第179题正解图：黑1扳、3断是破眼手筋，白4若挡，黑5打，白6只好吃，黑7托后，白A、B均不入气，被歼。

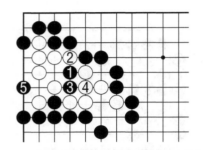

第179题变化图：黑3断时，白4吃两子，黑5点入，白仍不活。

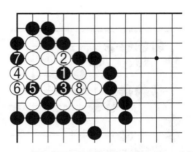

第179题失败图：白4挡时，黑5扑则急躁，白6提，黑7爬破眼，白8再吃两子成净活，黑失败。

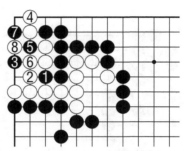

第180题正解图：黑1冲、3点是破眼要点，白4立，黑5打、7扳做劫，白8只能提，成劫杀。

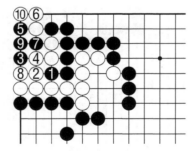

第180题变化图：黑3点时，白4粘，黑5夹、7扑是手筋，白若不愿打劫，再8打、10提顽抗，则更糟。

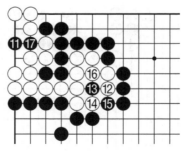

第180题变化图续：黑11点是杀着，白12贴做眼，黑13挖、15打是紧气好手，再17断，成金鸡独立，白全灭。

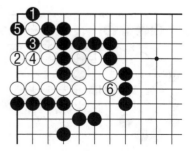

第180题失败图：黑1扳着法过缓，白2跳占据要点，黑3、5打拔落后手，白6贴成两眼，黑失败。

100

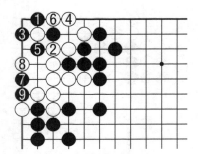

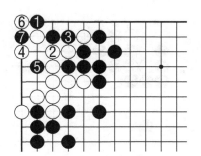

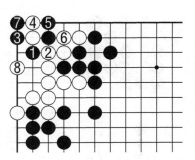

第181题正解图：黑1扳缩小眼位是正着，白2粘，黑3一路打重要，白4尖、6挤阻渡，黑7飞巧妙，白8靠防黑做成两眼，黑9扑，白成聚杀。

第181题失败图1：黑3如断则不好。白4倒虎，黑5如破眼，白6扑，黑7提成劫杀，黑失败。

第181题失败图2：黑1扳入过强，白2断、4立，黑5、7虽提两子，被白8跳后，黑对杀不够气，被歼，黑失败。

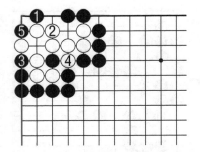

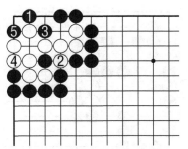

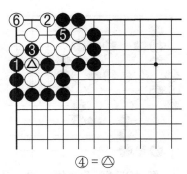

第182题正解图：黑1托是不易察觉的好手，白2如团，黑3打、5扑，劫杀是正解。

第182题变化图：白2若提，黑3挤、5扑，仍是劫，与正解图大同小异。

④＝⊘

第182题失败图：黑1打三子不是要点，白2虎重要，黑3提三子，白4打三还一，黑5破眼，白6占一·1，白净活，黑失败。

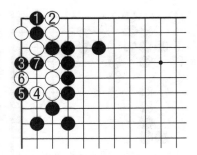

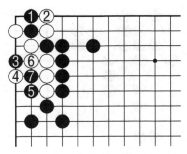

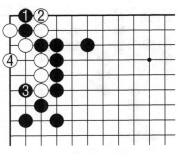

第183题正解图：黑1立是好手，白2打必然，黑3点，白4抵抗，黑5托又是手筋，白6扑，黑7打，白不入气，被吃。

第183题变化图：黑3点时，白4如靠，黑5扳、7打，白死。

第183题失败图：白2打时，黑3扳太俗，白4虎即可做活，黑失败。

101

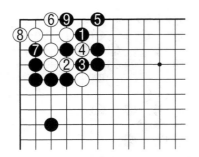

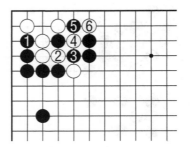

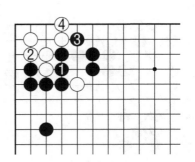

第184题正解图：黑1虎只此一手，白2、4必然，黑5倒虎，好手！白6做眼，黑7挤、9扑成双劫，白死。

第184题失败图1：黑1挤不是要点，白2冲、4提，黑5只能打，白6吃，成劫，黑失败。

第184题失败图2：黑1粘错误，白2团即可，黑3扳挡，白4立即活，黑失败。

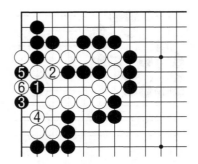

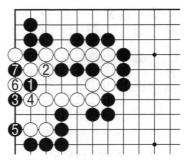

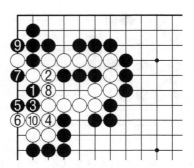

第185题正解图：黑1夹是常用手筋，白2只能粘，黑3尖又是好手，白4弯，黑5扑成劫杀。

第185题变化图：黑3尖时，白4若挤，则黑5渡过，白6扑，成后手劫，白不如前图。

第185题失败图：白2粘时，黑3若爬，则白4粘，黑5立时，白简单6顶至10打，黑成接不归，失败。

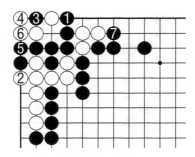

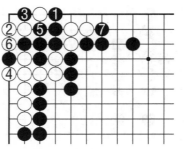

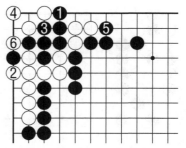

第186题正解图：黑1挡是要点，白2打，黑3扑又是手筋，白4提，黑5粘，白6紧气，黑7拐成金鸡独立，白被杀。

第186题变化图：黑1挡时，白2若立，则黑3扑仍是要点，白4打，黑5提，白6只能提，黑7拐，与前图结果大同小异。

第186题失败图1：白2打时，黑3如打则俗，白4虎是手筋，此后黑5拐，白6提成劫，黑失败。

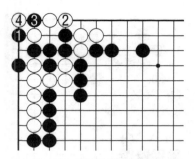

第186题失败图2: 黑1扳错误，白2渡过，紧黑一气，黑3只能扑劫，白成劫活，黑失败。

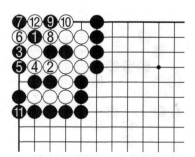

第187题正解图: 黑1扳是常用手筋，白2吃，黑3从一路打是好手，白4粘，黑5渡，白6扑、8提，黑9扳顽强抵抗，白10打，黑11粘，白12提成劫。

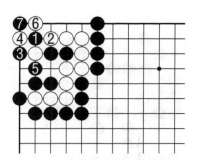

第187题变化图: 白2如从二路打，则黑3打仍是要点，白4扑虽是手筋，但黑5、7提成两手劫，白还不如前图。

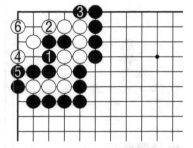

第187题失败图1: 黑1粘无谋，白2挡即可，黑3拐，白4尖、6虎，净活，黑失败。

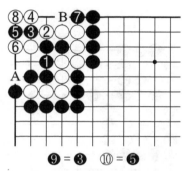

❾ = ❸   ⑩ = ⑤

第187题失败图2: 白2挡时，黑3断也是手筋，但白4、6打吃，黑7拐，白8提后，A、B见合，白活，黑失败。

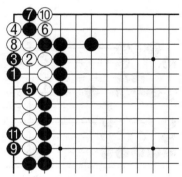

第188题正解图: 黑1点三子正中是基本功，白2粘，黑3爬重要，白4扳是最强抵抗，黑5断、7立严厉，白8只好粘，至黑11爬，白对杀不够气，被歼。

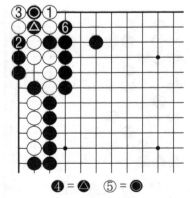

④ = ▲   ⑤ = ●

第188题变化图: 正解图中白8在本图1位打也不行，黑2打、4扑，再6挡，白仍被杀。

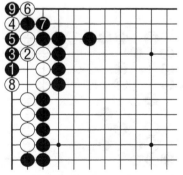

第188题失败图1: 正解图中黑5断打则随手，白6打正好做劫，黑7粘，白8打，黑9提成劫杀，黑失败。

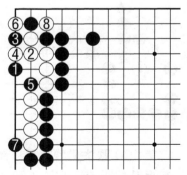

第188题失败图2: 白2粘时，黑3扳不成立，白4打、6提，黑7扳虽可吃四子，但白8打可活角，黑仍失败。

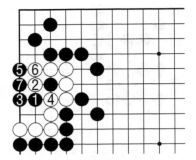

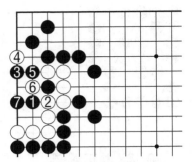

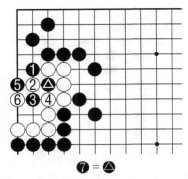

第189题正解图：黑1尖正中要害，白2如打，黑3立是冷着，白4提，黑5跳是妙手，白6团，黑7可渡回，白全灭。

第189题变化图：黑1尖时，白2如从另一边打，黑3飞是巧手，白4、6顽抗，黑5顶、7立，白仍不活。

第189题失败图：黑1虎、3打嫌俗，白4提、6扑可做劫，黑7提无奈，劫杀，黑失败。

❼＝△

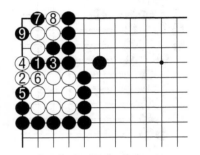

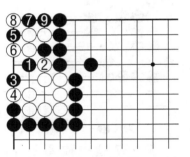

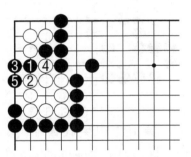

第190题正解图：黑1扳是突破口，白2尖是巧妙应对，黑3粘、5挤紧白气，再7、9做劫是此形最佳手段。

第190题变化图1：黑1扳时，白2断不行，黑3尖、5托绝妙！至黑9粘，白两边不入气，被杀。

第190题变化图2：黑1扳时，白2夹也不行，黑3立、5拐，白仍无计，被灭。

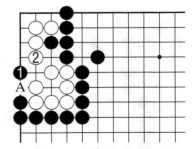

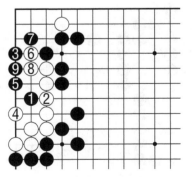

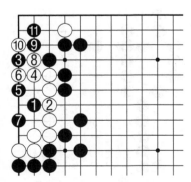

第190题失败图：黑1跳入未能抓住重点，白2退可轻松成活，但值得注意的是白2如在A位冲则大意，被黑于2位扳下将还原成变化图1。

第191题正解图：黑1点，白2粘，黑3跳是手筋，白4虎，黑5尖至9渡，白死。

第191题变化图：黑3跳时，白4如弯，黑5仍是手筋，白6只得冲，黑7尖至11成聚杀，白死。

104

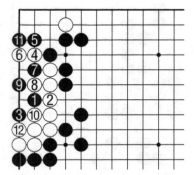

第191题失败图: 白2粘时,黑3如尖,则白4扳、6立,黑7断、9扳时,白10打是好手,黑11虽吃两子,但白12打两眼瞪圆,黑失败。

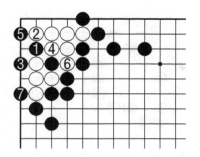

第192题正解图: 黑1扳,白2夹,黑3、5两扳是常用手筋,白6提,黑7扳,成劫。

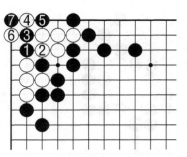

第192题变化图: 黑1扳时,白2若打,黑3爬,白4扳时,黑5扑,好手!白只得6位打,黑7提,白成为后手劫,不及前图。

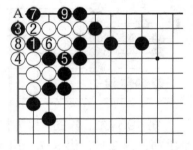

第192题失败图: 白2夹时,黑3如单扳,则白4立是好手,黑5粘至9爬,此后白于A位提,黑成两手劫,失败。

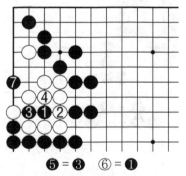

⑤＝❸　⑥＝❶

第193题正解图: 黑1点,白2粘,黑3、5连扑是手筋,白6提,黑7点又是手筋。

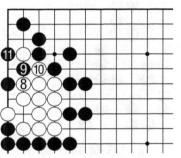

第193题正解图续: 白8团,黑9挖、11吃,成劫。

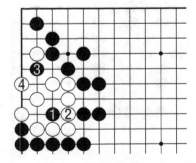

第193题失败图: 白2粘时,黑3若扳,欲净杀白则贪,白4简单虎成净活,黑失败。

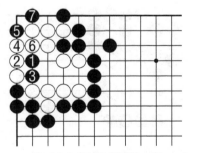

第194题正解图: 黑1点中要点,白2爬,黑3打,白4长,黑5扑是手筋,白6粘,黑7扳成劫。

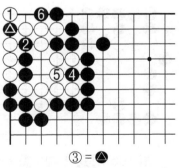

③＝△

第194题变化图1: 正解图中白6如于本图1位提则贪,黑2打、4冲是次序,再6爬,白顿死。

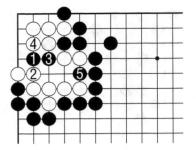

第194题变化图2： 黑1点时，白2如粘，则黑3断，白4团，黑5打，白无法继续。

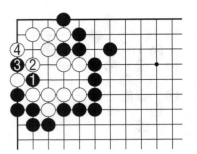

第194题失败图： 黑1打无谋，白2反打正好，黑3提，白4打即可成活，黑失败。

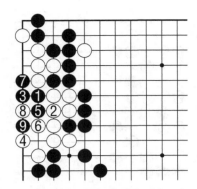

第195题正解图： 黑1打、3立是形的要点，白4虎，黑5弯，冷着！白6做眼，黑7拐，白8扑，黑9提成劫。

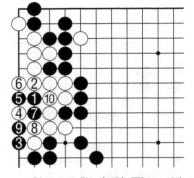

第195题失败图1： 黑1点、3打虽是常用手筋，但此时却不适用。白4跳是好手！黑5立，白6挡，至白10，白成净活。

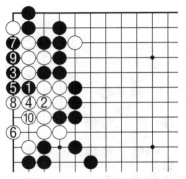

第195题失败图2： 白2粘时，黑3扳不是要点，白4、6弃子明智，黑7只得吃四子，至白10，白成两眼。

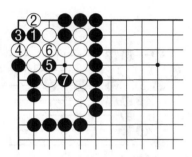

第196题正解图： 黑1挤是手筋，白2打，黑3立，白4打无奈，黑5吃、7打，白死。

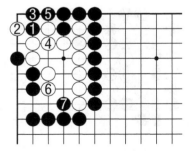

第196题变化图： 黑1挤时，白2打另一边也无济于事，黑3立、5粘，白6贴，黑7冲，白无法成活。

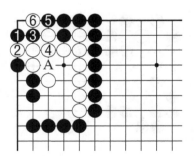

第196题失败图1： 黑1点不是要点，白2冲，黑3挤时，白4粘冷静，至白6成净活。途中，白4如于6位打，黑于A位断打即还原成正解。

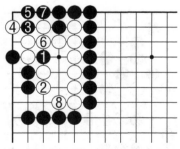

第196题失败图2： 黑1断也不行，白2贴，黑3再挤已来不及，白4打、6粘，黑7连，白8弯，黑无法破白眼位。

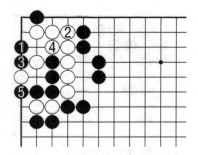

第197题正解图：黑1点，白2团，黑3挤，是好手，白4也属徒劳，黑5打，白无计成活。

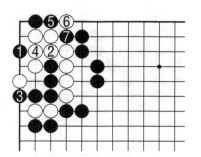

第197题变化图：黑1点时，白2单团，黑3挡，白4粘，黑5爬、7断，白顿死。

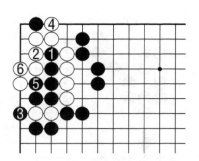

第197题失败图1：黑1挤不是要点，白2粘、4挡，黑无法吃白。

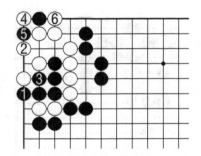

第197题失败图2：黑1挡也不行，白2虎占据要点，黑3打，白4扑、6打成胀牯牛，白净活。

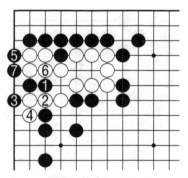

第198题正解图：黑1长，白2粘，黑3扳是妙手，白4只得拐，黑5扳、7渡，白净死。

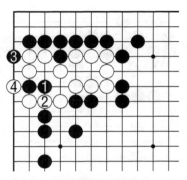

第198题失败图1：白2粘时，黑3单扳不好，白4渡，黑无法继续。

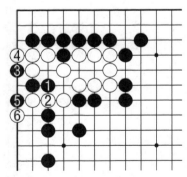

第198题失败图2：白2粘时，黑3扳另一边也不是要点，白4挡，黑5再扳，白6简单打，黑无计可施。

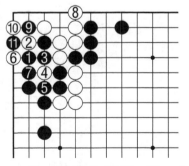

第199题正解图：黑1尖是形，白2至6连打是最佳应手，黑7提，白8立重要，黑9打，白10做劫，黑11提，劫杀是正解。

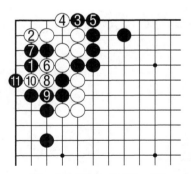

第199题变化图：黑1尖时，白2如长，黑正好3、5扳粘破眼，白6以下抵抗徒劳，至黑11打，白被灭。

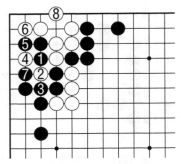

第199题失败图1： 黑1爬太俗，白2断打，再4翻打是手筋，黑5拐，白6、8成净活，黑失败。

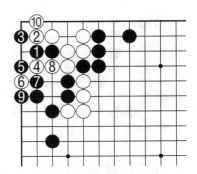

第199题失败图2： 黑1立、3扳似乎可行，但白4夹至10立是先手，黑仍无法杀白，也失败。

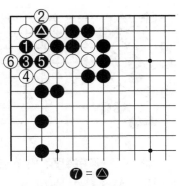

⑦=△

第200题正解图： 黑1打，着法出人意料，但也是此形的最强手。白2只能提，黑3长，白4、6须做劫，黑7提成劫杀，此为双方最佳结果。

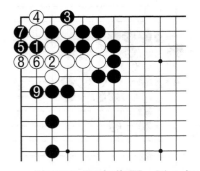

第200题变化图： 黑1打时，白2不能粘，黑3提，白4立扩大眼位，黑5、7正好先手破眼，再9立，白被净杀。

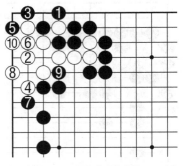

第200题失败图1： 黑1单提嫌缓，白2虎占据做眼要点，黑3扳角，白4扳可做眼，至白10，安然成活。

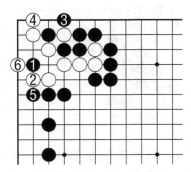

第200题失败图2： 黑1点入过深，白2挡下即可。黑3提，白4立、6扳轻松做眼，黑失败。

高级篇

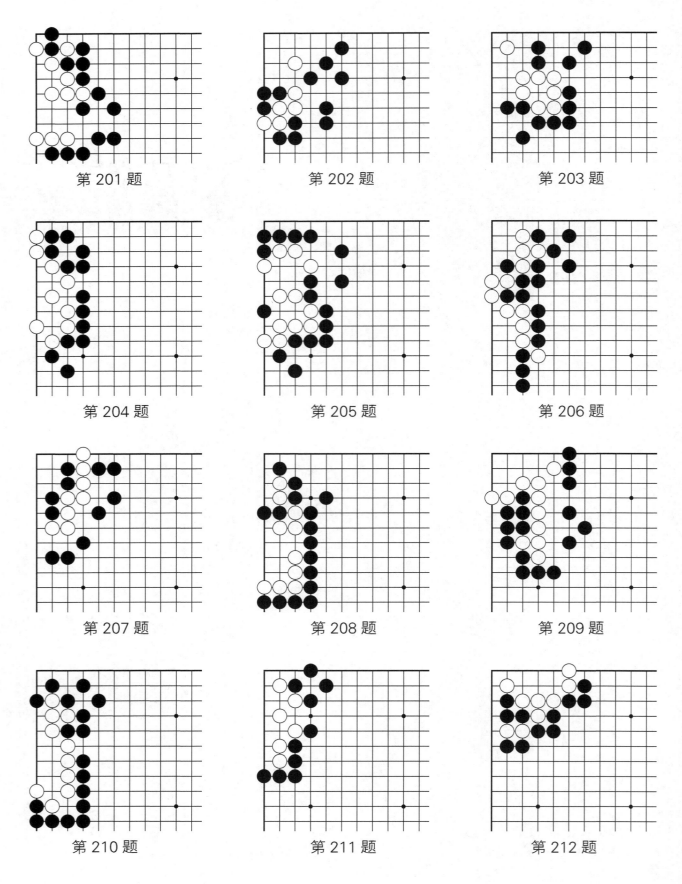

第 201 题　　第 202 题　　第 203 题

第 204 题　　第 205 题　　第 206 题

第 207 题　　第 208 题　　第 209 题

第 210 题　　第 211 题　　第 212 题

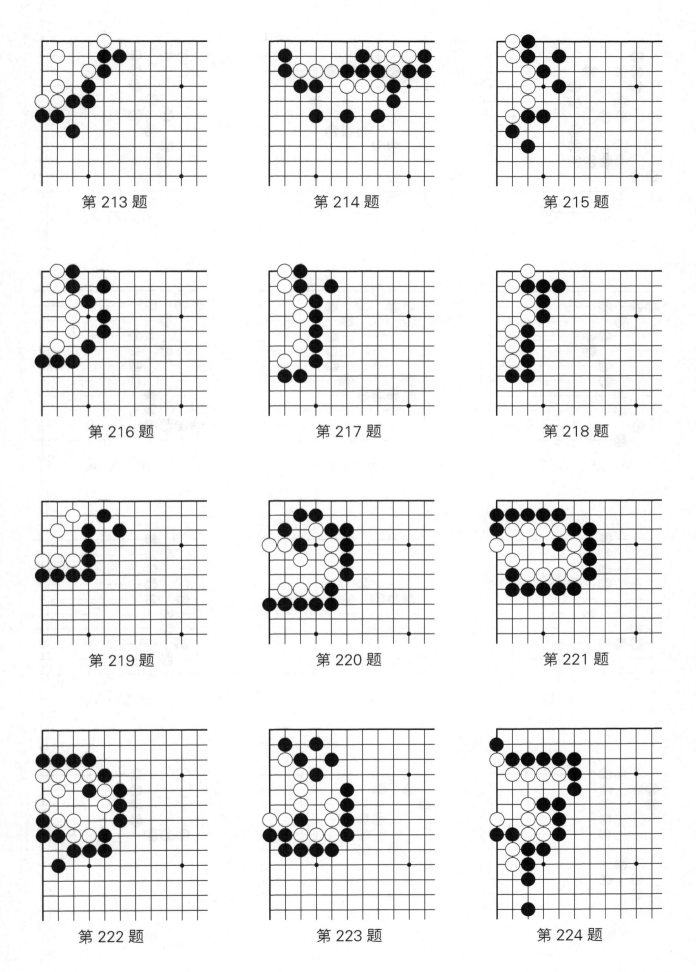

第 213 题   第 214 题   第 215 题

第 216 题   第 217 题   第 218 题

第 219 题   第 220 题   第 221 题

第 222 题   第 223 题   第 224 题

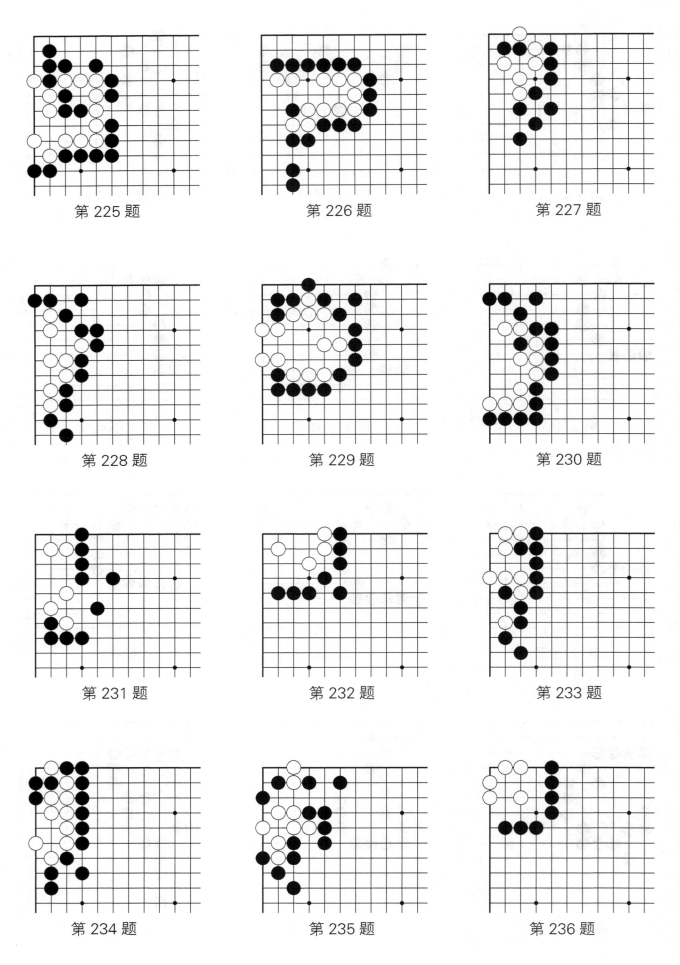

第 225 题　　　　　　第 226 题　　　　　　第 227 题

第 228 题　　　　　　第 229 题　　　　　　第 230 题

第 231 题　　　　　　第 232 题　　　　　　第 233 题

第 234 题　　　　　　第 235 题　　　　　　第 236 题

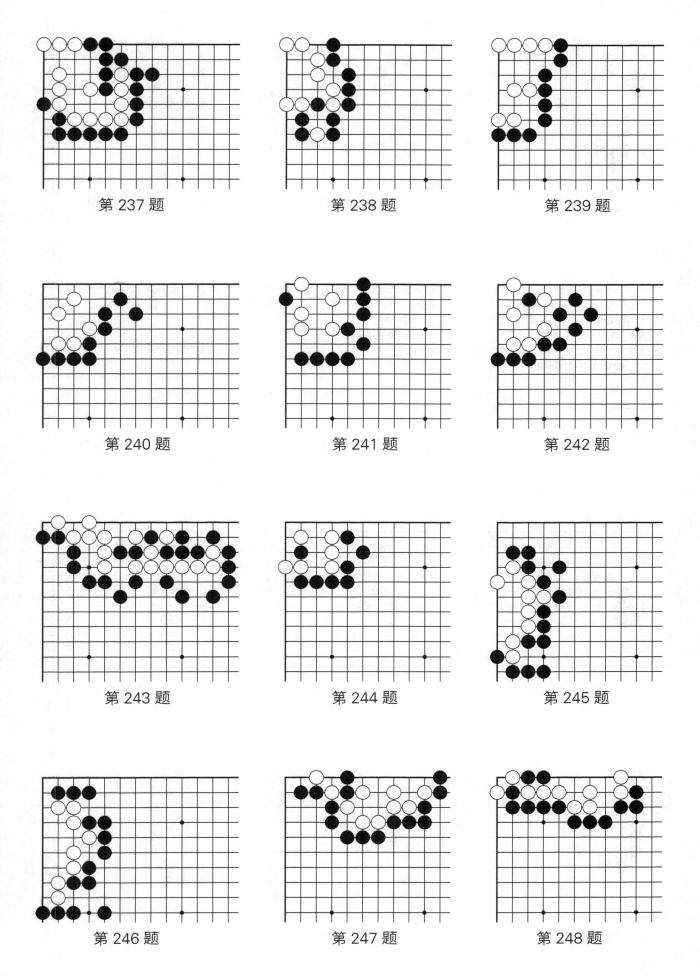

第 237 题　　　　　　第 238 题　　　　　　第 239 题

第 240 题　　　　　　第 241 题　　　　　　第 242 题

第 243 题　　　　　　第 244 题　　　　　　第 245 题

第 246 题　　　　　　第 247 题　　　　　　第 248 题

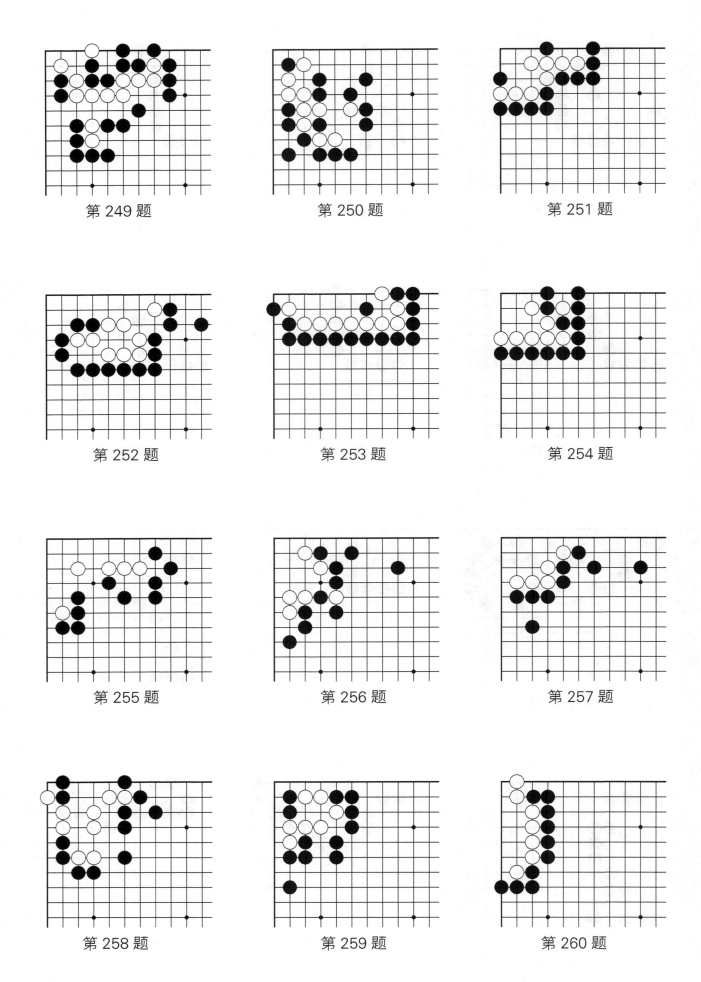

第 249 题　　　　　　　第 250 题　　　　　　　第 251 题

第 252 题　　　　　　　第 253 题　　　　　　　第 254 题

第 255 题　　　　　　　第 256 题　　　　　　　第 257 题

第 258 题　　　　　　　第 259 题　　　　　　　第 260 题

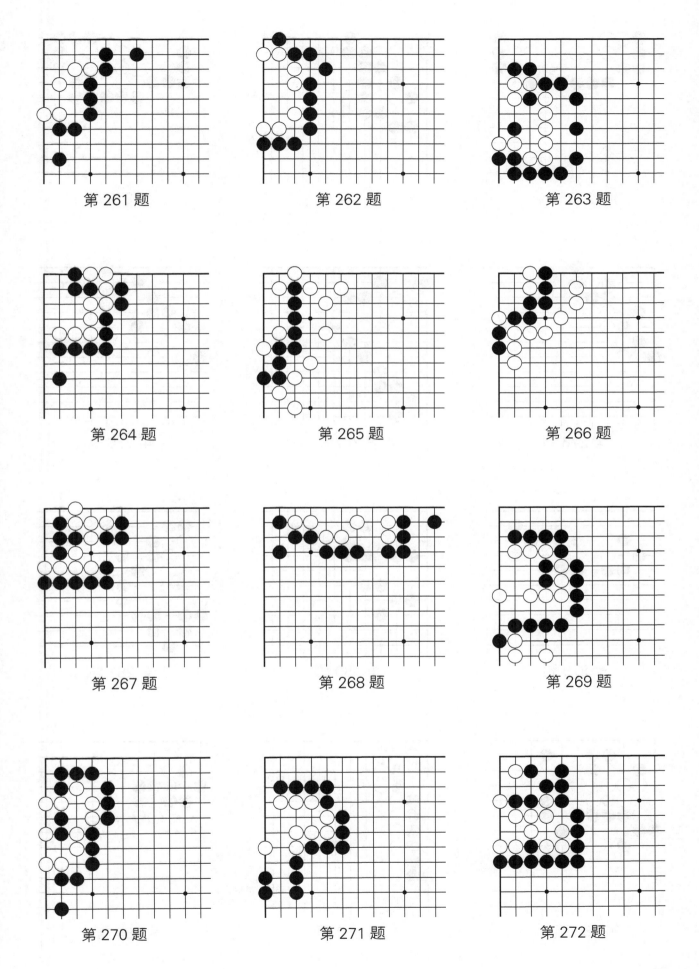

第 261 题　　　　　　第 262 题　　　　　　第 263 题

第 264 题　　　　　　第 265 题　　　　　　第 266 题

第 267 题　　　　　　第 268 题　　　　　　第 269 题

第 270 题　　　　　　第 271 题　　　　　　第 272 题

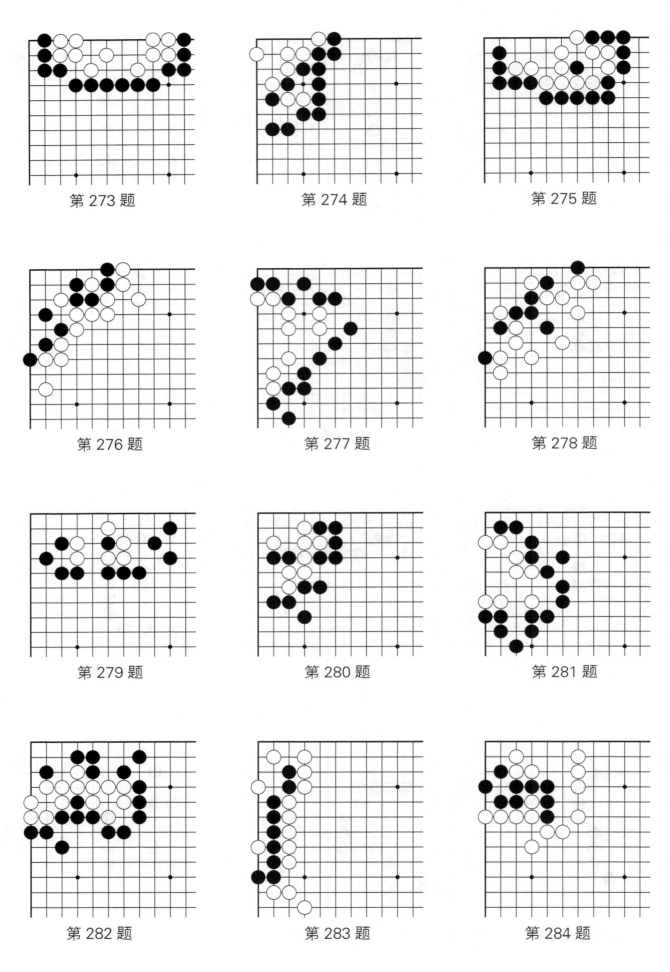

第 273 题　　　　　第 274 题　　　　　第 275 题

第 276 题　　　　　第 277 题　　　　　第 278 题

第 279 题　　　　　第 280 题　　　　　第 281 题

第 282 题　　　　　第 283 题　　　　　第 284 题

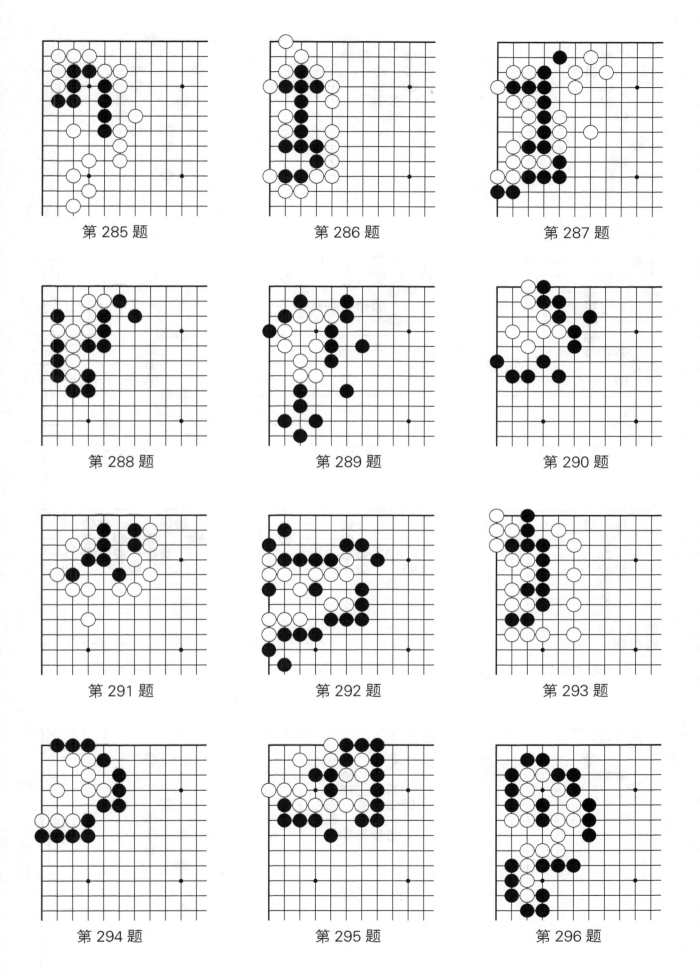

第 285 题　　　　　第 286 题　　　　　第 287 题

第 288 题　　　　　第 289 题　　　　　第 290 题

第 291 题　　　　　第 292 题　　　　　第 293 题

第 294 题　　　　　第 295 题　　　　　第 296 题

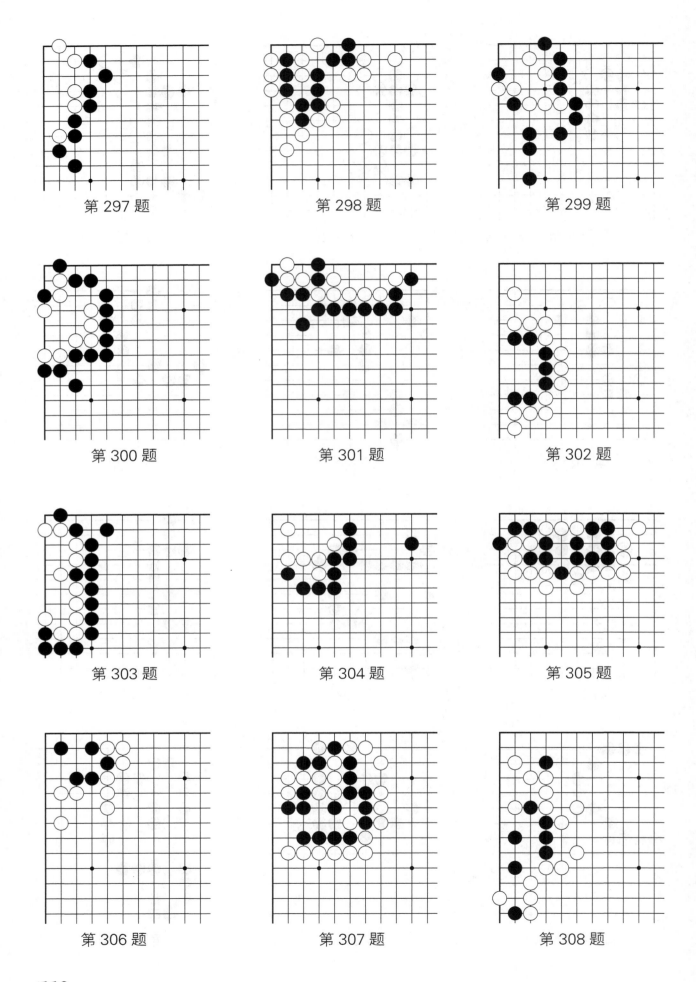

第 297 题　　　　　　第 298 题　　　　　　第 299 题

第 300 题　　　　　　第 301 题　　　　　　第 302 题

第 303 题　　　　　　第 304 题　　　　　　第 305 题

第 306 题　　　　　　第 307 题　　　　　　第 308 题

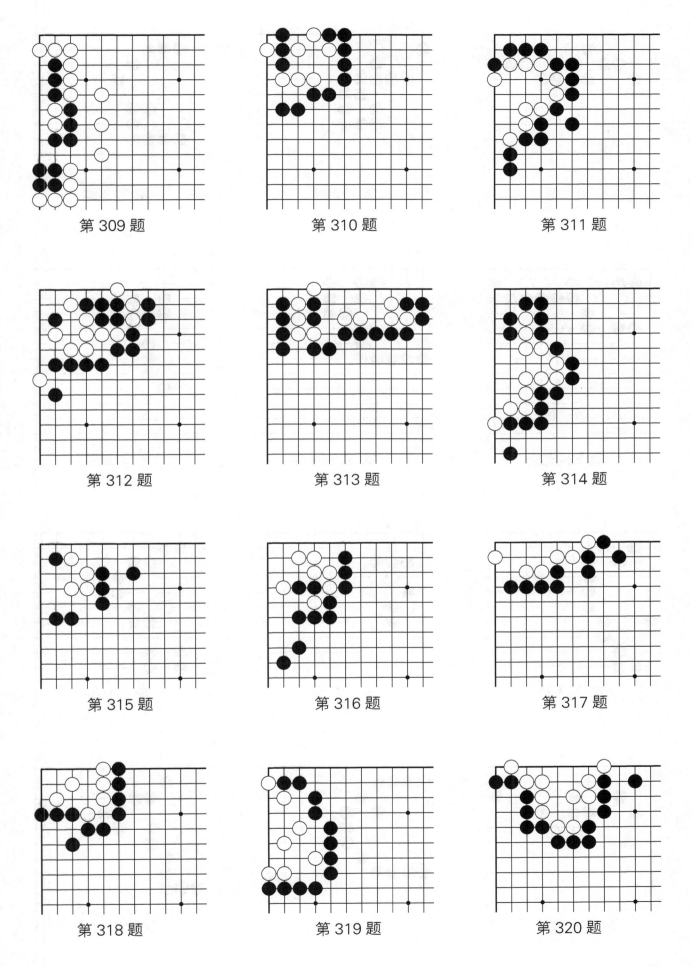

第 309 题　　　　　第 310 题　　　　　第 311 题

第 312 题　　　　　第 313 题　　　　　第 314 题

第 315 题　　　　　第 316 题　　　　　第 317 题

第 318 题　　　　　第 319 题　　　　　第 320 题

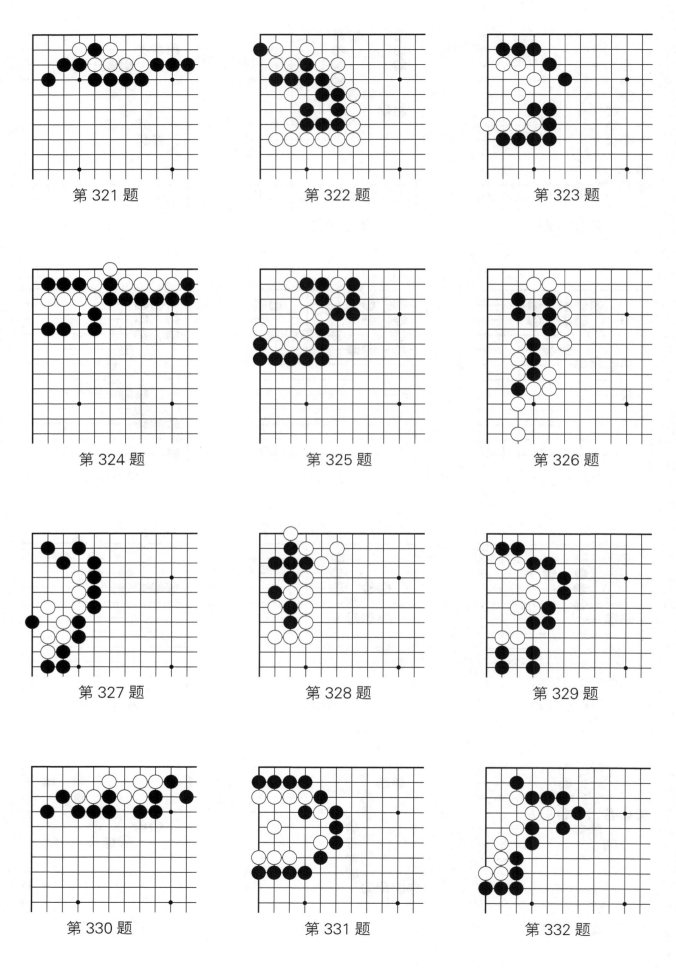

第 321 題　　　　第 322 題　　　　第 323 題

第 324 題　　　　第 325 題　　　　第 326 題

第 327 題　　　　第 328 題　　　　第 329 題

第 330 題　　　　第 331 題　　　　第 332 題

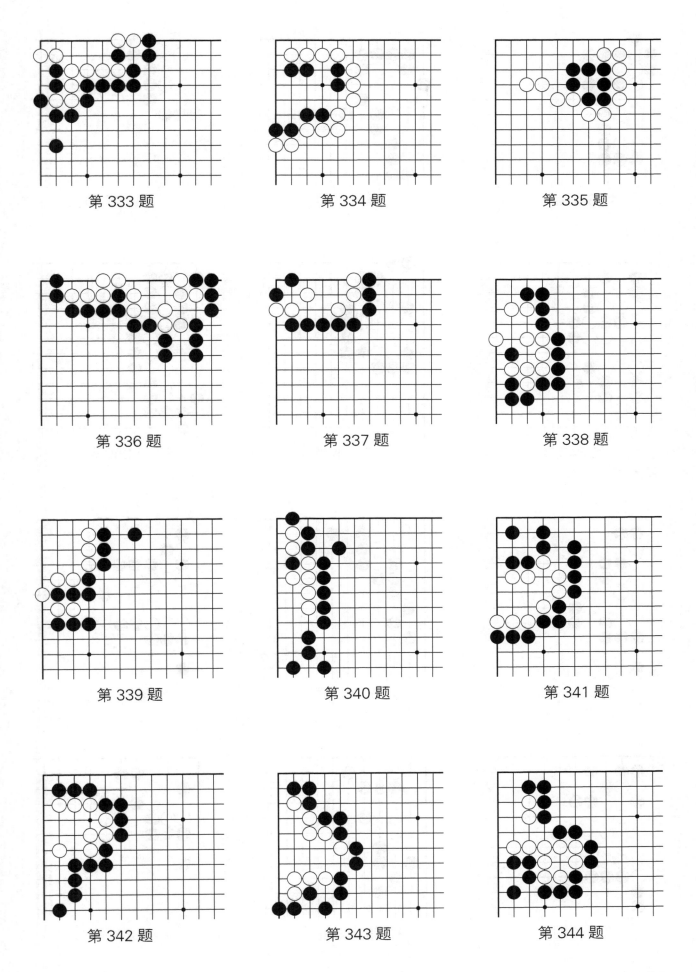

第 333 题　　　　　第 334 题　　　　　第 335 题

第 336 题　　　　　第 337 题　　　　　第 338 题

第 339 题　　　　　第 340 题　　　　　第 341 题

第 342 题　　　　　第 343 题　　　　　第 344 题

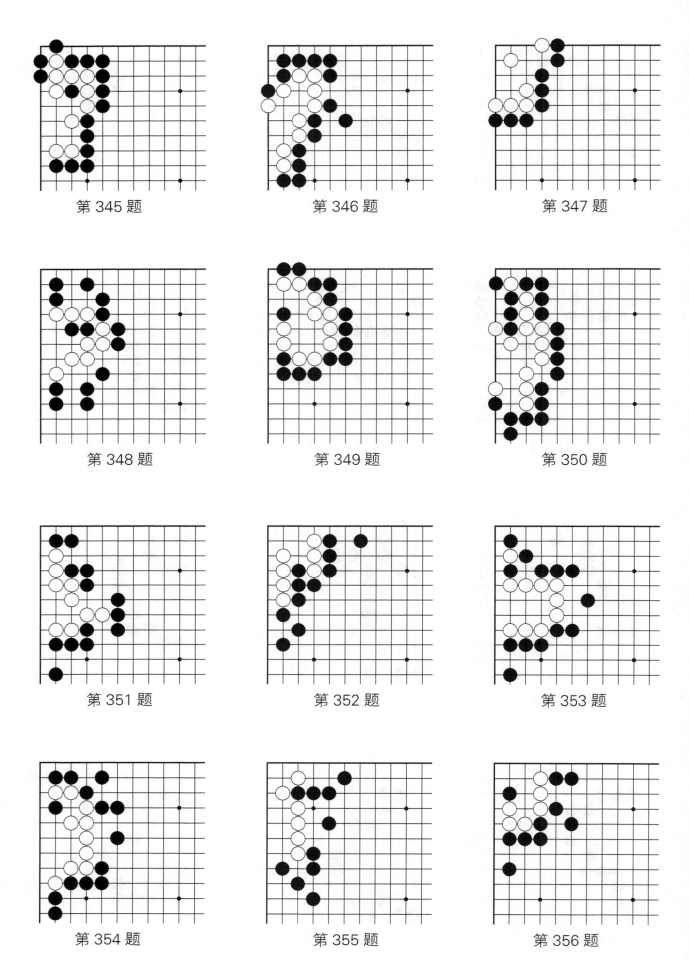

第 345 题　　　　　第 346 题　　　　　第 347 题

第 348 题　　　　　第 349 题　　　　　第 350 题

第 351 题　　　　　第 352 题　　　　　第 353 题

第 354 题　　　　　第 355 题　　　　　第 356 题

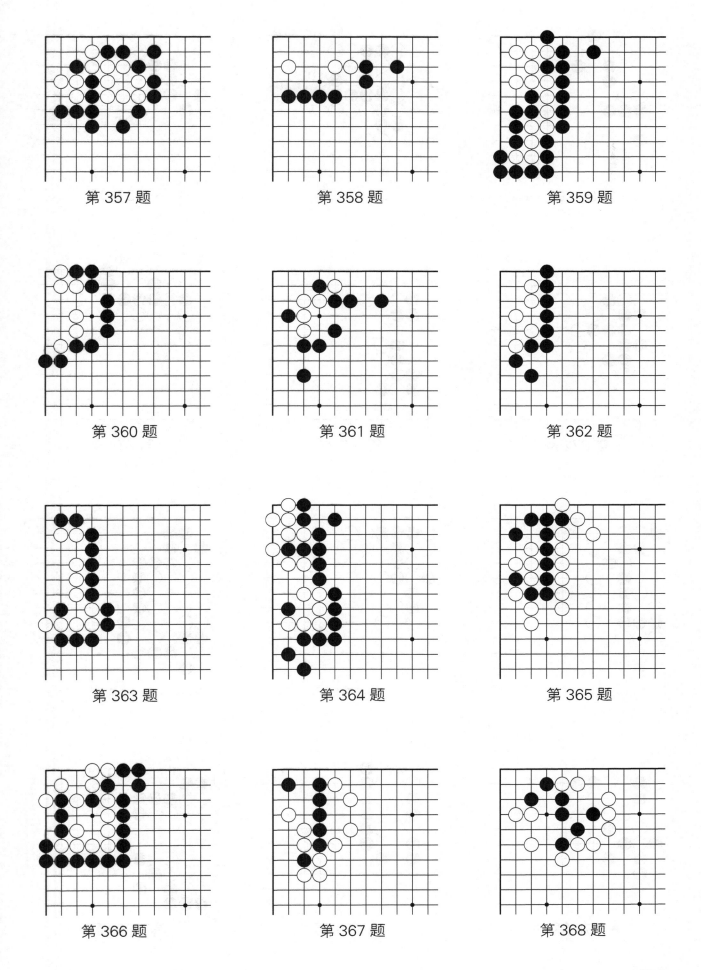

第 357 题　　　　第 358 题　　　　第 359 题

第 360 题　　　　第 361 题　　　　第 362 题

第 363 题　　　　第 364 题　　　　第 365 题

第 366 题　　　　第 367 题　　　　第 368 题

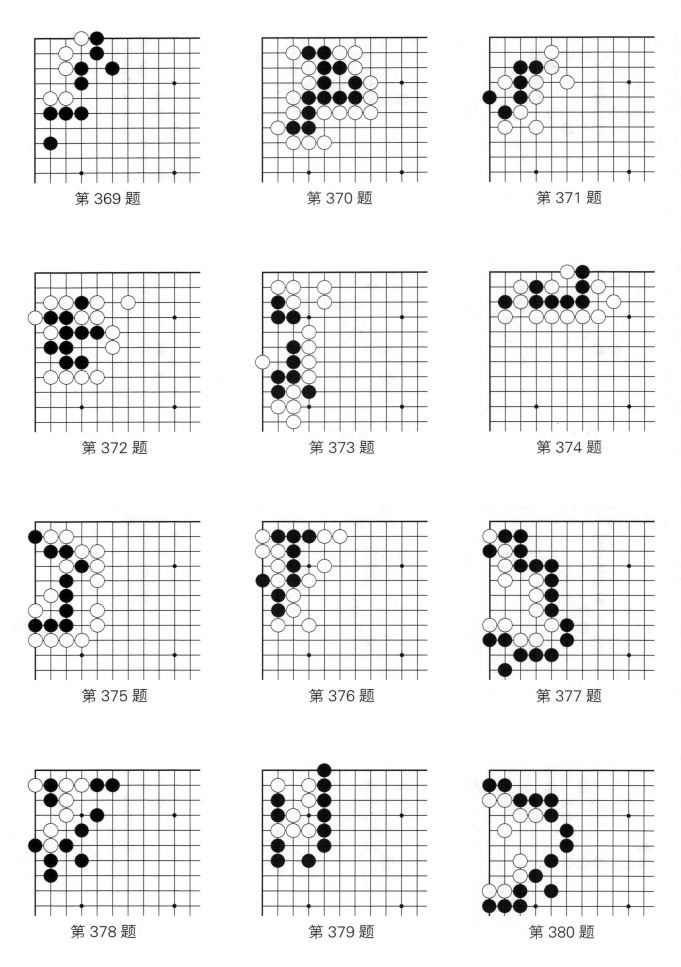

第 369 题　　　　第 370 题　　　　第 371 题

第 372 题　　　　第 373 题　　　　第 374 题

第 375 题　　　　第 376 题　　　　第 377 题

第 378 题　　　　第 379 题　　　　第 380 题

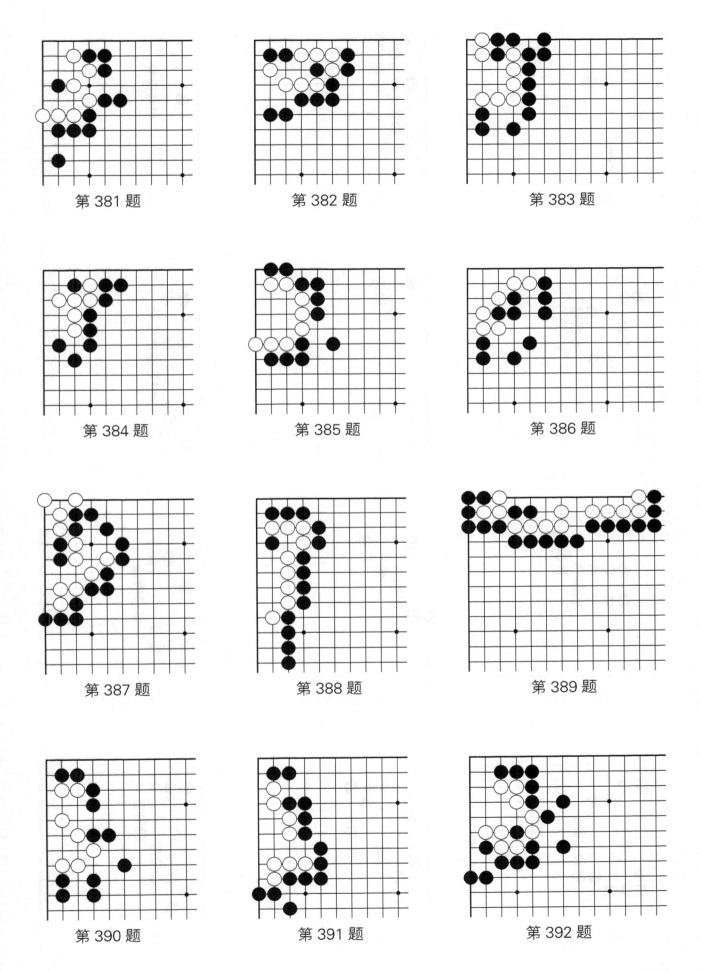

第 381 题　　　　　第 382 题　　　　　第 383 题

第 384 题　　　　　第 385 题　　　　　第 386 题

第 387 题　　　　　第 388 题　　　　　第 389 题

第 390 题　　　　　第 391 题　　　　　第 392 题

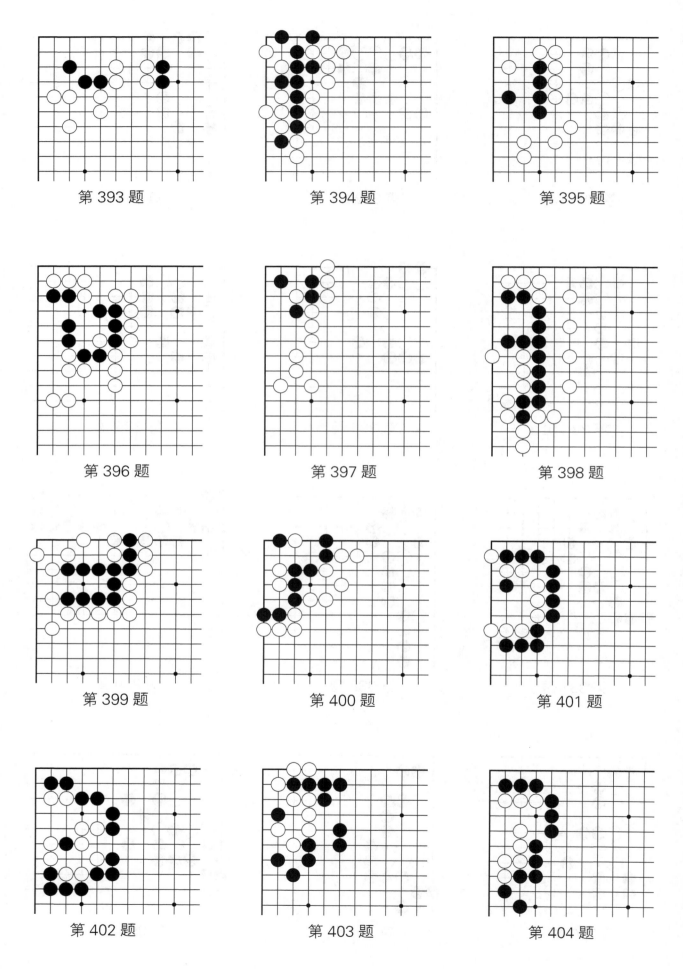

第 393 题

第 394 题

第 395 题

第 396 题

第 397 题

第 398 题

第 399 题

第 400 题

第 401 题

第 402 题

第 403 题

第 404 题

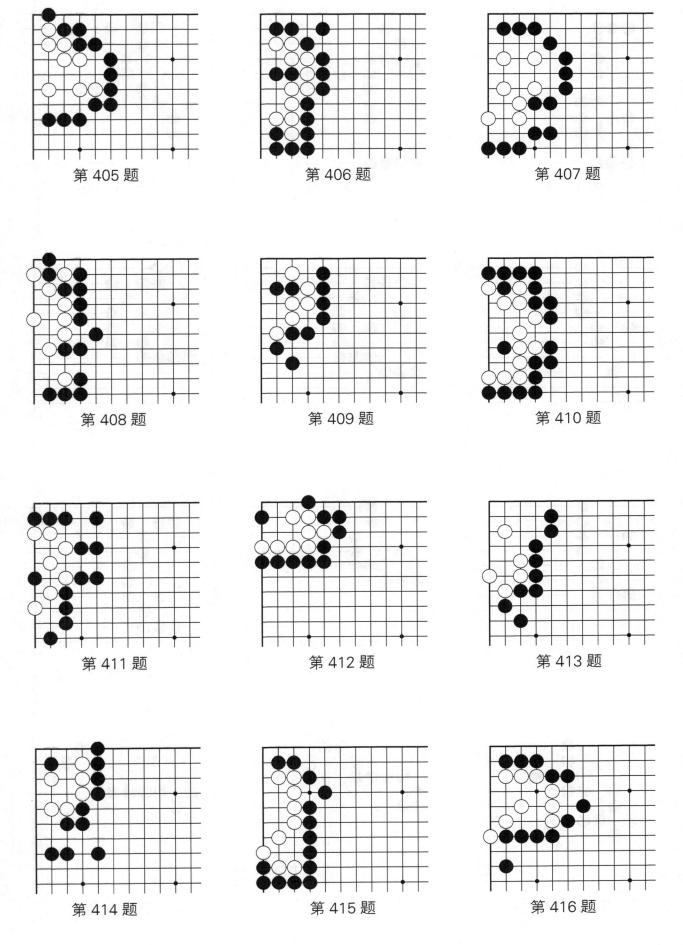

第 405 题

第 406 题

第 407 题

第 408 题

第 409 题

第 410 题

第 411 题

第 412 题

第 413 题

第 414 题

第 415 题

第 416 题

127

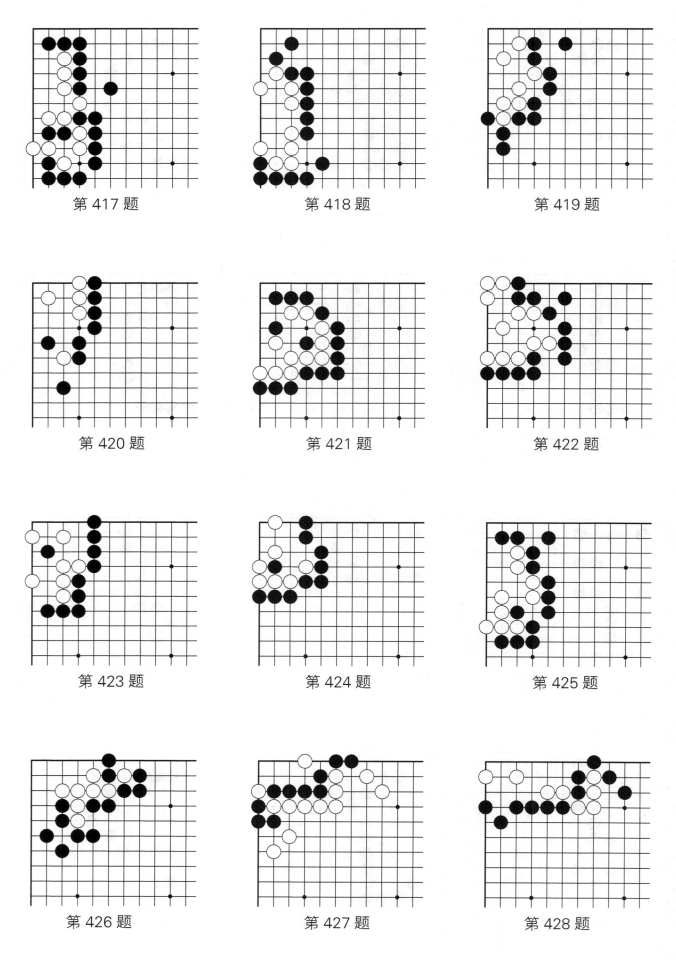

第 417 题　　　　　第 418 题　　　　　第 419 题

第 420 题　　　　　第 421 题　　　　　第 422 题

第 423 题　　　　　第 424 题　　　　　第 425 题

第 426 题　　　　　第 427 题　　　　　第 428 题

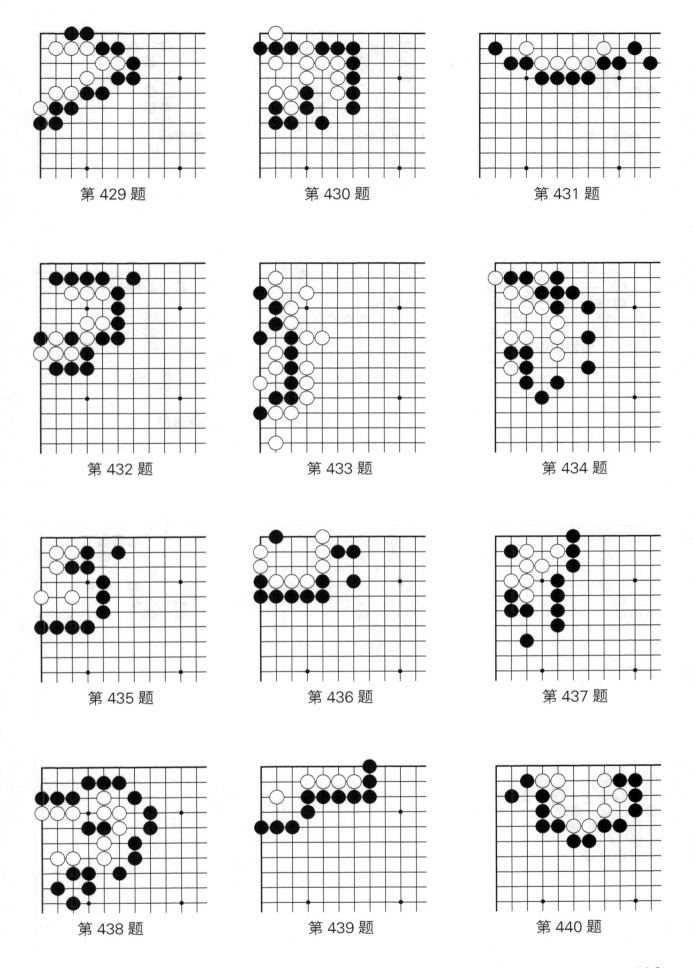

第 429 题　　　　　第 430 题　　　　　第 431 题

第 432 题　　　　　第 433 题　　　　　第 434 题

第 435 题　　　　　第 436 题　　　　　第 437 题

第 438 题　　　　　第 439 题　　　　　第 440 题

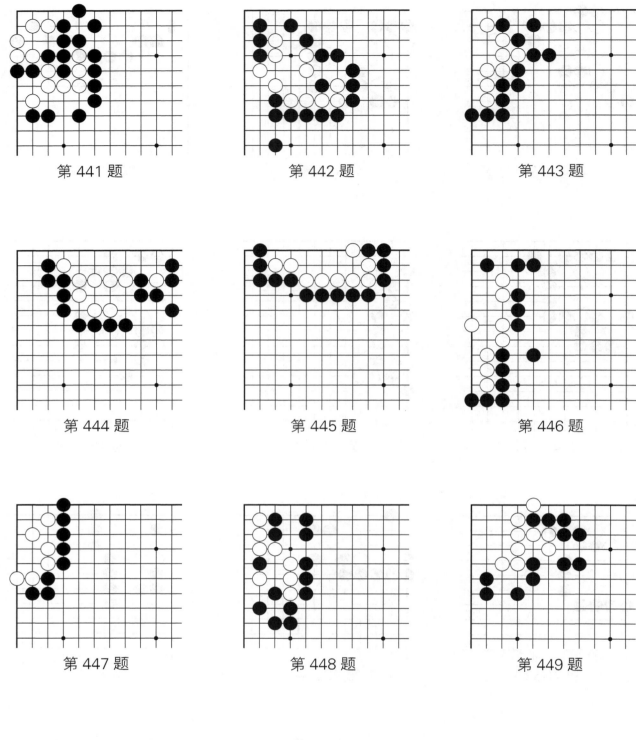

第 441 题　　　　　第 442 题　　　　　第 443 题

第 444 题　　　　　第 445 题　　　　　第 446 题

第 447 题　　　　　第 448 题　　　　　第 449 题

第 450 题

第二部分　解答 201~450

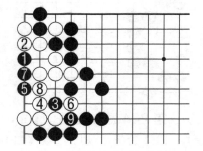

第201题正解图：黑1点、3尖，绝杀！白4挡，黑5再点一气呵成，白6如打，黑7粘、9卡打杀白。

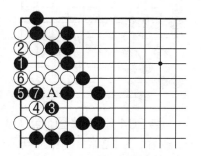

第201题变化图：黑5点时，白6打不成立，黑7冲回，白A位不入气，被歼。

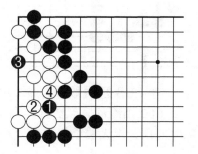

第201题失败图：黑1尖再3点次序有误，白4打即可，黑无力杀白。

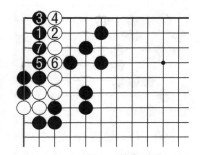

第202题正解图：黑1点入是好手，白2只得挡，黑3立、5弯、7粘，黑成直四，白死。

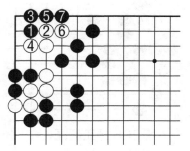

第202题变化图：黑3立时，白4若拐也不行，黑5、7渡回，白亦不行。

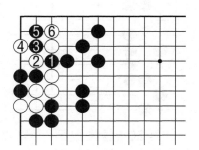

第202题失败图1：黑1冲是俗手，白2挡，黑3断打，白4一路吃是好手，黑5长，白6挡，黑无法继续。

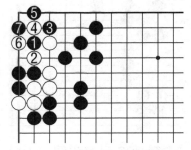

第202题失败图2：黑1靠看似要点，但白2简单打，黑3只得扳，白4吃，黑5吃、7扑成劫，黑仍失败。

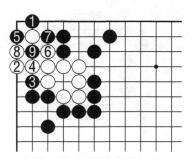

第203题正解图：黑1托是手筋，白2跳是最强抵抗，黑3冲、5扳是次序，白6挡，黑7打，白8顶，黑9提成劫杀。

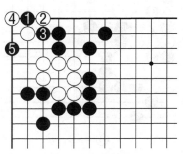

第203题变化图：黑1托时，白2如打，黑3断，白4只好提，黑5大飞，白顿死。

131

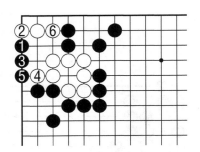

第203题失败图：黑1单飞，白2挡冷静，黑3并，白4冲、6顶，黑无法杀白。

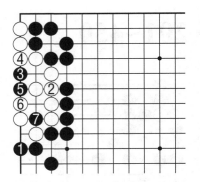

第204题正解图：黑1立是冷着，白2粘，黑3点、5爬，白6顶，黑7扑，白死。

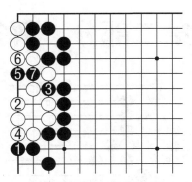

第204题变化图：黑1立时，白2若并，则黑3挤，白4团，黑5点、7扑，白无计成活。

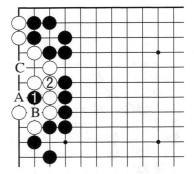

第204题失败图：黑1点不是要点，白2粘冷静，即活。白若随手于A位打，则黑在2位打，白B提，黑C点，白即死。不可不慎。

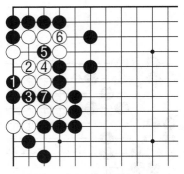

第205题正解图：黑1爬，白2弯抵抗，黑3冲、5扑是次序，白6只得粘，黑7断成金鸡独立，白死。

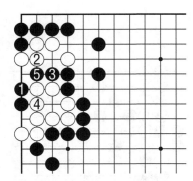

第205题变化图：黑1爬时，白2若粘也属徒劳，黑3、5连冲，白亦无计成活。

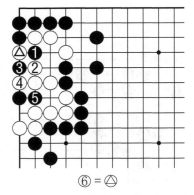

⑥＝△

第205题失败图：黑1打不好，白2吃，黑3提、5冲，白6提成劫。

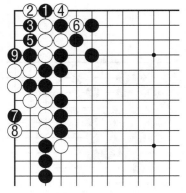

第206题正解图：黑1扳，白2挡，黑3、5两打是好手，白6提，黑7点是手筋，白8抵抗，黑9打，白无法继续。

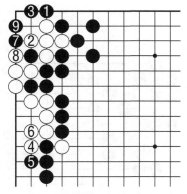

第206题变化图：黑1扳时，白2若吃，黑3长冷静，白4、6扳粘，黑7打、9退，白顿死。

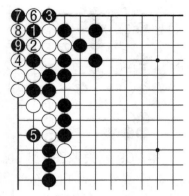

第206题失败图： 黑1夹不是要点，白2吃，黑3渡过，白4提，黑5只得扳，白6、8连扑成劫，黑失败。

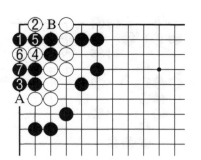

第207题正解图： 黑1跳是关键，白2点入，黑3立，妙手！白4、6抵抗无用，黑7提两子后，A、B两点必得其一，白被杀。

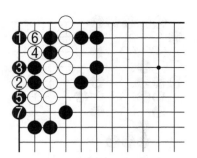

第207题变化图： 黑1跳时，白2如扳，黑3正好打，白4断打，黑5提，白6吃两子，黑7退回，白仍不活。

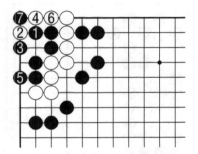

第207题失败图1： 黑1弯不是形，白2托巧妙，黑3打、5立，白6打，黑7提成劫杀，黑失败。

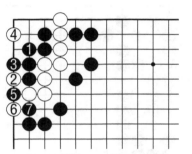

第207题失败图2： 黑1粘也不好，白2扳、4点可行，黑5提、7打成劫，黑失败。

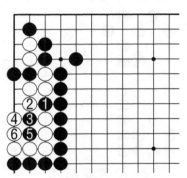

第208题正解图： 黑1、3冲断，再5扑，是"华山一条路"，白6只能提两子。

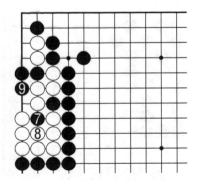

第208题正解图续： 黑7扑、9拐巧做金鸡独立，白被杀。

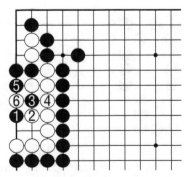

第208题失败图1： 黑1点似是而非，白2顶是要点，黑只能3挖、5拐做劫，白6提，黑失败。

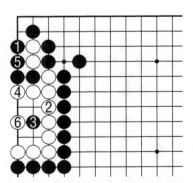

第208题失败图2： 黑1单打，软弱，白2粘是急所，黑3再点，白4打、6夹即活，黑失败。

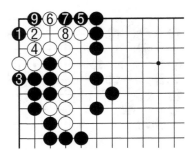

第209题正解图：黑1点在筋上，白2虎、4粘是正应，黑5拐，白6尖细腻，至黑9扑，是黑两手劫杀白。此图为双方最佳变化。

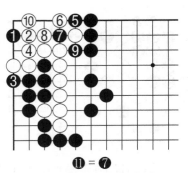

⑪=⑦

第209题变化图：黑5拐时，白6挡有问题，黑7扑至11提成一手劫，白不如前图。

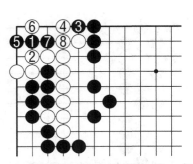

第209题失败图：黑1点二·2不是要点，白2粘，黑3拐，白4虎、6夹重要，黑7冲，白8粘成双活，黑失败。

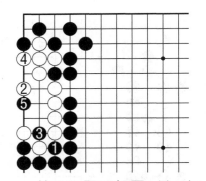

第210题正解图：黑1打简明，白2虎，黑3提，白4做眼，黑5靠是杀棋手筋，白不活。

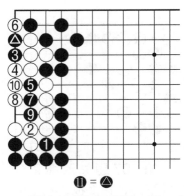

⑪=▲

第210题变化图：黑1打时，白2如粘，黑3爬是冷着，白4挡，黑5打至9挤先手破眼，再11扑，白仍被灭。

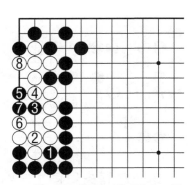

第210题失败图1：黑3点不得要领，白4粘至8打巧成双活，黑失败。

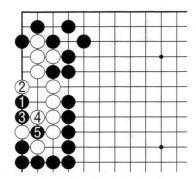

第210题失败图2：黑1点入急躁，白2虎、4做劫，黑5只好劫杀白，失败。

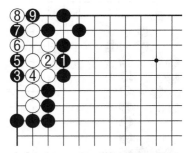

第211题正解图：黑1粘与白2粘交换，必要，使白气撞紧，黑3再点，白4如粘，黑5爬，白6打，黑7、9连扑强烈，成劫杀，这是本题最佳结果。

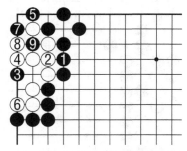

第211题变化图：黑3点时，白4改为挡，黑5扳至9提虽也成劫，但白此图结果不如前图。

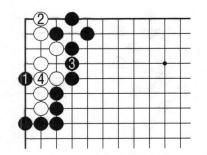

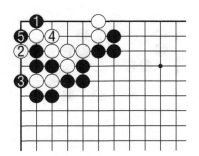

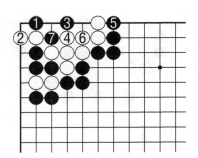

第211题失败图： 黑1直接点不行，白2立是做眼要着，黑3再粘为时已晚，白4粘活得很大，黑失败。

第212题正解图： 黑1夹是常用手筋，白如2打、4粘，黑5扑成劫杀，正确。

第212题变化图： 黑1夹时，白2立，黑3跳至7扑成劫杀，与前图大同小异。

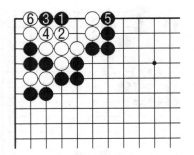

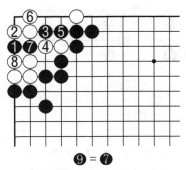

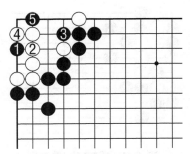

第212题失败图： 黑1点方是容易混淆的选点，白2虎是要点，黑3长、5挡，白6打正好，成净活，黑失败。

❾ = ❼

第213题正解图： 黑1点入，一击中的。白2挡，黑3靠、5粘是连贯下法，白6立，黑7、9连扑，白被杀。

第213题变化图： 黑1点时，白2粘也不行，黑3打、5托，白眼位不足。

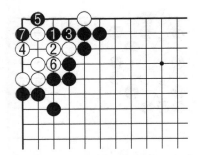

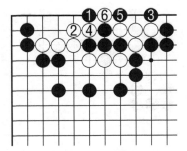

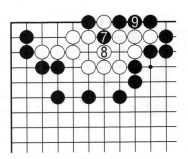

第213题失败图： 黑1单靠次序不佳，白2挡、4虎顽强，黑只好5扳、7扑做劫杀，黑失败。

第214题正解图： 黑1倒尖，妙手！白2立，黑3扳、5打是好手段，白6只能提四子。

第214题正解图续： 黑7提，"柳暗花明又一村"。白8打，黑9打成劫杀，是正解。

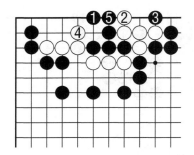

第214题变化图：黑1倒虎时，白2弯收气不行，黑3扳、5打，白对杀不够气，被灭。

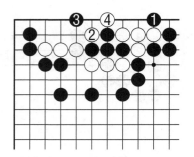

第214题失败图：黑1扳思维过于简单，白2打，黑3只好大飞破眼，白4提四子成净活，黑失败。

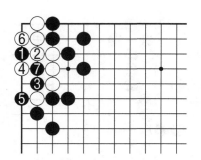

第215题正解图：黑1点，妙手！白2粘无奈，黑3、5打拔，白6提做眼，黑7挤，白死。

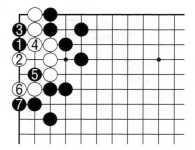

第215题变化图：黑1点时，白2如靠，则黑3爬、5吃即可，白6立时，黑7打，白接不归，仍不能活。

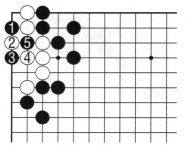

第215题失败图：黑1夹虽是手筋，但此际用来有些盲目，白2简单地打，黑3打时，白4做劫，黑5提成劫杀，黑失败。

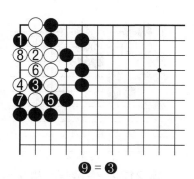

9＝3

第216题正解图：黑1夹是手筋，白2如粘，黑3挤，绝妙！白4打，黑5反打重要，白6提，黑7打，白8只好做眼，黑9提成劫杀。

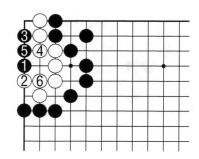

第216题失败图1：黑1虽是要点，但白2虎，黑3须托，白4、6两粘成双活，黑失败。

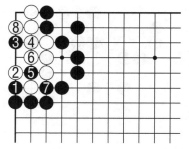

第216题失败图2：黑1拐错误，白2挡即可。黑3点，白4粘，黑5扑，无用。白6提，黑7打，白8做眼重要，黑无计杀白，失败。

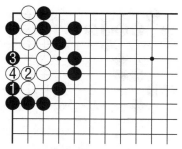

第216题失败图3：正解图中黑3不可急于在本图1位拐，若如此，白2团是愚形妙手，黑3点为时已晚，白4冲成活，黑失败。

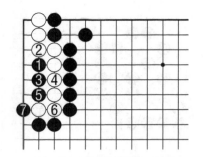

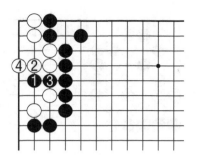

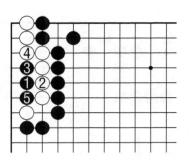

第217题正解图：黑1夹是妙手，白2粘无奈，黑3长、5挤，白6粘，黑7渡过，白仅存一眼，不活。

第217题失败图：黑1点，错着！白2挡，弃两子，黑3只好粘，白4立，角上成活，黑失败。

第217题参考图：白2如粘则中黑计，黑3爬、5挤，还原成正解图。

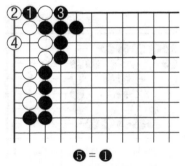

❺ = ❶

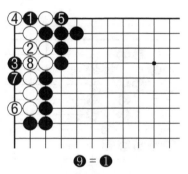

❾ = ❶

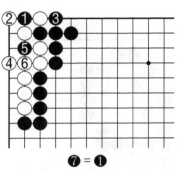

❼ = ❶

第218题正解图：黑1扑是手筋，白2提，黑3打是不易发现的好手，白4虎做眼，黑5提成劫。

第218题变化图1：黑1扑，白2若粘，则黑3点犀利，白4提，黑5仍打，白6扩大眼位，黑7爬，白8只能粘，黑9提，还是劫。

第218题变化图2：黑3打时，白4若虎另一边，则黑5打、7提，仍成劫杀。

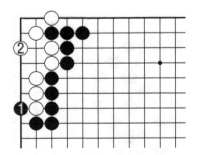

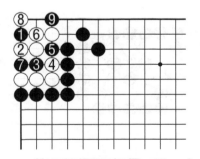

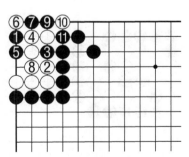

第218题失败图：黑1扳欠考虑，白2虎，黑无计可施，失败。

第219题正解图：黑1点入是妙手，白2挡，黑3挖又是手筋，白4吃，黑5打，白6只能粘，黑7提、9托，白死。

第219题变化图：黑1点时，白2如挡抵抗，则黑3挤是要着，白4粘，黑5爬，好手！白6扑虽是手筋，但黑7、9、11，白仍不能做活。

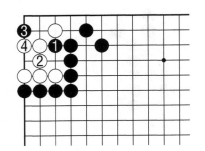

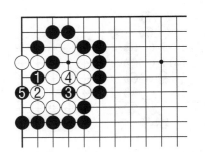

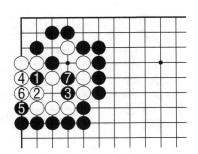

第219题失败图：黑1挤，准备在2位挖，一厢情愿，白2粘，黑3点，白4挡，黑无计可施，失败。

第220题正解图：黑1凌空一断是手筋，白2只能吃，黑3断又是好手，白4粘无奈，黑5扳，白无应手。

第220题变化图：黑3断时，白4如提，则黑5拐、7冲即可，白仍不活。

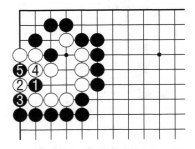

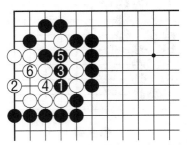

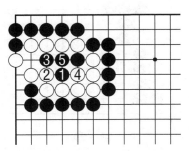

第220题失败图1：黑1夹不是要点，白2扳顽强，黑3打，白4团成劫，黑失败。

第220题失败图2：黑1单断准备不足，白2尖是形，黑3、5虽吃四子，但白6做成两眼，黑失败。

第221题正解图：黑1尖是盲点，白2粘，黑3挖又是好手，白4打，黑5粘成聚杀。

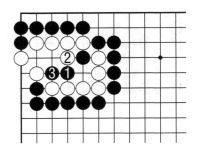

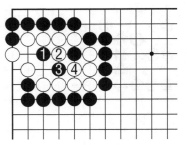

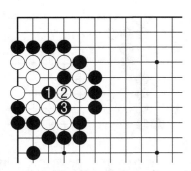

第221题变化图：黑1尖时，白2如打，黑3断即成倒扑，白死。

第221题失败图：黑1靠不是手筋，白2打、4提，黑无法继续，失败。

第222题正解图：黑1尖顶，妙手！白2吃，黑3扑，成倒扑！白顿死。

138

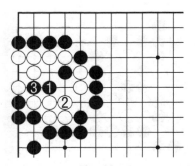

第222题变化图： 黑1尖顶时，白2如团抵抗，则黑3断，白两边不入气，白仍不活。

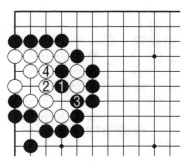

第222题失败图： 黑1吃，平凡，白2团，黑3仅吃两子，白4做眼，黑失败。

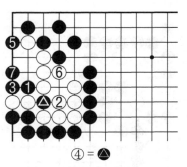

④ = ▲

第223题正解图： 黑1、3打吃破眼，白2提、4粘必然，黑5从一路吃重要，白6做眼，黑7弯是手筋，白死。

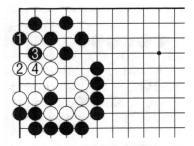

第223题失败图1： 黑1打吃不好，白2跳方是要点，黑3只得提一子，白4粘，成活，黑失败。

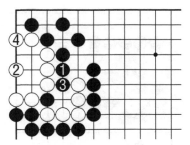

第223题失败图2： 黑1冲不行，白2跳是形，黑3冲，白4立即活，黑失败。

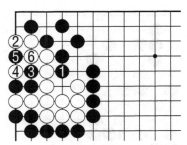

第223题失败图3： 正解图中黑5如于本图1位冲，则白2立扩大眼位，黑3曲，白4扑、6打成胀牯牛，白活，黑失败。

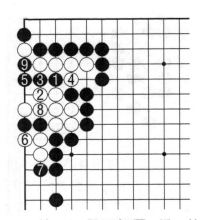

第224题正解图： 黑1挖是手筋，白2弯，黑3再冲，白4打，黑5立是要点，至黑9，白无法做活。

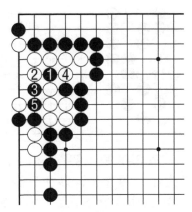

第224题变化图： 黑1挖时，白2如挡，黑3打是好手，白4只能提，黑5吃，白无应手。

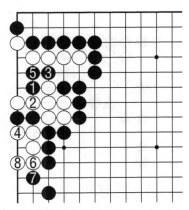

第224题失败图1： 黑1夹似是而非，白简单地2粘、4提即可。黑5不得已，白6爬、8立成活，黑失败。

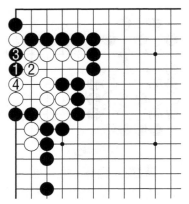

第224题失败图2: 黑1点也不行,白2弯是好手,黑3提,白4顶,黑无后续杀白手段,失败。

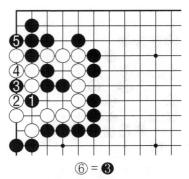

⑥ = ❸

第225题正解图: 黑1扳是要点,白2挡,黑3扑、5打,白6粘。

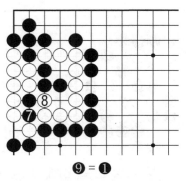

❾ = ❶

第225题正解图续: 黑7扑重要,白8提,黑9再扑,白仅存一眼,无计成活。

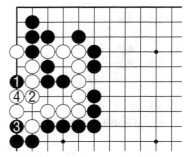

第225题失败图: 黑1看似要点,但白2退冷静,黑3只能打,白4团,净活,黑失败。

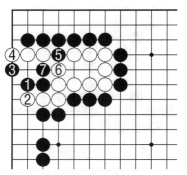

第226题正解图: 黑1立,只此一手,白2挡必然,黑3尖是手筋,白4挡,黑5冲、7断,白不入气,顿死。

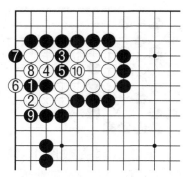

第226题失败图1: 白2挡时,黑3、5是俗手,白6吃、8提,黑9不可省,白10做眼,黑失败。

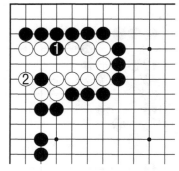

第226题失败图2: 黑1冲不行,白2打,黑无后续手段,失败。

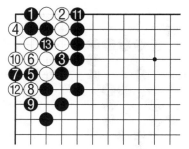

第227题正解图: 黑1打是先手,再3挤,妙手!白4是最强抵抗,黑5扳、7立,冷着。白8断徒劳,黑9吃,白10挡,黑11打,白接不归,白12提,黑13提,白仅存一眼,不活。

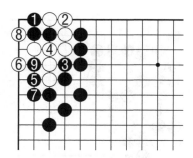

第227题变化图: 黑3挤时,白4若粘,则黑5扳即可,白6尖,黑7粘,白8与黑9见合,白不活。

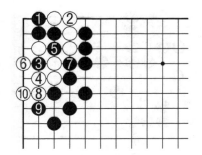

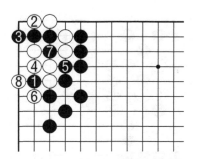

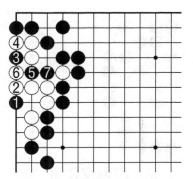

第227题失败图1：白2粘时，黑3若挤另一边虽是手筋，但白4吃，黑5、7须断，白8拐、10立做活，黑失败。

第227题失败图2：黑1单扳次序错误，白2爬机敏，黑3立无奈，白4粘，黑5再挤为时已晚，白可6吃、8提，黑无法杀白，失败。

第228题正解图：黑1点正中要害，白2挡，黑3托是手筋，白4打，黑5反打重要，白6提，黑7也提，白无两眼。

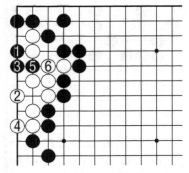

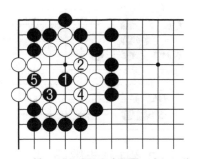

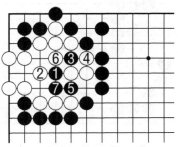

第228题失败图：黑1单托不行，白2做眼占据要点，黑3长，白4立、6粘净活，黑失败。

第229题正解图：黑1靠是此形的急所，白2如粘，黑3断、5挖，白被聚杀。

第229题变化图：黑1靠时，白2虎，黑3挖、5打是手筋，再7粘，白仍仅存一眼，被歼。

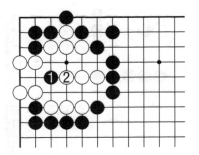

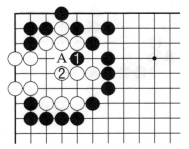

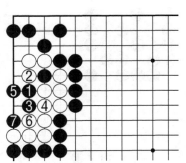

第229题失败图1：黑1点不是要点，白2顶重要，黑已无后续手段，白活得极大，黑失败。

第229题失败图2：黑1挖不够严厉，白2退即可活，黑仍失败。途中，白2如于A位打则随手，黑在2位打，白被灭。

第230题正解图：黑1反打是绝佳感觉，白2提，黑3长，白4粘，黑5立巧妙，白6只能紧气，黑7扑成劫杀，这是此题最佳手段。

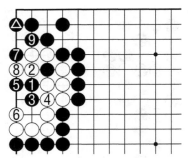

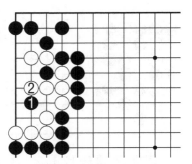

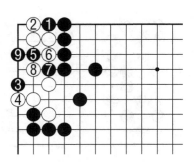

第230题变化图：黑5立时，白6如弯，黑发挥△子的威力，于7托、9打仍做成劫杀，与前图有异曲同工之妙。

第230题失败图：黑1点，行棋的感觉有误，应该反省，白2挡即可，黑再无后续手段，失败。

第231题正解图：黑1拐是要领，朴实无华。白2挡，黑3点是手筋，白4挡下，黑5靠手段强硬，至黑9立成金鸡独立，白角被灭。

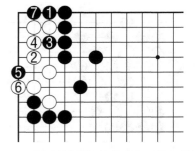

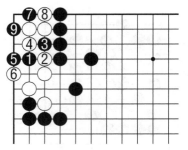

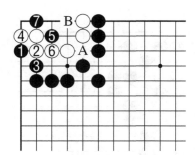

第231题变化图：黑1拐时，白2如虎，黑3冲、5点再7爬，缩小眼位，白仍不活。

第231题失败图：黑1跳至5立，虽也是一种思路，但嫌鲁莽。白6尖顶阻渡，黑7、9做成劫杀，黑失败。

第232题正解图：黑1小飞选点恰当，白2贴、4拐欲扩大眼位，黑5靠入是手筋，白6粘，黑7扳，此后A、B两点见合，白角不活。

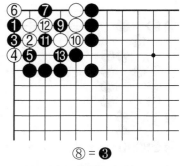

⑧=❸

第232题失败图1：黑1托过急，白2长、4打正应，黑5打、7点虽是手筋，但白8粘，黑只得9至13顽强做劫杀白，黑失败。

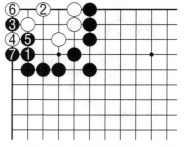

第232题失败图2：黑1弯不够紧凑，白2尖是做眼巧手，黑3托至7打做成两手劫杀白，更失败。

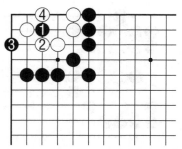

第232题失败图3：黑1先靠是错着，白2挡，黑3再飞时，白4正好打，轻松成活，黑仍失败。

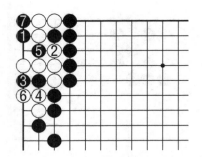

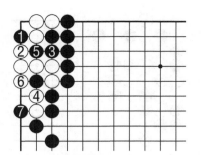

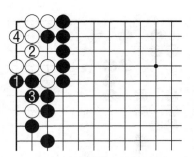

第233题正解图：黑1夹，妙手！白2如虎，黑3挡是弃子手筋，白4打，黑5倒扑成立，白被灭。

第233题变化图：黑1夹时，白2如打，黑3破眼即可，白4打，黑5先手断打，再7扳，白仍无两眼，净死。

第233题失败图：黑1单挡，白2粘冷静，黑3粘，白4做成两眼，净活，黑失败。

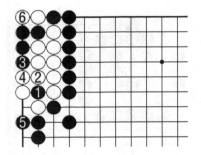

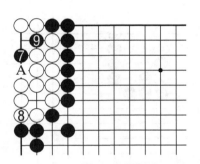

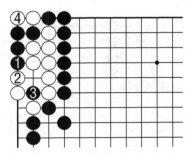

第234题正解图：黑1扑巧妙，白2提，黑3爬，弃子是要领，白4打，黑5立，白6提四子必然。

第234题正解图续：黑7托，只此一手，白8团做眼，黑9扑，白A位不入气，被杀。

第234题失败图：黑1先爬次序错误，白2打，黑3再扑时，白4单提是正着。

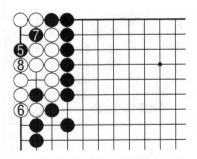

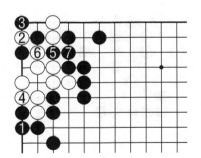

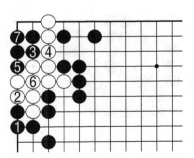

第234题失败图续：黑5托，白6粘成立，黑7再扑，白气松，可8打，轻松活出，黑失败。

第235题正解图：黑1粘是冷着，白2扑，黑3提，白4团做眼不成立，黑5、7挖粘，白两子被断，全体被灭。

第235题变化图：黑1粘时，白2若团，黑3团、5打是正确次序，再7做成聚杀，白死。

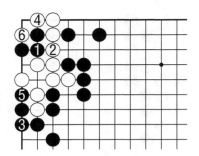

第235题失败图1：黑1先团，撞紧气，是恶手！白2粘，黑3再粘，白4拐重要，黑5打，白6扑可净活，黑失败。

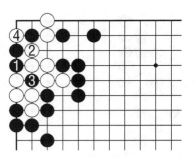

第235题失败图2：正解图中黑3如于本图1位打则是失着，白2打是要点，黑3提四子，白4扑可活，黑仍失败。

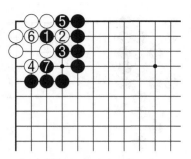

第236题正解图：黑1挖是手筋，白2打，黑3反打，白4虎是正应，黑5提、7打可劫杀白。

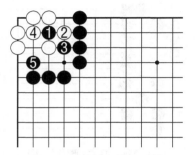

第236题变化图：黑3打时，白4提则随手，黑5刺，白无两眼，被净杀。

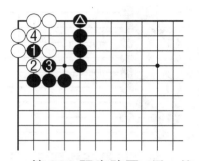

第236题失败图：黑1挖另一侧是错着，白2打、4提，黑未能发挥△子硬腿的作用，白活，黑失败。

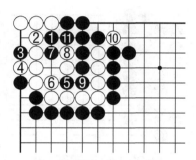

第237题正解图：黑1扳、3点与白2、4交换，有使白撞气的作用，黑5挖破眼，因白气紧，白10断的手筋不成立，黑11打，白被灭。

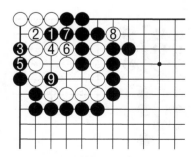

第237题变化图：黑3点时，白4打顽抗，黑5粘回一子必然，白6团、8断，黑9断，妙手！白仍不能活。

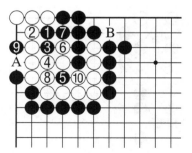

第237题失败图1：黑3先冲是俗手，白4粘，黑5再挖破眼，白6、8两打即可，黑9点破眼已不是时机，白10提是先手，此后A、B两点必得其一，黑无力杀白，失败。

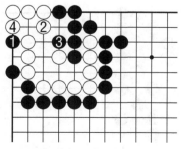

第237题失败图2：黑1先托也不行，白2弯是要点，黑3冲，白4打可活，黑仍失败。此形黑1与白2的要点，黑均需占到，缺一不可。

144

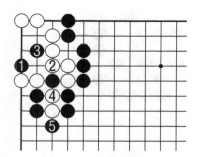

第238题正解图：黑1单靠是出人意料的妙着，白2打，黑3尖占得要点，白4提，黑5打即可，白角被灭。

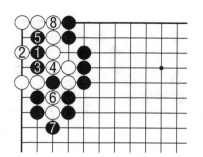

第238题失败图1：黑1靠中央是假手筋，白2夹、4打，黑5挤，白6可先手提，再8粘，巧成双活，黑失败。

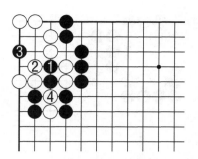

第238题失败图2：黑1先挤也鲁莽，白2打，黑3再点不成立，白4提两子，黑无力杀白。

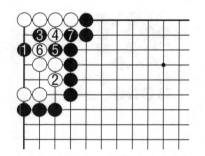

第239题正解图：黑1点是手筋，白2团抵抗，黑3尖顶是要点，白4冲，黑5也冲，白6断，黑7打成倒扑，白死。

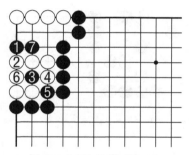

第239题变化图：黑1点时，白2若挡，黑3挖是好手，白4只得打，黑5吃、7贴，白仍不活。

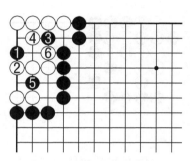

第239题失败图1：白2挡时，黑3若尖，则不是要点。白4挡，黑5再挖为时已晚，白6吃，黑无法杀白。

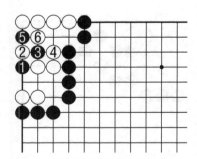

第239题失败图2：黑1托虽也是手筋，但白简单2打、4吃，黑5提，白6再吃，黑无法杀白，失败。

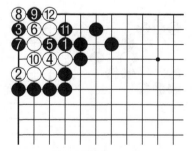

第240题正解图：黑1打冷静，白2挡是最强抵抗，黑3点入，白4粘，黑5挤、7爬，白只得8扑，至白12成劫。

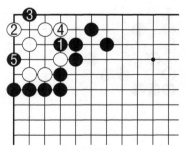

第240题变化图：黑1打时，白2虎不好，黑3、5两点，白无计成活。

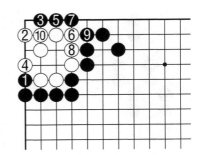

第240题失败图1：黑1拐不行，白2尖、4挡，至白10成活。

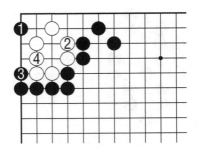

第240题失败图2：黑1点也不是要点，白2贴，黑3拐，白4粘，黑无法杀白。

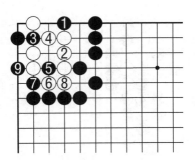

第241题正解图：黑1托是形，白2若粘，则黑3冲、5挖是好次序，至9扳渡，白全体被杀。

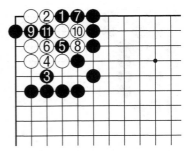

第241题变化图1：黑1托时，白2如顶也不行，黑3弯、5挖是好手，白6打，黑7粘，白8提，黑9冲、11断，白顿死。

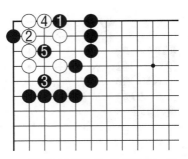

第241题变化图2：黑1托时，白2粘也无用。黑3弯重要，白4顶，黑5点，白仍不活。

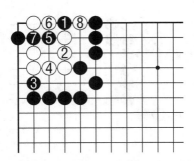

第241题失败图：白2粘时，黑3如顶则不是要点，白4粘，黑5扳，白6断、8提成双活，黑失败。

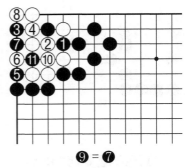

❾ = ❼

第242题正解图：黑1冲只此一手，白2断，黑3点是关键，白4粘是正应，黑5拐，白6挡，黑7、9两扑重要，白10做劫，黑11提成劫杀，此图为双方最佳变化。

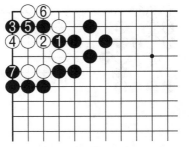

第242题变化图：黑3点时，白4挡不好，黑5粘弃子，再7拐，白无两眼被灭。

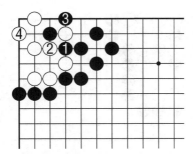

第242题失败图：白2断时，黑3打则平庸，白4倒尖是巧手，黑无力杀白，失败。

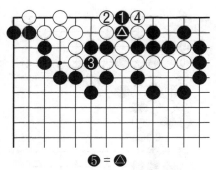

⑤ = ▲

第243题正解图：黑1立是出人意料的好棋，白2如跟着应，黑3冲回即可，白4提两子，黑5扑正好破眼，白被杀。

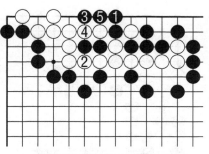

第243题变化图1：黑1立时，白2如打，黑3点入再5粘，白仅存一眼，仍不活。

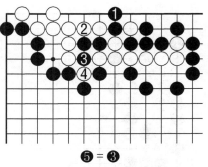

⑤ = ③

第243题变化图2：黑1立时，白2二路打也不行，黑3送一子巧妙，白4提，黑5打三还一，白净死。

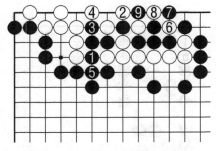

第243题失败图：黑1冲回思路简单，黑3、5虽破白眼，但白有6、8两扑的好手段，黑9提，只好劫杀白，失败。

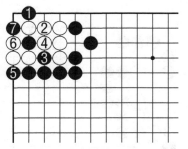

第244题正解图：黑1夹是手筋，白2如粘，黑3冲至7扑是好棋，劫杀白角是正解。

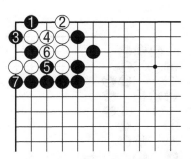

第244题变化图：黑1夹时，白2立则过分，黑3打至7打成倒扑，白净死。

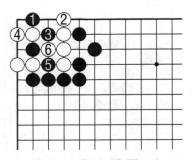

第244题失败图：白2立时，黑3打是错着，白4立正好，黑5冲，白6打，活得很大，黑失败。

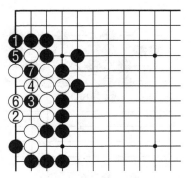

第245题正解图：黑1单立是冷着，白2虎是正应，黑3点、5打是次序，再7提成劫杀，这是本题的正解。

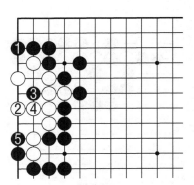

第245题变化图1：黑1立时，白2跳弄巧成拙，黑3点、5破眼，白反被净杀。

147

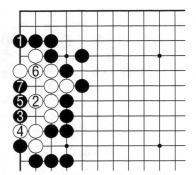

第245题变化图2：黑1立时，白2虎也不好，黑3点、5爬是急所，白6粘，黑7顶，白仍净死。

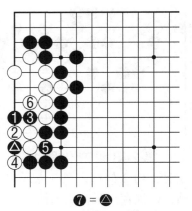

❼ = △

第245题失败图：黑1跳入，第一感是好棋，但忽略了白2打、4提弃子的最强抵抗。黑5打、7提虽吃三子，但此后，白另有玄机。

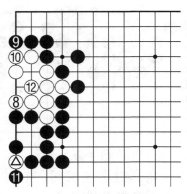

第245题失败图续：白8挡扩大眼位是先手，黑9立时，白10团重要，因有白△之子，黑11只能补，白12做成两眼，黑失败。

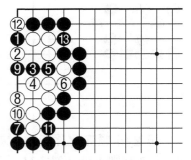

第246题正解图：黑1单扳，绝妙！白2挡，黑3点、5打是手筋，白6粘，黑7单拐是冷着，白8做眼，黑9打再11、13紧气，成金鸡独立，白被灭。

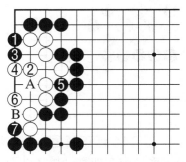

第246题变化图：黑1扳时，白2虎也不行，黑3长破眼，白4挡、6虎做眼，黑7拐即可，此后A、B两位白不能兼顾，还是不能活。

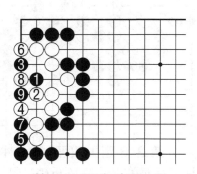

第246题失败图：黑1点似乎是要点，白2挡正着，黑3尖虽妙，但白有4位做眼的好手，黑5拐，白6挡、8扑顽强，黑9提仅为劫杀，失败。

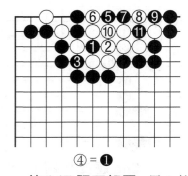

④ = ❶

第247题正解图：黑1扑是手筋，白2提，黑3打，白4粘，黑5点、7爬送吃是妙手，白8挡，黑9打，白10提，黑11也提，成劫。

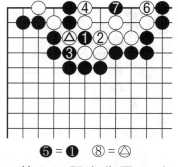

❺ = ❶　⑧ = △

第247题变化图1：白4如打，则黑5简单提，白6挡，黑7托，还是劫。

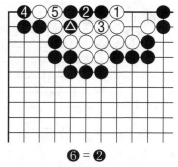

⑥ = ❷

第247题变化图2：正解图中黑5点时，白6若于本图1位挡，则正中黑计。黑2粘，白3打，黑4也打，重要，白只得5提，黑6托，白死。

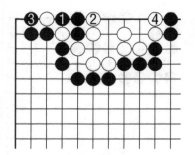

第247题失败图：黑1提错误，白2打、4挡，成活。

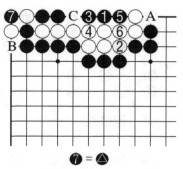

❼=△

第248题正解图：黑1托是手筋，白2挤抵抗，黑3长，白4粘，黑5顶，白6粘无奈，黑7扑，白仅存一眼，被杀。

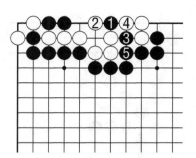

第248题变化图：黑1托时，白2若挡，黑3挖、5粘，白死。

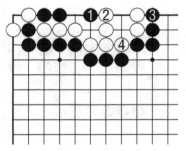

第248题失败图：黑1点不是要点，白2挡、4挤，黑无法继续。

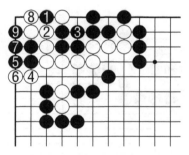

第249题正解图：黑1打只此一手，白2打、4扳是最强抵抗，黑5弯、7团绝妙，白8提，黑9拐，白死。

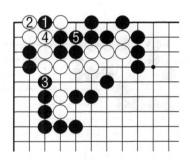

第249题变化图：黑1打时，白2若挡，则黑3顶，白4提，黑5粘，白无法继续。

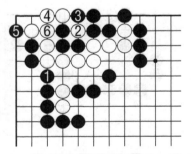

第249题失败图1：黑1顶不是手筋，白2扑、4退，黑5扳，白6吃，黑无法杀白。

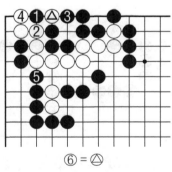

⑥=△

第249题失败图2：白2打时，黑3提不好，白4打，黑只得5顶，白6提成劫，黑失败。

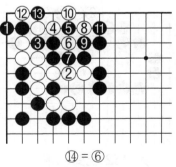

⑭=⑥

第250题正解图：黑1立是好手，白2做眼，黑3断，白4、6、8是最强抵抗，黑11吃，白12扳、14提成劫。

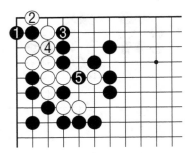

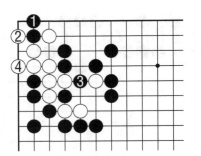

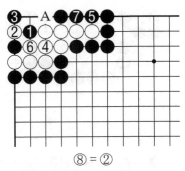

第250题变化图：黑1立时，白2扳不好，黑简单3挡、5吃，白无计成活。

第250题失败图：黑1立另一边不是要点，白2扳重要，黑3打，白4立，即活。

⑧＝②

第251题正解图：黑1尖顶是手筋，白2扑也是好手，黑3提，白4粘，黑5拐冷静，白6打无奈，黑7粘，白8提成劫。途中，白6若于7位冲，则黑于A位送吃是妙手，白顿死，需注意。

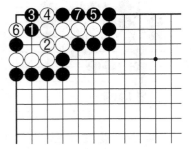

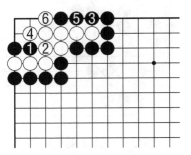

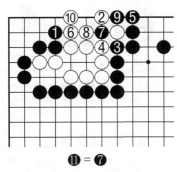

第251题变化图：黑1尖顶时，白2粘欠妥，黑3立是好手，白4无奈，黑5拐、7粘，白死。

第251题失败图：黑1打不是要点，白2粘，黑3拐，白4吃即可做成两眼，黑5粘，白6挡成活，黑失败。

⓫＝❼

第252题正解图：黑1立是冷着，白2尖也是手筋，黑3团，白4只此一手，黑5立是常用手筋，白6以下至10成劫。

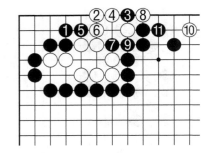

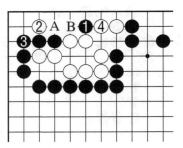

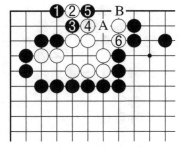

第252题变化图：黑1立时，白2跳，黑3扳、5爬，缩小眼位，好次序，白6粘，黑7挤，白8、10无济于事，黑11弯，白死。

第252题失败图1：黑1托虽是手筋，但此际不宜。白2夹是妙手，黑3粘无奈，白4顶后，A、B见合，白活，黑失败。

第252题失败图2：黑1跳似是而非，白2靠妙手，黑3、5提一子，白6挤可活，黑失败。此后，黑若在A挖，白B立即可。

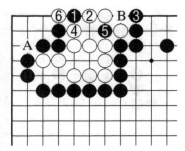

第252题失败图3：正解图中黑5若于本图1位尖虽是手筋，但此际却无功效。白2顶即可，黑3立，白4打、6提后，A、B见合，黑无法杀白，失败。

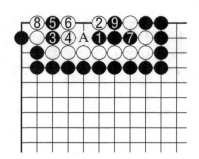

第253题正解图：黑1爬是盲点，白2夹是最强应对，黑3打、5立巧妙，白6打，黑7断，由于白A位不入气，只能于8位提，黑9提，白死。

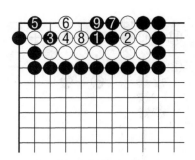

第253题变化图：黑1爬时，白2如粘，黑3、5打拔即可，白6立，黑7、9聚杀，白仍不活。

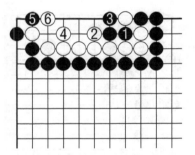

第253题失败图1：黑1打平庸，白2打、4虎，黑5打，白6做成劫活，黑失败。

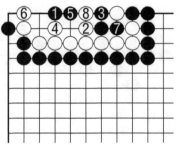

第253题失败图2：黑1点虽是好思路，但白2挡可行，黑3打，白4顶是要点，黑5长，白6立是正应，黑7提时，白8打后左右逢源，黑不能杀白，失败。

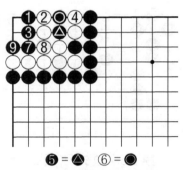

⑤＝△ ⑥＝●

第254题正解图：黑1跳是不易察觉的严厉手段，白2打抵抗，黑3反打，再5扑、7顶，白8粘，黑9打后，白慢一气被吃。

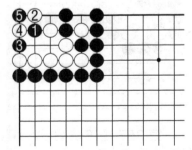

第254题失败图1：黑1夹似是而非，白2扳，黑3只得尖，白4扑，黑5提成劫杀，黑失败。

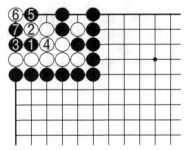

第254题失败图2：黑1点最易想到，白2夹必然，黑3打、5夹，忽略了白6扑的妙手，黑7提。

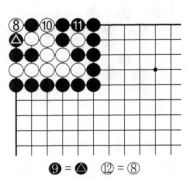

❾＝△ ⑫＝⑧

第254题失败图2续：白8回提，黑9打三还一，白10打、12提成劫活，黑仍失败。

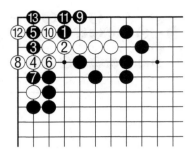

第255题正解图：黑1点入是致命一击，白2粘，黑3托，妙手！白4扳，黑5长、7吃，白8立，黑9尖回，白10冲时，黑11团重要，白12夹，黑13立，白无计成活。

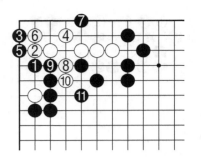

第255题变化图：黑1尖亦可杀白，白2挡，黑3点入，妙手！白4、6做眼，黑7大飞即可，白8、10冲不出去，仍不能活。

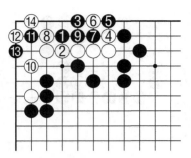

第255题失败图1：白2粘时，黑3先尖则次序有误，白4冲、6扑是好手，黑7提，白8拐是先手，然后10尖至14成劫，黑失败。

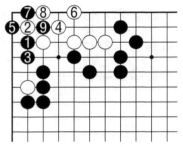

第255题失败图2：黑1托也不行，白2扳、4虎即可，黑5扳，白6倒虎极具弹性，黑7打，白8做劫，黑失败。

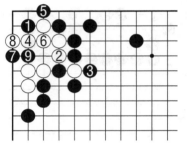

第256题正解图：黑1夹是常形，白2打、4虎，黑5渡即可，白6只能粘，黑7点、9冲，白死。

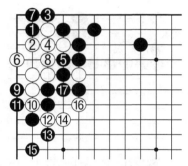

第256题变化图1：黑1夹时，白2如单挡，则黑3打、5团，白6、8做眼，黑9托，白10挤、12断也无法杀出重围，至黑17，白死。

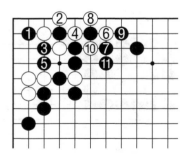

第256题变化图2：黑1夹时，白若2打、4提，则黑5顶即可。白6欲逃出亦是徒劳，黑7虎，白8只能渡，黑9打、11退，白仍不活。

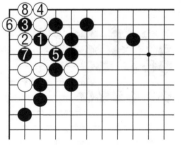

第256题失败图：黑1打算路不深，白2反打，黑只好3打、5提，白6打、8提，角上活出，黑失败。

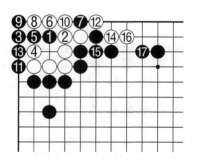

第257题正解图：黑1点入犀利，白2粘，黑3跳是常用手筋，白4弯抵抗，黑5接牢，白6扳，黑7也扳，白8爬时，黑9打重要，白10粘，黑11渡过，至黑17，白无出路。

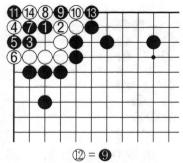

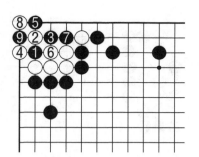

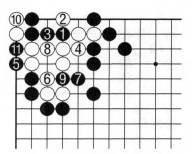

⑫ = ❾

第257题失败图1：白2粘时，黑3急于求渡不好，白4点是手筋，黑5挡，白6也挡，黑7团，白8扳，黑9只能扑，白10提，黑11提，白12粘冷静，黑13挡，白14打成劫，黑失败。

第257题失败图2：黑1夹过于急躁，白2反夹是好手，黑3扳，白4打，黑5反打，白6提、8扑成劫，黑失败。

第258题正解图：黑1挤是手筋，白2打、4粘，黑5扳破眼，白6挡，黑7尖、9卡，白10扑是好手，黑11提。

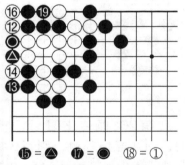

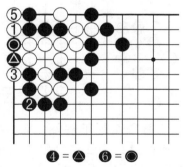

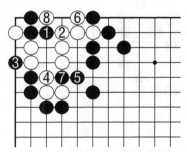

⑮ = ▲ ⑰ = ◎ ⑱ = ①

第258题正解图续：白12扑，黑13弯是妙手，白14提，黑15也提，白16扑，黑17提，白18再扑时，黑19团巧妙，白无法成活。

❹ = ▲ ❻ = ◎

第258题失败图1：白12扑时，黑如在2位粘则欠考虑，白3提，黑4扑，白5是妙手，成长生型，黑失败。

第258题失败图2：黑1弯欲聚杀，白2团占据要点，黑3须破眼，白4挡，黑5尖，白6挡，黑又须破眼，白8扑成劫，黑失败。

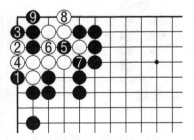

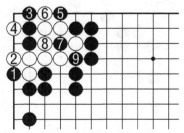

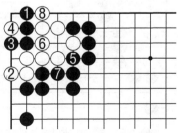

第259题正解图：黑1扳朴实，白2扳，黑3打、5扑是次序，白6提，黑7打，白8立，黑9也立，白净死。

第259题变化图：黑1扳时，白2若挡，则黑3立重要，白4夹，黑5扳、7扑再9打，白仍无计做活。

第259题失败图：黑1先立操之过急，给了白2立扩大眼位的机会，黑3弯做眼，白4点入，防黑走此位成刀五聚杀，重要。黑5打，白6、8快一气杀黑，净活。

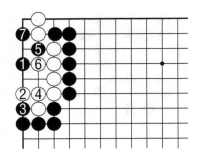

第260题正解图：黑1点正中要害，白2虎，黑3打，白4粘，黑5断、7扳成劫。

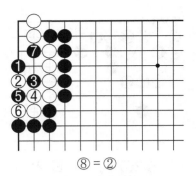

⑧＝②

第260题变化图：黑1点时，白如2靠，则黑3打即可。白4必然，黑5提，白6打，黑7断吃，白8提，仍是劫杀。

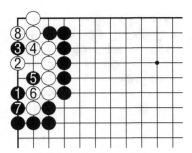

第260题失败图1：黑1跳点不够深入，白2跳是要点，黑3靠，白4粘，黑5破眼，白6粘是先手，然后8提一子成两眼，净活，黑失败。

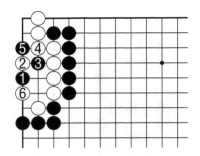

第260题失败图2：黑1点也不好，白2靠仍是要点，黑3打、5提，白6虎即可，黑无法杀白，失败。

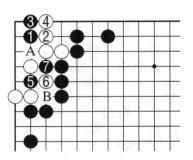

第261题正解图：黑1点恰到好处，白2挡，黑3先手立后5挖、7打，白A、B两点无法兼顾，净死。

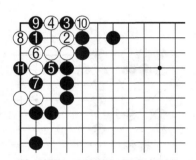

第261题变化图：黑1点时，白2若挡外侧，则黑3扳是要点，白4打，黑5挤、7挖严厉，白8扳，黑9打、11扳，白还是不活。

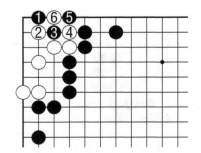

第261题失败图1：黑1大飞力度不够，白2尖顶即可，黑3虽是强手，但白4、6成劫，黑失败。

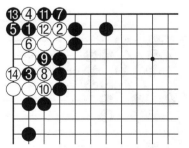

第261题失败图2：变化图中黑3如于本图单挖也不好，白4托妙，黑5若立破眼，白6团，黑7扳，白8打，以下至14提可活，黑失败。所以，途中黑5只能于6位粘，让白于5位扳做劫活。

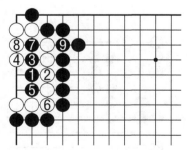

第262题正解图：黑1点必然，白2粘，黑3爬，白4夹抵抗，黑5先挤重要，白6不得已，黑7断、9打，白被灭。

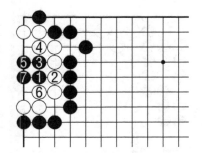

第 262 题变化图：黑 3 爬时，白 4 若粘，则黑 5 立重要，白 6 团，黑 7 也团，白仍不活。

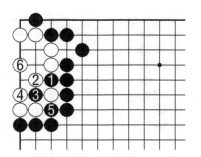

第 262 题失败图 1：黑 1 冲、3 扑是错着，白 4 提、6 虎即成活，黑失败。

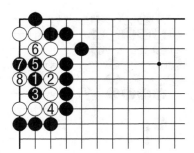

第 262 题失败图 2：正解图中白 2 粘时，黑 3 先挤次序错误，白 4 粘，黑 5 再爬时，白 6 粘即可。黑 7 立，白 8 扑是手筋，白成净活，黑失败。

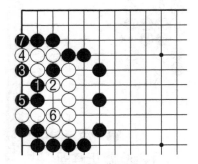

第 263 题正解图：黑 1 顶是要点，白 2 提是正应，黑 3 先扳再 5 打是次序，白 6 粘，黑 7 打，劫杀是正解。

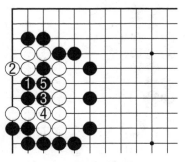

第 263 题变化图：黑 1 顶时，白 2 立不行，黑 3 顶，白 4 只能粘，黑 5 团，白被聚杀。

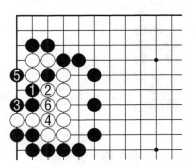

第 263 题失败图：黑 3 如打则是撞气的恶手，白 4 粘，黑 5 再扳，白 6 打，黑接不归。

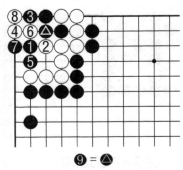

⑨ = ▲

第 264 题正解图：黑 1 尖容易想到，白 2 挤抵抗，黑 3 弯绝妙，白 4 点无奈，黑 5 顶，白 6 如打，黑 7、9 成为倒脱靴，白角被歼。

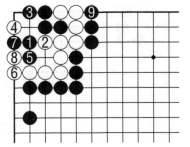

第 264 题变化图：白 6 如立阻渡，也不行，黑 7 挡、9 紧气，白被眼吃。

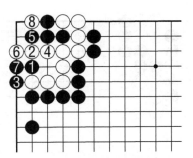

第 264 题失败图 1：黑 1 夹不是要点，白 2 反夹，黑 3 渡、5 夹欲做聚杀，但白 6 立、8 扑即活，黑失败。

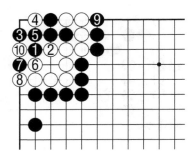

第264题失败图2：正解图中白2挤时，黑3虎不好，白4打、6顶，黑7、9只得做缓气劫，仍失败。

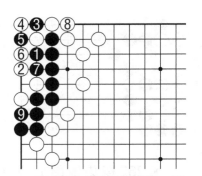

第265题正解图：黑1挡，只此一手，白2尖是最强抵抗，黑3、5连扑是妙手，白6提，黑7、9两打，白成接不归，黑活。

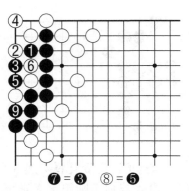

⑦ = ❸　⑧ = ❺

第265题变化图：黑1挡时，白2、4欲强行做劫，黑5、7两扑再9打，白仍成接不归，无力杀黑。

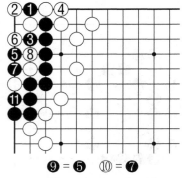

❾ = ❺　⑩ = ❼

第265题失败图：黑1先扑是假手筋，再3挡，白4粘冷静，黑5尖，白6扑是强手，黑7扑至11打，白虽接不归，但与前图相比，白多了4位一子，差别巨大。

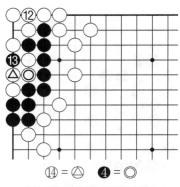

⑭ = △　❹ = ◎

第265题失败图续：白12粘，黑13提四子，白有14打的手段，黑4只好做成劫活，失败。

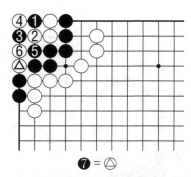

❼ = △

第266题正解图：黑1一路打是正确选点，白2打，黑3反打巧妙，白4提，黑5、7打，白仅为缓四气劫，黑几近净活，成功。

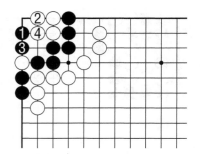

第266题失败图1：黑1飞是错着，白2弯，占据要点，黑3提，白4团，黑被聚杀，失败。

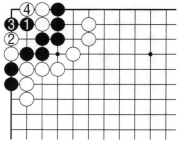

第266题失败图2：黑1打大意，白2长、4弯破眼，黑被杀，仍失败。

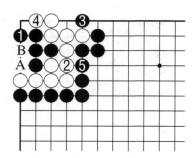

第267题正解图：黑1弯不动声色，冷着，白2如粘，黑3扳破眼，白4拐，黑5从外边紧气，重要！此后，黑A、B两点必得其一，白死。

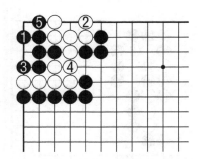

第267题变化图： 黑1弯时，白2立不行，黑3打、5挡，自身成两眼，白顿死。

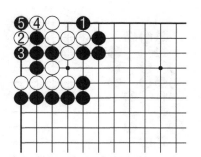

第267题失败图1： 黑1扳想法平庸，白2夹、4打是手筋，黑5提，仅为缓一气劫杀白，黑失败。

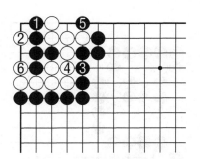

第267题失败图2： 黑1挡，直接与白对杀，不行。白2靠至6拐，快一气，黑更失败。

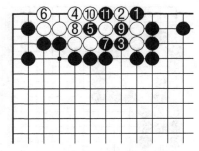

第268题正解图： 黑1扳是冷着，白2挡，黑3打、5挤又是好手，白6立，黑7打至11提成劫。

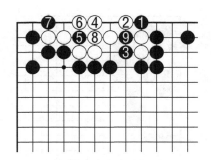

第268题变化图： 白4如在右边虎，错误。黑5断、7打后9提，白死。

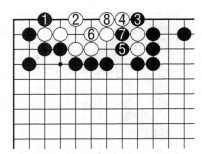

第268题失败图： 黑1扳另一边不是要点，白2虎，黑3再扳时，白可于6位做眼。

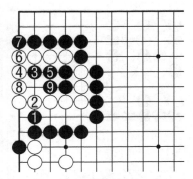

第269题正解图： 黑1弯是盲点，白2只得粘，黑3夹、5打，白6粘，黑7打、9团，白无法成活。

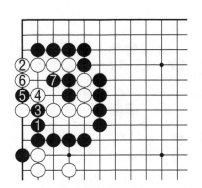

第269题变化图： 黑1弯时，白2如立也不行，黑3冲、5扑后7弯，白仍不活。

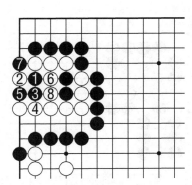

第269题失败图1： 黑1夹，看似要点，但白2简单扳，黑3长，白4粘，黑5打，白6打、8提，黑成接不归，白活。

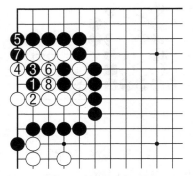

第269题失败图2：黑1点也不好，白2粘，黑3顶，白4扳至白8吃，白活。

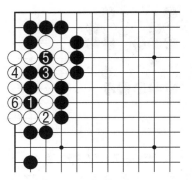

第270题正解图：黑1挤、3断，白4粘必然，黑5扑送吃，妙手！

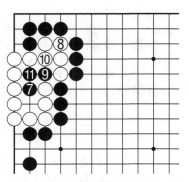

第270题正解图续：黑7点是要点，白8团，黑9打、11粘，白死。

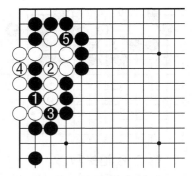

第270题变化图：黑1挤时，白2若粘，黑3断是绝先，白4粘，黑5打，白仅存一眼。

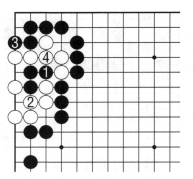

第270题失败图：黑1先断次序有误，白2团，黑3挡，白4粘，黑无法继续。

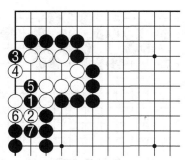

第271题正解图：黑1挖是手筋，白2只得打，黑3扳、5长，好次序！白6粘，黑7打即可。

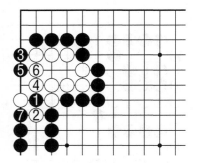

第271题变化图：黑3扳时，白4如提，则黑5长，白6粘，黑7挤，白仍不活。

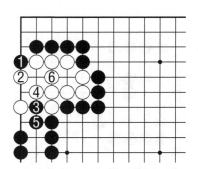

第271题失败图：黑1单扳次序有误，白2挡，黑3再挖时，白4可从里边挡，黑5粘，白6做眼即活。

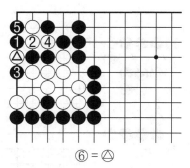

⑥＝△

第272题正解图：黑1挡，白2只得断，黑3提，白4打时，黑5吃是好手，白6提。

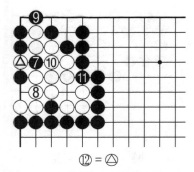

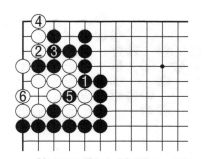

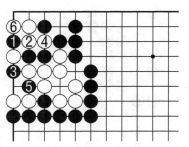

⑫ = △

第272题正解图续：黑7提，白8粘无奈，黑9、11两打，白12提成劫。

第272题失败图1：黑1单打不是要点，白2、4立，黑5提，白6做眼，白活。

第272题失败图2：正解图中黑5若于本图5位扑则欠妥，白6简单打，黑无法继续。

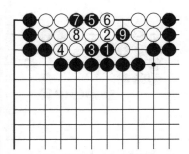

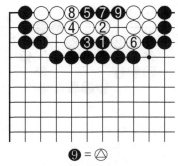

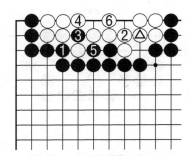

第273题正解图：黑1冲是缩小眼位的急所，白2挡，黑3挤是盲点，绝妙，白4团欲扩大眼位，黑5托是要点，白6打，黑7打、9扑，白无两眼，被杀。

⑨ = △

第273题变化图：黑3挤时，白4粘也无济于事，黑5点正中要害，白6团，黑7爬、9打，白仍不活。

第273题失败图1：黑3如改在本图1位挤则大谬，白2单粘是巧手，黑3扑、5打虽是手筋，但白可于6位做眼，黑7提成劫杀，黑仍失败。

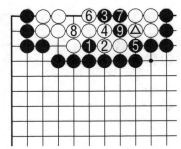

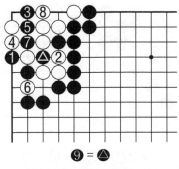

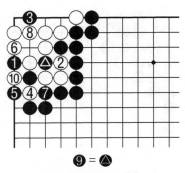

第273题失败图2：黑1单挤似乎是要点，但白2最大限度地扩大眼位，好手，黑3点、5挤为时已晚，白6打、8粘，先做一眼，黑9提四子，白10断吃成倒脱靴，白活，黑失败。

⑨ = △

第274题正解图：黑1一路打是好手，白2只能提，黑3点重要，白4顶，黑5冲，白6打，只此一手，黑7断，白8打，黑9提成劫。

⑨ = △

第274题变化图：黑3点时，白4打，黑5也打重要，白6打，黑7提，白8粘，黑9拔，仍是劫。

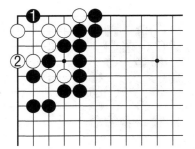

第274题失败图1： 黑1点似是而非，白2简单立，黑即无法杀白。

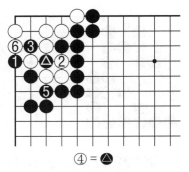

④ = △

第274题失败图2： 白2提时，黑3打急躁，白4粘冷静，黑5只得团，白6断成活。

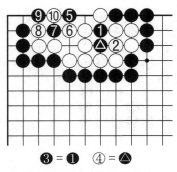

❸ = ❶　④ = △

第275题正解图： 黑1、3连扑送吃是手筋，白4提无奈，黑5大飞，白6弯时，黑7挤又是妙手，白8打、10提成劫。

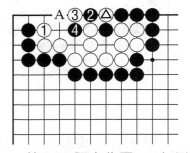

第275题变化图： 正解图中白4若于本图1位挡，黑2提，白3打，黑4断打，白5提劫，仍是劫杀。途中，白3若于4位弯，则黑于A位点，还是劫杀。

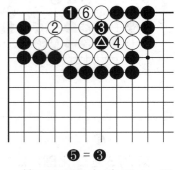

❺ = ❸

第275题失败图1： 黑1单飞次序有误，白2弯是好手，黑3扑，白4提，黑5再扑时，白6粘，黑无法杀白。

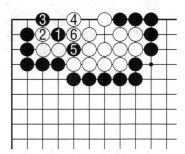

第275题失败图2： 正解图中黑5飞若改为本图1位夹则不行。白2冲、4尖是手筋，黑5提，白6做眼，两眼瞪圆，黑失败。

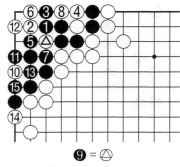

❾ = △

第276题正解图： 黑1拐，只此一手，白2扳时，黑3立是妙手，白4如提，黑5断、7提，白8打、10点虽是好手，至黑15成双活。

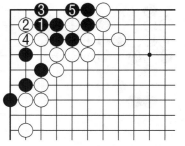

第276题变化图： 黑3立时，白4若粘，黑5提，黑上边成活。

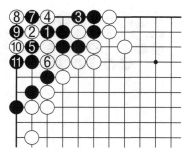

第276题失败图1： 白2扳时，黑3提错误，白4扳，黑5打、7扑无可奈何，但至11成劫，黑失败。

160

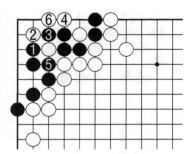

第276题失败图2: 黑1夹不是要点,白2扳、4打是好手,黑5提,白6吃,黑仅存一眼,被杀。

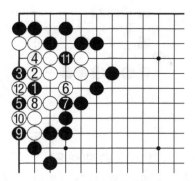

第277题正解图: 黑1点是形,白2挡,黑3扳、5尖是好棋,白6尖,黑7团重要,白8挤,黑9扳、11挖,白12提成劫。

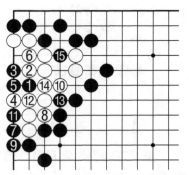

第277题变化图: 黑3扳时,白4若尖,则黑5粘,白6只得粘,黑7扳,破白眼位,黑9粘,冷静,至15破眼,白净死。

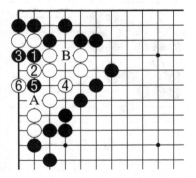

第277题失败图1: 黑1断错误,白2打、4虎是要点,黑5夹,白6扳即可,此后A、B见合,白可活。

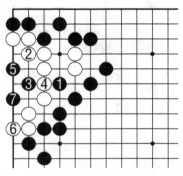

第277题失败图2: 黑1尖也不行,白2、4两粘后再6立,黑7尖成双活,黑失败。

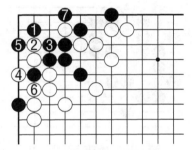

第278题正解图: 黑1飞,两边同形走中央,妙手!白2顶、4打,黑5打、7吃,黑净活。

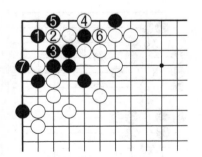

第278题变化图: 黑1飞时,白2顶另一边也不成,至黑7,仍是净活。

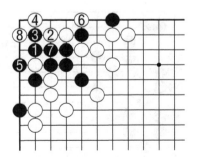

第278题失败图: 黑1打不是要点,白2长,黑3挡,白4简单扳,至白8,黑成净死,失败。

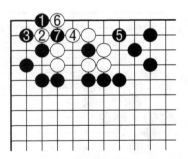

第279题正解图: 黑1跳是常用手筋,白2挖、4虎是正应。黑5尖破眼,白6做劫顽强,黑7提成劫杀。

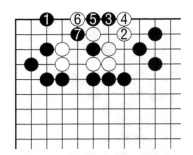

第279题变化图1：黑1
跳时，白2如虎，黑3点，白
4挡不行，黑5爬、7打，白被
净杀。

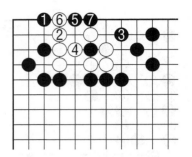

第279题变化图2：黑1
跳时，白2立不行，黑3尖是
要点，白4提，黑5点、7爬，
白仍被灭。

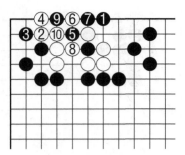

第279题失败图：黑1大
飞不得要领，白2、4扳立扩大
眼位，黑5扳，白6反扳即可，
至10打，白净活，黑失败。

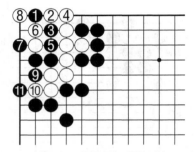

第280题正解图：黑1透
点正中要害，白2尖，黑3打、
5粘，白6打，黑7打是先手，
重要，再9拐、11渡，白无计
可施，被杀。

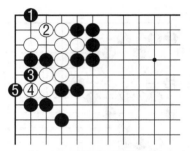

第280题变化图：黑1点
时，白2弯阻渡，黑3、5渡
过，白无两眼，仍死。

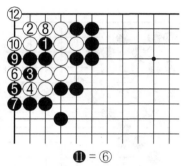

⑪＝⑥

第280题失败图：黑1冲
鲁莽，白2退冷静，黑3渡，
白4冲、6扑是先手利用，至
10打，均为先手，再12尖成
活，黑失败。

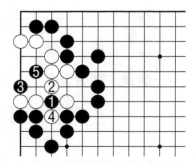

第281题正解图：黑1挖、
3打简捷有力，白4提，黑5
尖，白顷刻灭亡。

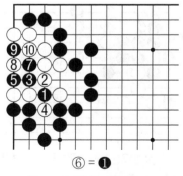

⑥＝❶

第281题失败图1：黑3
从二路打也不好，白4提，黑
5打、7弯，白8扑、10打，黑
成胀牯牛死，失败。

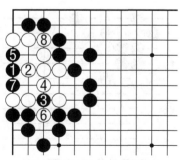

第281题失败图2：黑1
点方于此际不宜，白2顶，黑
3挖、5顶，白6正好提，黑7
再破眼，白8粘巧成双活，黑
失败。

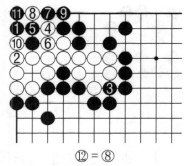

⑫ = ⑧

第282题正解图: 黑1倒尖是第一感的妙手,白2如团,黑3打破眼,白4扳,黑5夹、7渡,白虽有8扑至12提的手段,也无法净活。

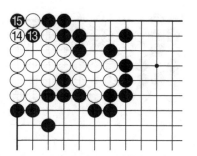

第282题正解图续: 黑13打别有洞天,白14打,黑15提,劫杀白角。

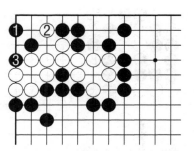

第282题变化图: 黑1尖时,白2扳下,黑3就直接扑,仍是劫杀。

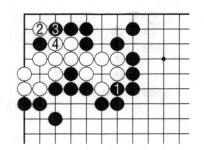

第282题失败图: 黑1打破眼盲目,白2夹、4打吃去一子,净活。

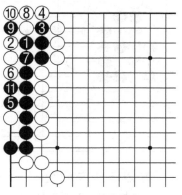

第283题正解图: 黑1挡、3冲是苦肉计,白4一路打,黑5打沉着,白6爬不成立,黑7粘至11打,白接不归,黑成活。

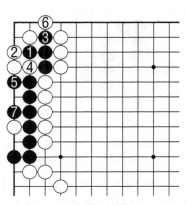

第283题变化图: 黑3冲时,白4从另一边打,黑5先手打、再7做眼,仍可活。

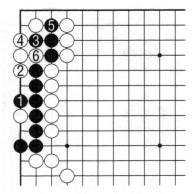

第283题失败图1: 黑1单打不行,白2爬破眼,黑3、5再冲为时已晚,白6打,黑被杀。

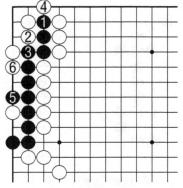

第283题失败图2: 黑1先冲则大谬,白2爬是强手,黑3粘,白4渡、6爬,黑眼位不足,失败。

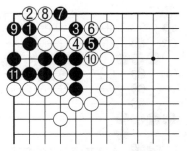

第284题正解图: 黑1贴意欲扩大眼位,白2如扳,黑3跳点、5挖是手筋,白6打,黑7尖是巧手,白8若粘,黑9立是先手,白10须提,黑11团眼成活。

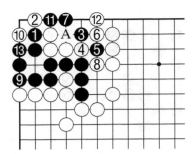

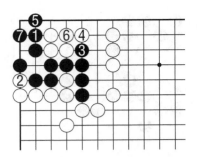

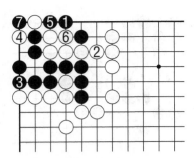

第284题变化图1: 黑7尖时，白8提也不能杀黑。黑9团，白10扳，黑11断打，白因A位不入气，只得走12位，黑13打，活得更大。

第284题变化图2: 黑1贴时，白2如直接破眼，黑3冲、5立是先手，再7位做活。

第284题失败图: 正解图中黑5如在本图1位尖则不好，白2单粘冷静，黑3团做眼，白4扳，黑5打，白6打，黑7提是劫活，黑失败。

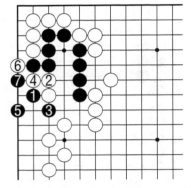

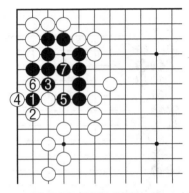

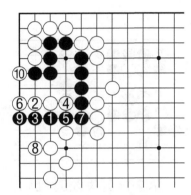

第285题正解图: 黑1托是显而易见的手段，白2顶是强手，破眼，黑3扳，白4冲，黑5倒虎，妙手！白6渡，黑7扑成劫活，此为正解。

第285题变化图: 黑1托时，白2扳，黑3顶是要点，白4打，黑5反打再7粘，净活。

第285题失败图: 黑1跨虽是常用手筋，但此际不适用。白2立、4顶、6立顽强，黑7粘、白8立、10渡，黑全体无两眼，失败。

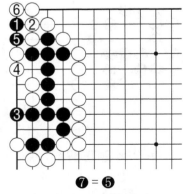

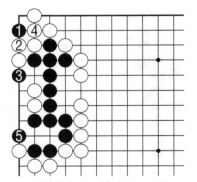

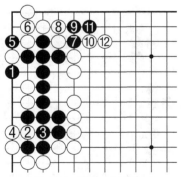

❼ = ❺

第286题正解图: 黑1点试应手，绝妙！白2粘二路，黑3立是冷着，白4退，欲连回两子，但黑5、7两扑，白接不归，黑成活。

第286题变化图: 黑1点时，白2粘一路也无用，黑3先手打，再5挡，亦可活。

第286题失败图: 黑1单打是庸手，白2、4破眼，黑5以下抵抗徒劳，至白12长，黑无计可施，顿死。

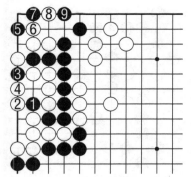

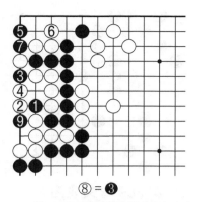

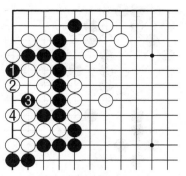

第287题正解图: 黑1断、3扑是正确次序,白4提时,黑5点入是手筋,白6贴,黑7扳、9打是巧手,黑成劫活。

⑧＝❸

第287题变化图: 黑5点时,白6立反击,不行,黑7打、9扑,白被双倒扑。

第287题失败图1: 黑1先扑再3断,次序有误,白4立是好手,白已无双倒扑的弱点,黑顿死。

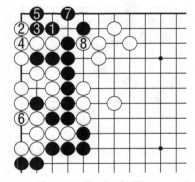

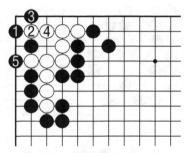

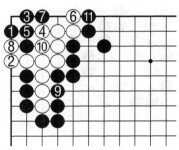

第287题失败图2: 正解图中黑5若于本图1位单扳,则思维过于简单,白2尖巧妙,黑3、5虽是先手,但至白8,黑仍不能活。

第288题正解图: 黑1倒尖巧妙,白2如挤,黑3打、5渡即可,白无两眼,被灭。

第288题变化图1: 黑1倒尖时,白2阻渡,黑3尖是连贯的好思路,白6扩大眼位,黑7拐是要点,至黑11紧气,白被眼杀。

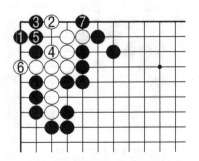

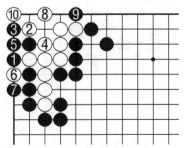

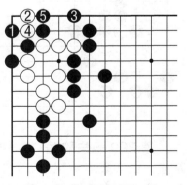

第288题变化图2: 白2尖应亦无用,黑3虎可行,白4、6后,黑7扳,白被聚杀。

第288题失败图: 黑1渡虽易想到,但非最佳。白2夹、4打紧凑,黑5粘,白6扑、8做眼,有弹性,黑9扳,白10可扑劫,黑失败。

第289题正解图: 黑1虎是正着,白2须点,黑3尖是巧手,白4打,黑5反打成劫杀,正确。

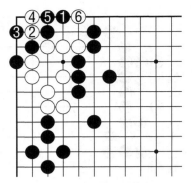

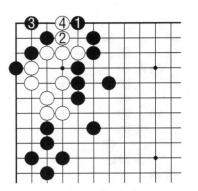

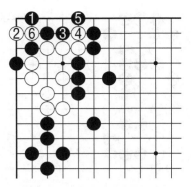

第289题失败图1: 黑1尖不行,白2打、4立,黑5打,白6反打,黑数子被切断,失败。

第289题失败图2: 黑1先尖次序不佳,白2冲即可。黑3再虎已来不及,白4冲下,黑仍失败。

第289题失败图3: 黑1虎另一侧也不好,白2点必然,黑3爬、5渡,白6断吃,黑仍不能杀白,失败。

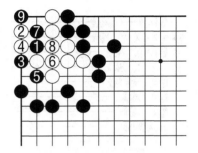

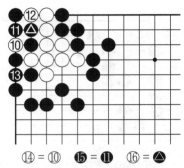

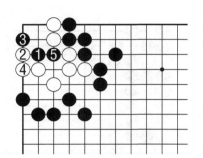

第290题正解图: 黑1靠入乃破眼之要点,白2跳是最强抵抗,黑3扳、5打重要,白6粘亦不能净活,黑7打、9提两子。

⑭ = ⑩ ⑮ = ⑪ ⑯ = △

第290题正解图续: 白10扑、12打,黑13粘、15打可成立,白16打做劫成活,是双方最佳运行。

第290题变化图: 黑1靠时,白2扳不行,黑3打、5断,白被灭。

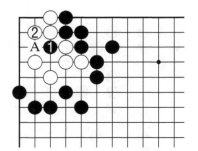

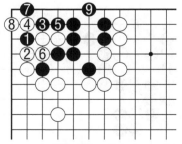

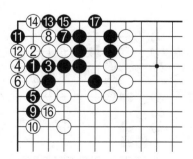

第290题失败图: 黑1断莽撞,白2弯应对沉着,白净活。途中,白2若于A位打则随手,被黑于2位打,白被杀。

第291题正解图: 黑1托是做活妙手,白2顶,黑3扳、5打是先手,白6粘,黑7打、9倒虎成净活。

第291题变化图: 黑1扳虽也可活,但白2夹、4渡后,黑5以下至白16只得施苦肉计,黑17倒虎,黑虽活,但目数不如正解图。

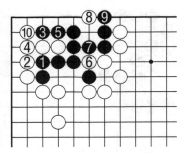

第291题失败图：黑1团、3夹过于平凡，白4粘冷静，黑5粘眼位不足，白6挤至10拐，黑被杀。

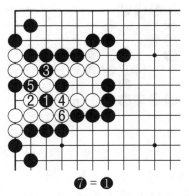

⑦ = ①

第292题正解图：黑1挖是强烈手段，白2打是正应，黑3打，白4只能提，黑5提三子，白6须团眼，黑7提成劫杀，正解。

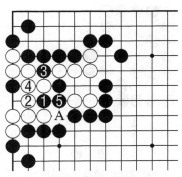

第292题变化图1：黑3打时，白4不可粘，黑5粘，白A位不入气，被净杀。

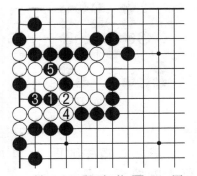

第292题变化图2：黑1挖，白2在另一边打不行，黑3长，白因两边不入气，只好4粘，黑5打，白接不归，仍死。

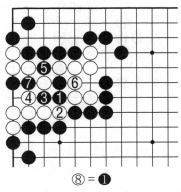

⑧ = ①

第292题失败图：黑1冲不好，白2断，黑3冲、5打，白6提三子，黑7再提时，白8做成净活，黑失败。

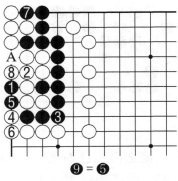

⑨ = ❺

第293题正解图：黑1夹，妙极！白2如粘，黑3粘、5扑，白6粘，黑7打，白8提，黑9再扑即可。由于黑A位先手提四子，白不能补，所以不能杀黑。

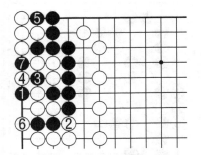

第293题变化图1：黑1夹时，白2打也不能杀，黑3扑、5打成立，7提是先手，黑净活。

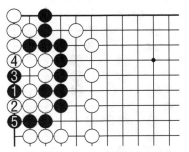

第293题变化图2：黑1夹时，白2打，黑3长，白4不能用强，黑5打，白更损。

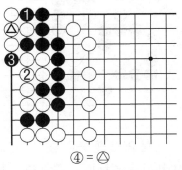

④ = △

第293题失败图：黑1单打着法庸碌，白2粘冷静，黑3提，白4点杀，黑失败。

167

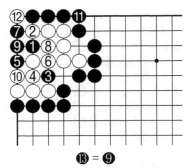

⑬＝⑨

第294题正解图： 黑1靠、3扳是巧妙次序，白4粘，黑5扳又是要着，白6如粘，黑7渡至13点入，白被灭。

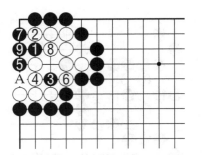

第294题变化图： 黑5扳时，白6打也不行，黑7渡、9粘，白A位不入气，仍不活。

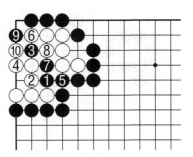

第294题失败图： 黑1先扳再3靠，不够谨慎，白4立是巧手，黑5粘，白6冲至10提成劫活，黑失败。

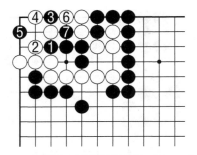

第295题正解图： 黑1冲紧要，白2挡，黑3夹，白4反打，黑5点重要，白6提，黑7打，白死。

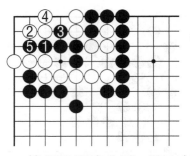

第295题变化图： 黑1冲时，白2如长，则黑3打、5冲，白仍不活。

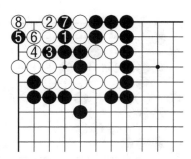

第295题失败图1： 黑1急于吃两子，不好。白2立，黑3再冲时，白4可挡，黑5点，白6粘，黑7须提，白8扑成胀牯牛，黑失败。

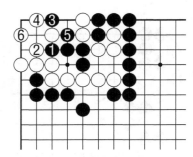

第295题失败图2： 正解图中白4反打时，黑5也不能急于吃两子。如此，白6虎成劫，黑失败。

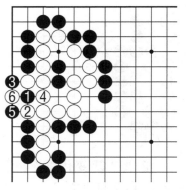

第296题正解图： 黑1夹是手筋，白2冲、4打，黑5做劫，劫杀是正解。

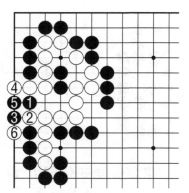

第296题失败图1： 黑3不可渡。如此，白有4立的好手，黑5粘，白6扑，黑无计杀白。

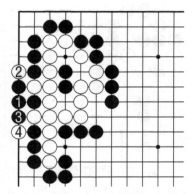

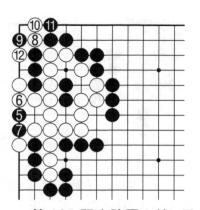

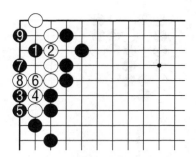

第296题失败图2：正解图中白4打时，黑5不能在本图1位粘。若如此，白2扑，黑3虽是手筋，但此时不成立，白4提。

第296题失败图2续：黑5点，白6粘，黑7扑虽可破白眼，但白8断是好手，黑9、11打吃，白12扑，黑三子不能逃，白活，黑失败。

第297题正解图：黑1点是致命一击，白2粘不得已，黑3跳又是手筋，白4冲，黑5打，白6粘无奈，黑7尖，白8挡，黑9再尖做成聚杀，白死。

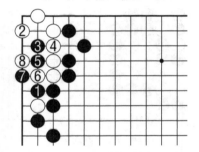

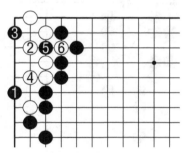

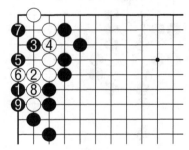

第297题失败图1：黑1拐吃失机，白2尖占据要点，黑3再点时，白4粘，黑5、7求渡，白8扑，解决问题。

第297题失败图2：黑1先跳也失机，白2虎有弹性，黑3点虽是要点，但白4弯，黑5只能扑劫，黑失败。

第297题参考图：黑1跳时，白2若先弯，则黑3又可以点了，以下至黑9，还原成正解图，白无谋。

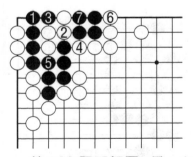

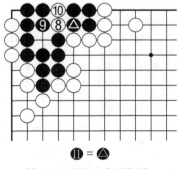

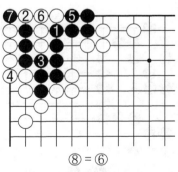

第298题正解图：黑1立必然，白2团，黑3挤重要，至黑7提四子。

⑪ = ▲

第298题正解图续：白8吃，但黑9打，白10提后，黑11又吃回倒脱靴成活。

⑧ = ⑥

第298题失败图1：黑1挤妙味全无，白2打、4粘，黑5打，白6粘，妙手！黑7提，白8点入，黑不活。

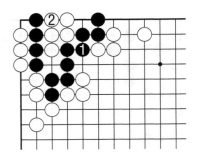

第298题失败图2： 正解图中黑3若于本图1位粘，则白2团，成刀五聚杀，黑失败。

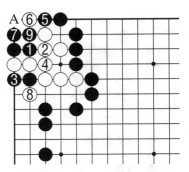

第299题正解图： 黑1冲是杀敌要着，白2团，黑3打后再5爬，重要，白6挡时，黑7弯巧妙，白8吃，黑9再送一子是关键之着。此后，白只能在A位提，黑可在9位吃倒脱靴，白不活。

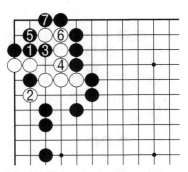

第299题变化图1： 黑1冲时，白2若打，则黑3挤、5挡巧妙，白6粘，黑7渡，白死。

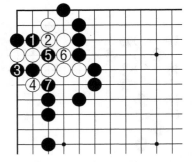

第299题变化图2： 黑3打时，白4若打，则黑5提、7断，白死得更快。

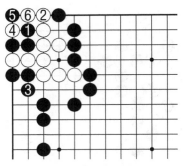

第299题失败图： 正解图中黑5若在本图1位贴则急躁，白2阻渡必然，黑3退回，白4扑、6打成胀牯牛，白活，黑失败。

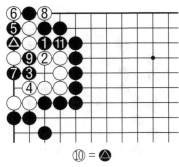

⑩＝△

第300题正解图： 黑1冲朴实无华，白2挡，黑3点，白4粘时，黑5反打绝妙，白6提，黑7挡，白8提两子，黑9打、11紧气，白成假双活，死棋。

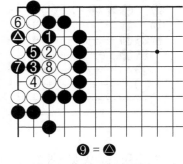

⑨＝△

第300题失败图1： 白4粘时，黑5打无谋，白6提，黑7打，白8反打，黑9提成劫，黑失败。

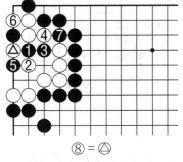

⑧＝△

第300题失败图2： 黑1打似是而非，白2反打正好，黑3长，白4反打，黑5提，白6再打，黑7断打，白8提成劫活，黑仍失败。

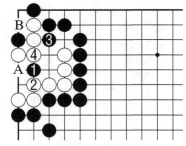

第300题失败图3： 黑1点不是要点，白2粘，求之不得，黑3再冲，白4粘冷静，此后A、B见合，白成活，黑失败。

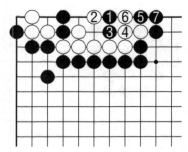

第301题正解图：黑1点左右逢源，白2尖顶是最强抵抗，黑3长，白4粘，黑5扳、7粘，两子正好占据要津，成金鸡独立，白死。

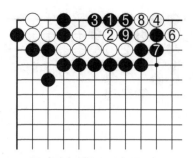

第301题变化图1：黑1点时，白2若顶，则黑3、5连长，白6打、8粘，黑9断，白仍被吃。

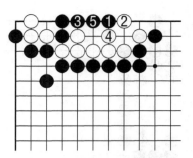

第301题变化图2：黑1点时，白2虎也无济于事，黑3、5后，仍是金鸡独立。

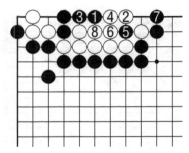

第301题失败图：黑1点，虽只一路之差，结果却是天壤之别。白2虎，黑3、5时，白6提，黑7立，白8吃四子，成弯四净活，黑失败。

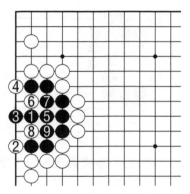

第302题正解图：黑1跳是形，白2扳，黑3立，白4再扳，黑5冷静，白6、8则黑7、9，白无计杀黑。

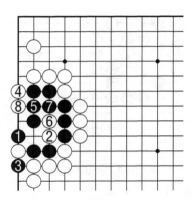

第302题失败图：黑3若在本图1位挡则随手，白2打、4扳，黑只能5粘，白6打、8爬，黑无两眼，失败。

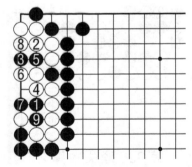

第303题正解图：黑1点正在腰眼上，白2粘，黑3点又是要点，白4粘，黑5断重要，白6打，黑7打、9提，白死。

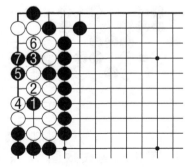

第303题变化图：黑1点时，白2粘也不行，黑3打、5扳即可，白6粘，黑7也粘，成金鸡独立，白仍死。

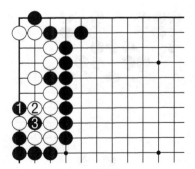

第303题失败图1：黑1一路打不好，白2做劫，黑3提成劫杀，黑失败。

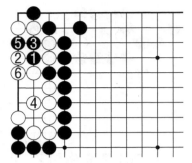

第303题失败图2： 黑1断打亦非要点，白2反打，黑3提两子，白4、6成活，黑失败。

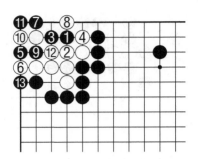

第304题正解图： 黑1跳入是要点，白2粘、4冲是最强抵抗，黑5点是妙手，白6如挡，黑7扳，白8阻渡，黑9打至13紧气，白被眼吃。

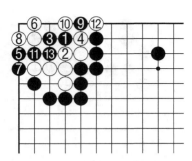

第304题变化图1： 黑5点时，白6若立，黑7渡、9扳是强手，白10扑，黑11反冲成立，黑13粘后，白仍被杀。

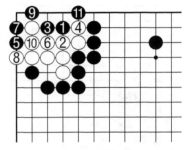

第304题变化图2： 黑5点时，白6紧气也无用，黑7夹巧妙，白8挡，黑9打、11渡，白仍不活。

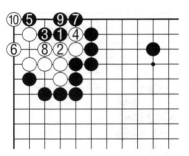

第304题失败图： 黑5如扳，则不佳。白6倒虎好手，黑7渡，白8、10成劫活，黑失败。

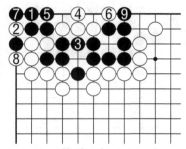

第305题正解图： 黑1弯空三角是愚形妙手，白2扑，黑3从上边紧气重要，白4弯虽顽强，但黑5团是好对策，白6扳，黑7提、9打正确，白无力杀黑。

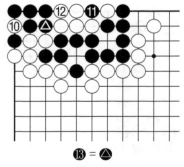

⑬＝▲

第305题正解图续： 白10提，黑11也提是双劫，白12不可提五子。若如此，黑13打成倒脱靴，黑净活。

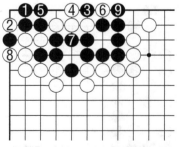

第305题失败图1： 黑3如先扳则恶，白4正好打，黑5仍须团，白6、8两提，黑9打成劫活，黑失败。

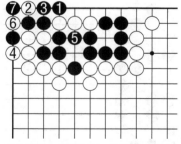

第305题失败图2： 黑1扳紧气，平庸，白有2夹的妙手，黑3粘，白4打、6提，黑7提后成劫活，黑失败。

172

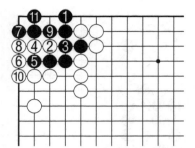

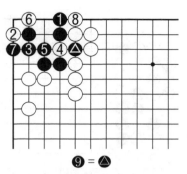

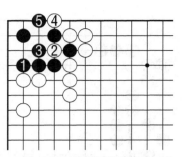

第306题正解图:黑1立是扩大眼位的要点,白2夹、4求渡,黑5冲、7立、9打是先手,白10粘,黑11做成两眼。

第306题变化图:黑1立时,白2托也不成立。黑3长是正应,白4提、6扳,黑7打,白8挡,黑9提成双劫,活棋。

⑨ = ▲

第306题失败图1:黑1挡不是要点,白2提、4打,黑只能做劫活,失败。

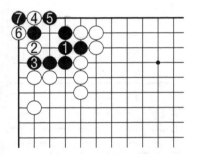

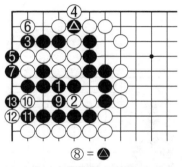

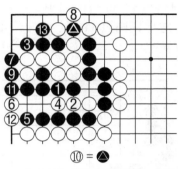

第306题失败图2:黑1粘似是而非,白2靠、4夹是妙手,黑5打,白6反打,黑7提,仍是劫活,黑失败。

第307题正解图:黑1粘,只此一手,白2冲是破眼要点,黑3贴、5扳,绝妙!白6夹是最佳应手,黑7打是先手,再9打,重要,白10夹、12渡,黑13扑成劫活,此为双方最佳结果。

⑧ = ▲

第307题变化图1:黑3贴时,白如4冲、6点继续追杀,黑7、9先手打,再11粘、13挡成净活,白不好。

⑩ = ▲

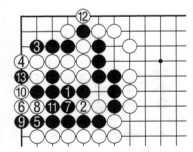

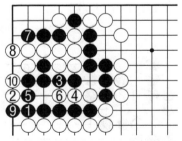

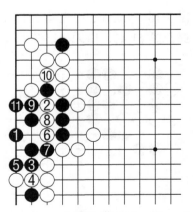

第307题变化图2:黑3贴时,白4弯,强行阻渡不行,黑5挡,白6点强行破眼,黑7粘,白8冲,黑9挡、11打,白12提,黑13提,白无法继续。

第307题失败图:黑1挡错误,白2点,黑3再粘时,白4冲,黑5粘,白6冲即可,至白10,黑无计杀白,失败。

第308题正解图:黑1虎是手筋,白2打,黑3冲、5挡,至11立,黑活。

173

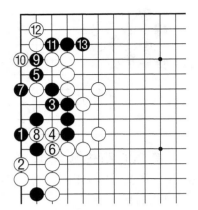

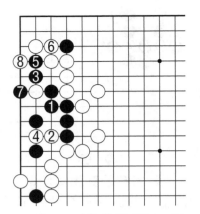

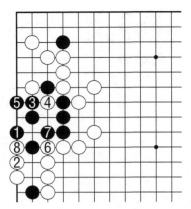

第308题变化图：黑1虎时，白2如双，则黑3粘冷静，白4只得扳，黑5扳、7打，白8挤，黑9也挤，白10若欲强行吃黑，则黑11断、13长，白反被吃。

第308题失败图1：黑1单粘急躁，白2扳、4冲，至白8，黑死。

第308题失败图2：黑1虎，白2并，黑3若顶，则白4扑，黑5立，白6团、8挤，黑仍不活。

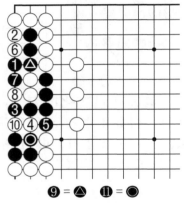

❾=△　⓫=●

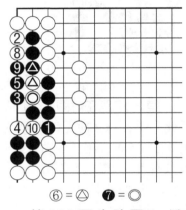

⑥=△　❼=○

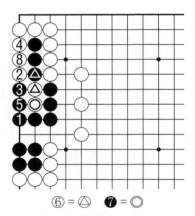

⑥=△　❼=○

第309题正解图：黑1立是妙手，白2拐，黑3再立重要，白4打，黑5断，白6打，黑7拐、9吃成倒脱靴，白10提，黑11吃，白无法继续。

第309图失败图1：黑1顶是俗手，白2拐冷静，黑3打，白4打、6扑，至10提，黑仅存一眼，失败。

第309题失败图2：黑1立另一边不是要点，白2扳、4拐吃是好手，黑7提，白8吃，黑死。

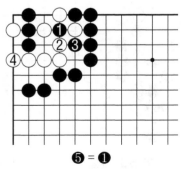

❺=❶

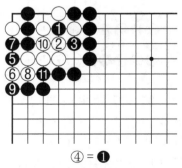

④=❶

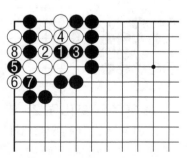

第310题正解图：黑1扑是妙手，白2提、4立，黑5提成劫。

第310题变化图：黑3打时，白4若粘则随手，黑5、7扳粘后9挡，白10团，黑11紧气，白净死。

第310题失败图：黑1靠不是要点，白2、4接牢，黑5扳，白6打、8提成双活，黑失败。

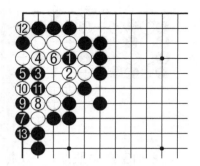

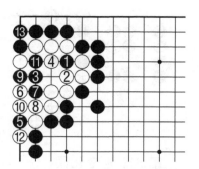

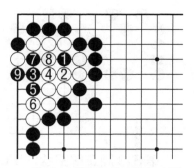

第311题正解图:黑1打、3点给予痛击,白4粘,黑5、7两打,白8粘、10扑不入气,白12提宽气,黑13粘,白被灭。

第311题变化图1:黑3点时,白4若提,黑5一路打重要,白6跳阻渡不成立,黑7冲、9打双吃,白10打、12提,黑13粘,白仍不活。

第311题变化图2:黑3点时,白4团也无用,黑5爬、7打再9提,白仍无两眼。

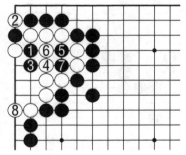

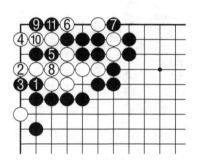

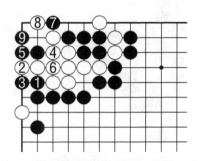

第311题失败图:黑1单打过急,白2提,黑3长,白4就贴,黑5、7虽提两子,但白8立,轻松成活。

第312题正解图:黑1挤是急所,白2立,黑3外挡重要,白4跳是最强抵抗,黑5断正中要害,白6打、8粘,黑9点、11扑,白顿死。

第312题变化图:黑3挡时,白4若粘,黑5打、7扳、9弯是杀着,白仍被杀。

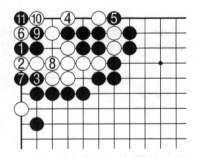

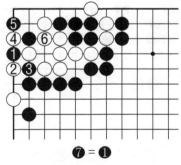

❼=❶

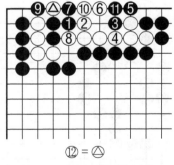

⑫=△

第312题失败图1:黑1立不得要领,白2挡,黑3挤,白4打、6靠顽强,黑与前图差别巨大,黑7打至11提,仅为劫杀,黑失败。

第312题失败图2:黑1扳、3打并非最严厉的手段,白4提、6打,黑7提,仍是劫杀,黑失败。

第313题正解图:黑1弯是破眼手筋,白2如挡,黑3夹、5渡,白6尖,黑7打好时机,白8只好反打,黑9提、11粘次序井然,白12提四子,别无选择。

175

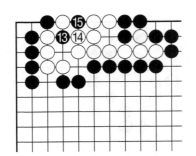

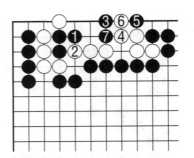

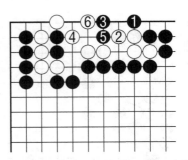

第313题正解图续：黑13打是严厉手段，白14只能做劫，黑15提，劫杀为本题正解。

第313题变化图：黑1弯时，白2三路紧气不行，黑3点入绝妙，白4弯不能阻渡，黑5扳、7打，白被歼。

第313题失败图：黑1扳从外侧破眼，力度不够，白2弯，黑3再点，白4打沉着，黑5挤，白6尖即活，黑失败。

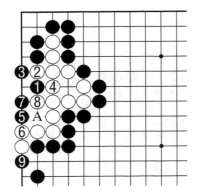

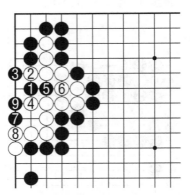

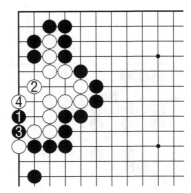

第314题正解图：黑1跳入，只此一手，白2冲，黑3渡，白4粘是正应，黑5飞巧妙，白6粘，黑7并、9虎是盲点，白因A位不入气，无法吃黑接不归，黑成劫杀是本题最佳变化。

第314题变化图：黑3渡时，白4夹求活不行，黑5打、7点严厉，再9渡，白被净杀。

第314题失败图1：黑1先点不是要点，白2做眼即可，黑3打，白4反打成净活，黑失败。

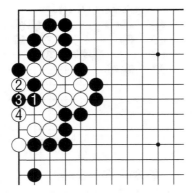

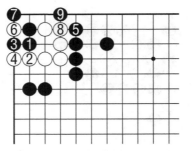

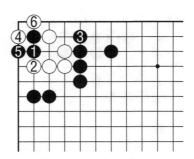

第314题失败图2：正解图中黑5如在本图1位爬则笨，白2扑、4顶，黑三子即死，更失败。

第315题正解图：黑1长、3弯先与白2、4交换是好次序，黑5立，白6扑、8团，黑9扳，白顿死。

第315题失败图1：黑3如先立则不好，白4夹是手筋，黑5拐打，白6扳仍是劫，黑失败。

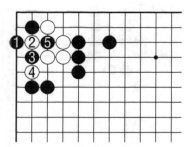

第315题失败图2： 黑1尖软弱，白2挤顽强，黑3打、5提无奈成劫，黑失败。

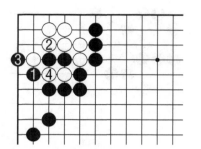

第316题正解图： 黑1扳紧凑，白2打是正着，黑3一路反打，妙手！白4提。此后，黑蕴藏严厉手段。

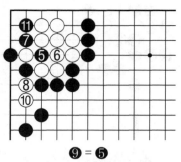

❾=❺

第316题正解图续： 黑5扑、7打毫不松懈，白8打、10长是最强反击，黑11贴，劫杀白角。

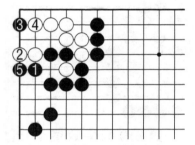

第316题变化图： 黑1扳时，白2立是错着，黑3点正中命门，白4顶，黑5贴，白被灭。

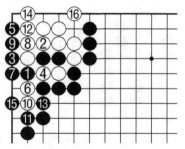

第316题失败图： 黑5如跳则弄巧成拙，白6打、8团，黑9粘，白10长至14立均为白的先手利用，再16尖，安然成活，黑失败。

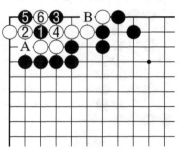

第317题正解图： 黑1夹是形之要点，白2顶，黑3尖，绝妙！白4须打，黑5做成劫。此后，A、B两点白不能兼顾，无奈劫活，此为双方最佳结果。

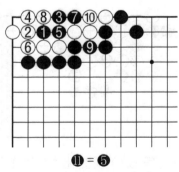

⓫=❺

第317题变化图1： 黑3尖时，白4不可立，黑5打、7弯，至11成倒脱靴，白被净杀。

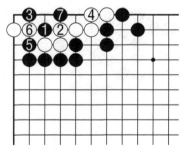

第317题变化图2： 黑1夹时，白2粘，黑3尖另一侧是好手，白4粘负隅顽抗，黑5冲、7扳，仍是劫杀。

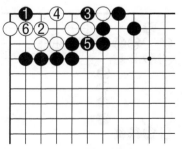

第317题失败图： 黑1点是假手筋，白2弯正好做眼，黑3提，白4做眼，黑5紧气，白6粘冷静，白成净活，黑失败。

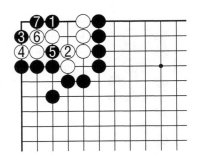

第318题正解图：黑1托是不易发现的妙手，白2粘，黑3跳入，白4冲下，黑5、7两打成劫杀，黑成功。

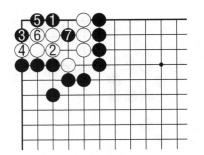

第318题变化图：黑1托时，白2如团，黑3点、5长破眼，白6只好打，黑7打，仍是劫杀。

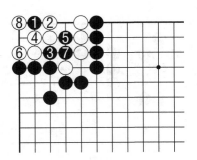

第318题失败图：黑1点似是而非，白2挡即可。黑3挤，白4粘，黑5挖时，白6挡、8提净活，黑失败。

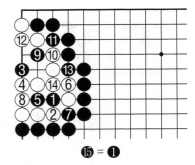

⑮=❶

第319题正解图：黑1夹是手筋，白2冲时，黑3点时机恰好，白4挡，黑5弃子绝妙，白6、8不得已，黑9尖至15扑，白两边不入气，被灭。

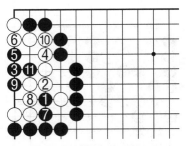

第319题变化图：黑1夹时，白2团也不行，黑3点仍是时机，白4贴，黑5并、7粘是破坏白眼位的好手，至黑11成聚杀。

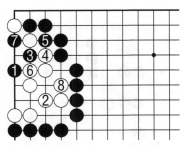

第319题失败图1：黑1单点时机嫌早，白2并是做眼的要点，黑3尖，白4冲、6打，再8做活，黑失败。

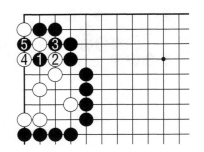

第319题失败图2：黑1二路夹过于平凡，白2冲、4打，黑5只能提劫，黑失败。

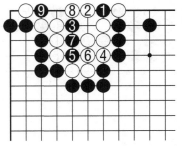

第320题正解图：黑1扑是关键之着，白2如提，黑3点入正是时机，白4欲扩大眼位，黑5打、7粘再9扑，白成直三，不活。

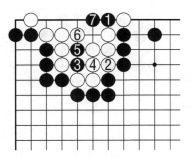

第320题变化图：黑1扑时，白2挤也不行，黑3打、5逃，白6只能提，黑7长，白仍被杀。

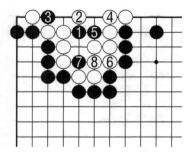

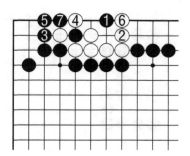

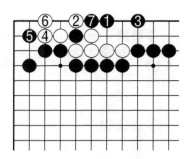

第320题失败图: 黑1靠入急躁, 白2扳左右逢源, 黑3扑, 白4简单做眼即可。黑5继续追杀, 白6、8后, 黑无计杀白, 失败。

第321题正解图: 黑1点一步到位, 白2如弯, 则黑3打、5立破眼, 白6挡, 黑7打, 白死。

第321题变化图: 黑1点时, 白2如提, 则黑3于一路跳重要, 白4、6扩大眼位, 黑7挤破眼, 白仍不活。

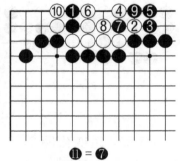

⑪=❼

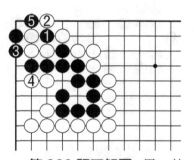

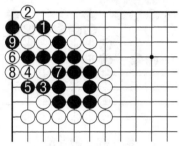

第321题失败图: 黑1立不是要点, 白2扳、4虎, 黑5立时, 白6打即可。黑7扑虽是手筋, 但白8提至黑11成劫, 黑失败。

第322题正解图: 黑1扑, 妙手! 白2是正应, 黑3渡, 白4贴, 黑5扑成劫活。

第322题变化图: 黑1扑时, 白2立抵抗不成立, 黑3冲, 白4逃, 黑5再冲, 至9扑, 白四子成接不归, 黑反成净活。

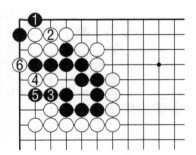

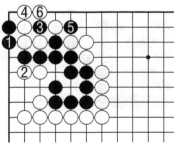

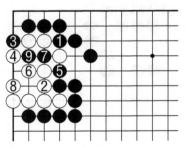

第322题失败图1: 黑1扳不是手筋, 白2粘冷静, 黑3、5连冲, 白6渡, 黑无应手, 失败。

第322题失败图2: 黑1急于渡不行, 白2贴, 只此一手, 黑3扑, 白4立避免打劫, 好手! 黑5打, 白6提, 黑失败。

第323题正解图: 黑1团是不易发现的好手, 白2粘欲扩大眼位, 黑3扳、5挤缩小眼位, 针锋相对, 白6弯, 黑7扑、9提, 白死。

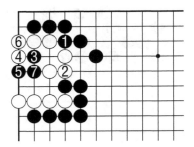

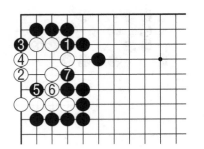

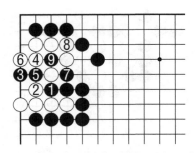

第323题变化图1：黑1团时，白2如团，则黑3夹、5打，白6粘，黑7也粘，白仍不活。

第323题变化图2：黑1团时，白2跳也不行，黑3扳、5点是好次序，白6粘，黑7挤，白顿死。

第323题失败图：黑1冲嫌俗，白2挡正好，黑3点，白4做眼，黑5断，白6挡、8团成劫，黑失败。

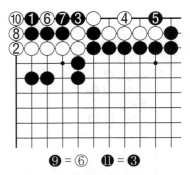

9=⑥　⑪=❸

第324题正解图：黑1立是妙手，白2立，黑3扑是手筋，白4欲做劫，黑5扳破眼，白6扑，黑7提，白8拐时，黑9粘绝妙，白10提，黑11扑，白死。

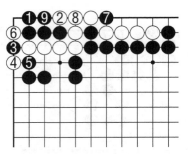

第324题变化图1：黑1立时，白2若扳，则黑3扳、5断是好手，白6提，黑7扑，白8只能粘，黑9团成聚杀，白仍不活。

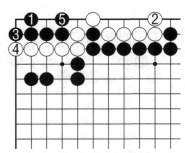

第324题变化图2：黑1立时，白2如立做眼，则黑3先手立后再5立，已两眼成活，白自然死亡。

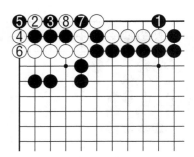

第324题失败图：黑1扳欠考虑，白2夹占据要点，黑3打、5提，白6粘即可，黑7扑，白8提成连环劫，白活，黑失败。

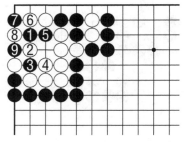

第325题正解图1：黑1点正中要害，白2虎顽强，黑3扑巧妙，白4只能拔，黑5断、7扳，白8扑，黑9提成劫杀。

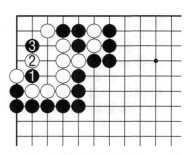

第325题正解图2：黑1先打也可，白2反打，黑3夹，还原成正解图。

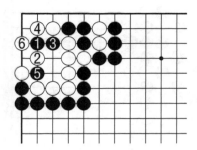

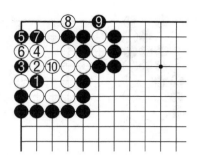

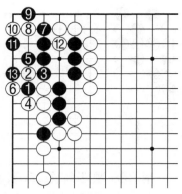

第325题失败图1：正解图1中白2虎时，黑3单断则次序有误，白4夹，黑5再扑为时已晚，白6打，轻松做活，黑失败。

第325题失败图2：正解图2中黑3如提则思维简单，白4退即可。黑5跳、7挤，白8打、10粘，净活，黑仍失败。

第326题正解图：黑1夹巧妙，白2扳、4打，黑5反打再7挡，弹性十足，白8夹、10立破眼，黑11尖，白12继续破眼，黑13扑成劫活，正确。

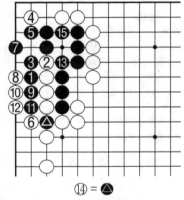

⑭ = △

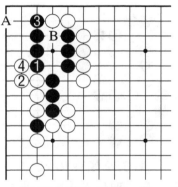

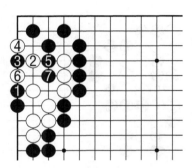

第326题变化图：黑1夹时，白若2顶、4跳破眼，黑5挡，白6提抵抗，黑7做眼，白8至12破眼，黑13打、15粘净活，白还不如前图。

第326题失败图：黑1单顶不够细腻，白2立是冷着，黑3挡，白4拐后A、B见合，黑不足两眼，被灭。

第327题正解图：黑1爬，白2跳，黑3托重要，白4打，黑5、7两冲，白死。

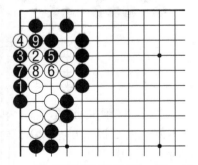

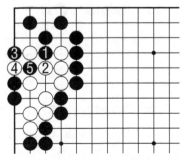

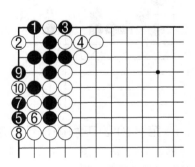

第327题变化图：黑5冲时，白6挡也不行，黑7粘、9断，白仍不活。

第327题失败图：正解图中黑3如于本图1位冲则俗，白2挡，黑3再夹时，白4扑，黑5提成劫。

第328题正解图：黑1挡，只此一手，白2点，黑3提后5点，妙手！白只得6拔，黑7渡、9虎，白10提。

181

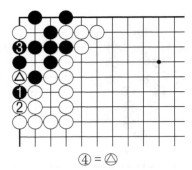

④＝△

第328题正解图续：黑1提，白2打，黑3团必然，白4提成紧劫。

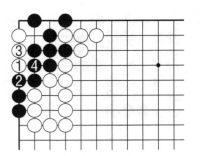

第328题变化图：正解图中白8如于本图1位点则不冷静，黑2、4粘后成双活。

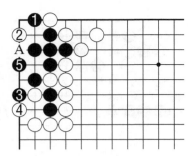

第328题失败图：正解图中黑3若于本图3位打，不好。白4打，黑5虎成两手劫，将来在A位粘才是紧劫，黑失败。

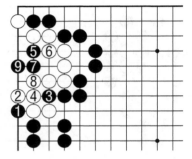

第329题正解图：黑1扳、3冲是次序，白4粘，黑5夹是手筋，白6粘，黑7长、9立，白死。

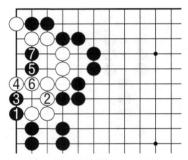

第329题变化图：黑1扳时，白2如粘也不行，黑3长，白4靠抵抗，黑5点、7顶，白顿死。

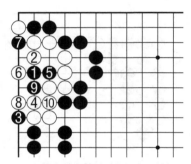

第329题失败图：黑1点入急躁，白2顶，黑3扳，白4弯好手，黑5顶，白6扳至10粘成双活，黑失败。

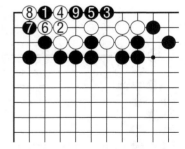

第330题正解图：黑1跳巧妙，白2弯，黑3点入犀利，白4挡，黑5爬，白6冲、8拔，黑9顶，白死。

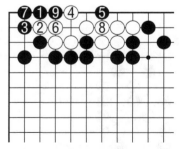

第330题变化图：黑1跳时，白2挖、4虎也无济于事，黑5点，白6粘，黑7也粘冷静，白8接，黑9吃，白依然被吃。

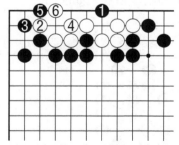

第330题失败图：黑1单点不好，白2扳、4粘，黑5再打时，白6虎成劫。

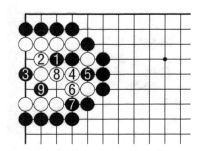

第331题正解图：黑1冲，白2粘无奈，黑3靠重要，白4打，黑5提、7挤，白8粘，黑9挖即可，白无法成活。

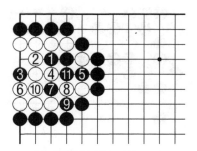

第331题变化图：黑3靠时，白4打也无用，黑5提，白6顶，黑7挖是手筋，白8打，黑9、11两打，白仍不活。

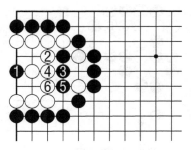

第331题失败图：黑1靠虽是手筋，但此时使用有些盲目。白2打、4贴是好棋，黑5吃，白6粘，黑无法继续。

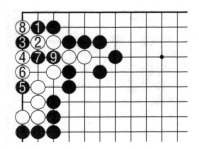

第332题正解图：黑1立是盲点，白2贴，黑3扳、5点，好棋，白6顶，黑7打、9扑，白死。

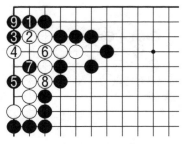

第332题变化图1：白6若粘，则黑7挤是好手，白8只得粘，黑9简单粘，白无计成活。

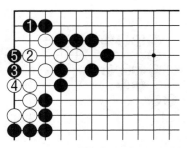

第332题变化图2：黑1立时，白2若虎，则黑3点、5爬，白顿死。

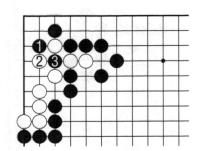

第332题失败图：黑1打嫌俗，白2虎，黑3提成劫。

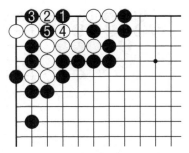

第333题正解图：黑1点是要点，白2虎，黑3扑是妙手，白4只得做劫，黑5提成劫。

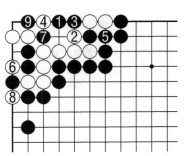

第333题变化图1：黑1点时，白2若打更差，黑3断，白4虎，黑5提，白6扑，黑7也扑，白8提无奈，黑9提，白不活。

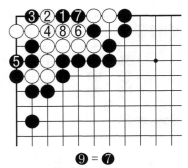

第333题变化图2：正解图中黑3扑时，白4若粘，则黑5也粘，白6打，黑7、9两扑，白死。

⑨=⑦

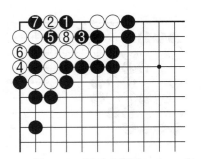

第333题失败图：白2虎时，黑3爬不是要点，白4扑，黑5再扑时，白6提，黑7提，白8打，黑无法继续。

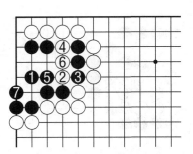

第334题正解图：黑1虎是要点，白2扳，黑3断又是好手，白4打，黑5反打、7弯即可成活。

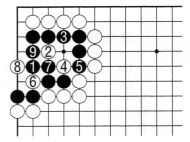

第334题变化图1：黑1虎时，白2若点也不行，黑3粘冷静，白4扳，黑5断，白6扑，黑7粘，白8扳，黑9粘成胀牯牛，黑仍活。

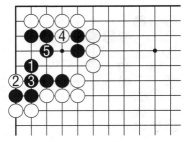

第334题变化图2：黑1虎时，白2打、4冲亦不能破眼，黑5弯沉着，即可活。

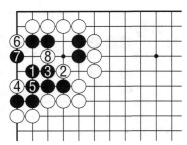

第334题失败图：正解图中白2扳时，黑3团则是错着。白4打，再6扳、8挖破眼，黑被灭，失败。

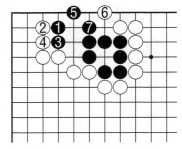

第335题正解图：黑1飞是扩大眼位的好手，白2靠必然，黑3顶，白4须粘，黑5尖，绝妙！白6尖，黑7做眼即活。

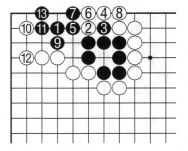

第335题变化图：黑1飞时，白2如靠入，则黑3冲、5打，白6、8不得已，黑9虎、11顶、13立，轻松做活。

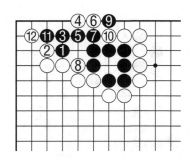

第335题失败图1：黑1跳不是要点，白2挡，黑3立时，白4大飞严厉，至白12，黑不活，失败。

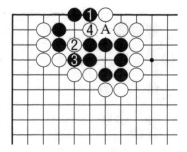

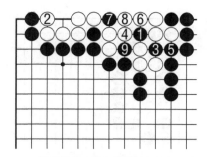

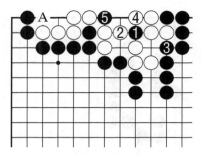

第335题失败图2：正解图中黑7不能在本图1位随手顶，如此则白2挖是好手，黑3打，白4再挖，由于黑A位不入气，黑不活，失败。

第336题正解图：黑1嵌入是奇思妙想，白2如做眼，黑3、5滚打，再7扑，然后9卡，白死。

第336题变化图：黑1嵌时，白2如打，则黑3破眼，白4提，黑5扑，由于白A位不入气，白仅存一眼，不能活。

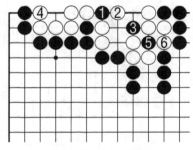

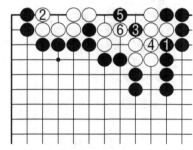

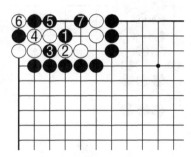

第336题失败图1：黑1急着扑，而不先做好准备，则正好凑白2提，黑3嵌入时，白4做眼即可。黑5扑，白6提，白活，黑失败。

第336题失败图2：黑1团也是利敌行为，白2做眼，黑3嵌入时，白4粘，黑5尖不行，白6吃，两眼成活，黑失败。

第337题正解图：黑1跨是急所，白2断必然，黑3断，白4粘，黑5渡，白6只能提，黑7虎，白不能活。

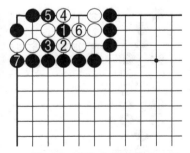

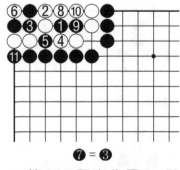

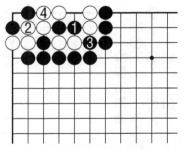

第337题变化图1：黑3断时，白4如吃也不行，黑5挤吃，白6只能提，黑7打，白仍不活。

⑦=❸

第337题变化图2：黑1跨时，白2如立，则黑3团是妙手，白4则黑5，白6提，黑7点，白8打，黑9长又是好手，白10只此一手，黑11打，白接不归。

第337题失败图：变化图1中白4吃时，黑5若在本图1位长则随手，白2粘，黑3只能提，白4打吃，成胀牯牛，白活，黑失败。

185

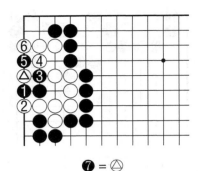

⑦ = △

第338题正解图：黑1挡，只此一手，白2挡必然，黑3吃、5提，白6打，黑7粘即成刀五聚杀。

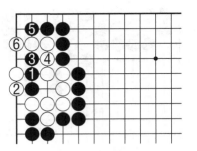

第338题失败图1：黑1先冲次序有误，白2爬占据要津，黑3顶、5挡，白6立成双活，黑失败。

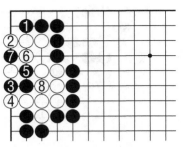

第338题失败图2：黑1挡也不是要点，白2立是好手，黑3、5时，白6打，黑7提时，白8打成胀牯牛，白活，黑失败。

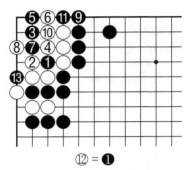

⑫ = ❶

第339题正解图：黑1断是手筋，白2打，黑3点、5立，白6阻渡，黑7挤严厉，白8扳，黑9立冷静，白10粘，黑11打、13扑，白不活。

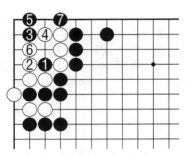

第339题变化图：黑3点时，白4如顶，则黑5立，白6顶，黑7扳渡过，白仍不活。

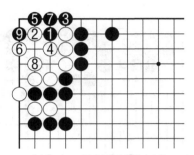

第339题失败图：黑1夹似是而非，白2反夹是好手，黑3渡无奈，白4打时，黑5只好做劫，白6倒虎有弹性，黑7粘，白8做眼，黑9扑成两手劫，黑失败。

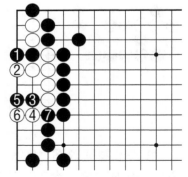

第340题正解图：黑1立是要着，白2挡，黑3夹、5立，好棋！白6挡，黑7断，白无法继续紧气，顿死。

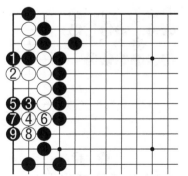

第340题变化图：黑5立时，白6粘也不行，黑7、9可爬回，白仍仅存一眼，不活。

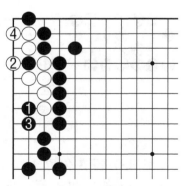

第340题失败图：黑1单夹急躁，白2单提冷静，黑3退回时，白4做成两眼，黑失败。

186

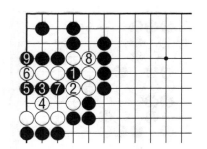

第341题正解图：黑1扑是敌要点，白2提，黑3、5、7厉，白8团眼，黑9打，白死。

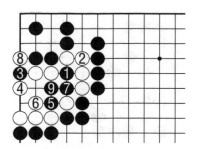

第341题变化图：黑1扑时，白2如粘，则黑3扳、5打是好次序，白6打，黑7拔，白8只能提，黑9团，白仍不活。

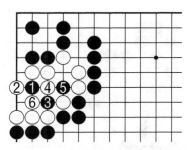

第341题失败图：黑1单夹不行，白2扳即可。黑3打时，白4反打是好手，黑5提，白6也提，两眼瞪圆，黑失败。

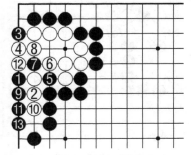

第342题正解图：黑1托，奇思妙想。白2长抵抗，黑3扳、5冲、7断，次序绝佳！白8无奈，黑9至13，白死。

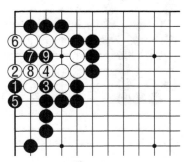

第342题变化图1：黑1托时，白2若扳，则黑3冲、5退即可。白6立，黑7点、9冲，白仍不活。

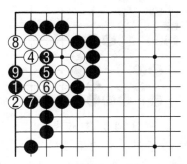

第342题变化图2：黑1托时，白2外扳也不行，黑3点、5冲，白6粘不得已，黑7打、9长，白还是不活。

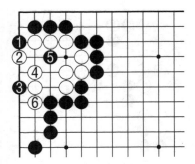

第342题失败图：黑1单扳次序错误，白2挡即可，黑3再托时，白4退是冷静的好手，黑5点，白6长，黑无计杀白，失败。

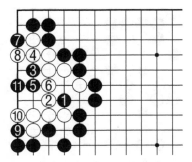

第343题正解图：黑1扳缩小白眼位是正着，白2挡必然，黑3靠不易想到，白4粘，黑5长，白6粘无奈，黑7扳、9拐，再缩小白眼位，白10挡，黑11立聚杀。

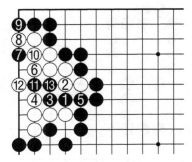

第343题变化图：黑1扳时，白2如粘，则黑3冲，白4挡无奈，黑5连回，白6虎时，黑7点、9打后11、13挖粘，白无两眼。

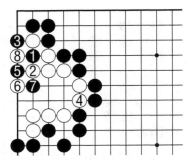

第343题失败图：黑1、3打拔头脑简单，白4挤扩大眼位，黑只好5扳、7打，白8提成劫，黑失败。

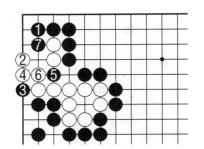

第344题正解图：黑1立冷静，白2跳虽是形，但黑3扳、5挖巧妙，白6打，黑7打，白无两眼。

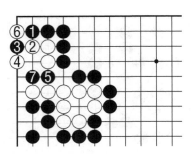

第344题变化图：黑1立时，白2如挡，则黑3扳、5打，白6只能提，黑7冲，白仍不活。

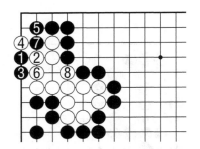

第344题失败图：黑1点是假手筋，白2顶是好手，黑3长，白4扳、6打、8团眼活出，黑失败。

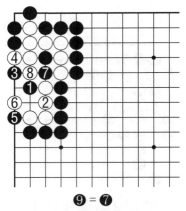

❾＝❼

第345题正解图：黑1夹一击中的，白2粘，黑3尖巧妙，白4若打，黑5扳，白6打，黑7、9连扑，白被灭。

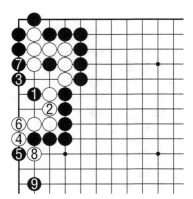

第345题变化图：黑3尖时，白4、6扳粘，黑7渡回，白8打，黑9拦，白无法出逃，仍不活。

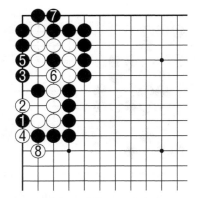

第345题失败图：正解图中黑3不可先于本图1位扳，白2打、4提，黑5、7只好连回，白8扳出逃，黑失败。

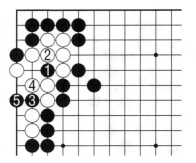

第346题正解图：黑1断是急所，白2粘，黑3、5打立，白两边不入气，被杀。

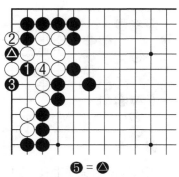

❺＝▲

第346题失败图1：黑1、3两打不行，白4反打，黑5提成劫杀，黑失败。

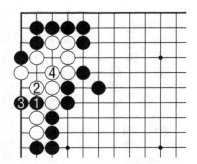

第346题失败图2： 黑1
二路断不得要领，白2打、4粘
即活，黑更失败。

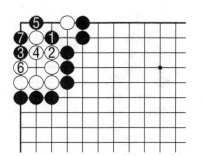

第347题正解图： 黑1尖
是要点，白2挤，黑3点巧
妙，白4粘，黑5扳、7扑，白
不活。

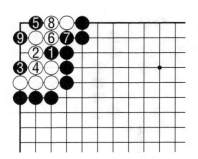

第347题失败图1： 黑1
冲、3打再5托，虽也是手筋，
但白6拐即可，黑7、9成劫
杀，失败。

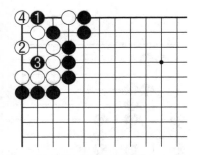

第347题失败图2： 正解
图中黑3如于本图1位扳则不
好，白2虎有弹性，黑3点杀，
白4扑劫，黑仍失败。

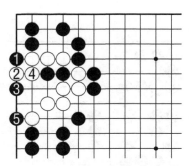

第348题正解图： 黑1扳
是不易察觉的手段，白2如打，
黑3反打正好，白4粘无奈，
黑5渡过，白无两眼，被杀。

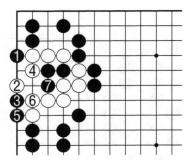

第348题变化图： 黑1扳
时，白2飞也不行，黑3靠是
神来之笔，白4打，黑5渡即
可，白6抵抗，黑7破眼，白
仍净死。途中，白4如在5位
打，黑于4位冲，白依然被歼。

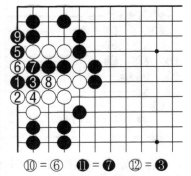

⑩=⑥　⑪=⑦　⑫=③

第348题失败图： 黑1点
入，显而易见，但并非是最好
的着点，白2虎、4粘顽强，黑
5渡，白6扑、8打，黑9粘，
白10提五子，黑11打，白12
打成劫活，黑失败。

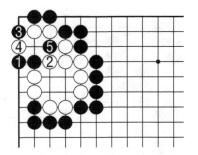

第349题正解图： 黑1立
破眼，只此一手，白2顶是正
应，黑3扳，白4扑抵抗，黑5
扑成劫杀，正解。

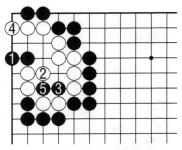

第349题变化图： 黑1立
时，白2弯不行，黑3打，白4
如立欲扩大眼位，黑5提两子，
白已无两眼。

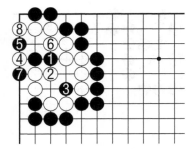

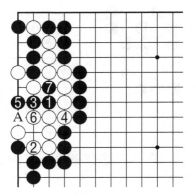

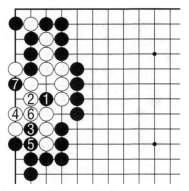

第349题失败图: 黑1先顶再3打不能破眼,白4扳即可。黑5打,白6打、8挡,黑无力杀白,失败。

第350题正解图: 黑1点正中要害,白2如打,黑3夹、5立是冷着,白6挡,黑7打成立,白因A位不入气,被歼。

第350题变化图: 黑1点时,白2打,黑3打至7扑破眼,白仍不活。

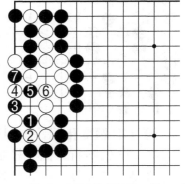

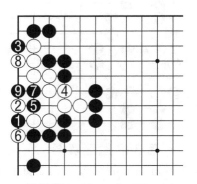

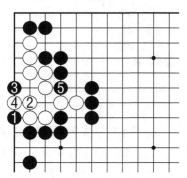

第350题失败图: 黑1直接打有勇无谋,白2打、4尖可以应付,黑5打,白6反打,黑7提成劫杀,黑失败。

第351题正解图: 黑1、3两扳缩小眼位,白4团,黑5打,白6提,黑7顶、9打,白死。

第351题变化图: 黑1扳时,白2若弯也不行,黑3点、5挤,白无法成活。

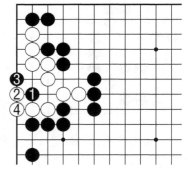

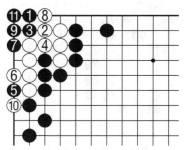

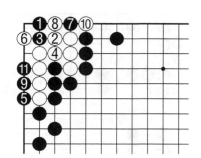

第351题失败图: 黑1夹不是要点,白2扳、4粘,黑无计杀白。

第352题正解图: 黑1点正中要津,白2弯抵抗,黑3挤,白4粘,黑5、7两扳后至11,白死。

第352题变化图1: 黑5扳时,白6若扳也不行,黑7扳、9爬重要,白10提,黑11再爬,白仍不活。

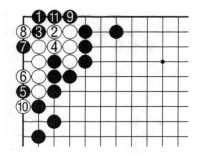

第352题变化图2：黑7扳时，白8若扑也无用，黑9扳，白10提，黑11粘，白顿死。

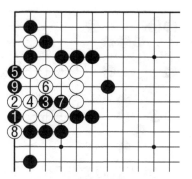

第353题正解图：黑1扳、3点次序绝佳！白4粘，黑5再扳，白6打，黑7弃子，白死。

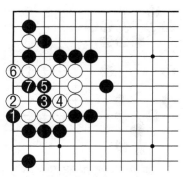

第353题变化图：黑3点时，白4如粘也徒劳，黑5顶、7冲，白仍不活。

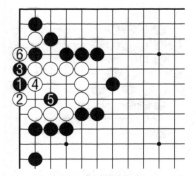

第353题失败图1：黑1点入急躁，白2尖，黑3爬回，白4挡、6提即可。

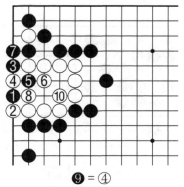

⑨ = ④

第353题失败图2：黑1点另一边也是利敌行为，白2挡，黑3渡时，白4扑是好手，黑5提，白6挡、8打后10做眼，白成活。

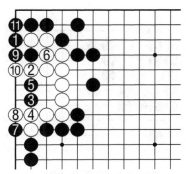

第354题正解图：黑1渡只此一手，白2夹，黑3点、5顶是好手，白6打阻渡，黑先7扳再于9位粘是次序，白10打，黑11粘，白死。

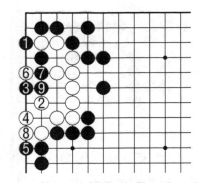

第354题变化图：黑1渡时，白2若虎，则黑3飞是急所，白4做眼，黑5立，白6靠，黑7冲、9粘，白无计成活。

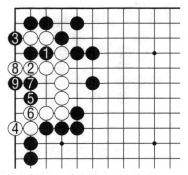

第354题失败图1：黑1提过于简单，白2打、4立正好，黑5点至9挡成万年劫，黑失败。

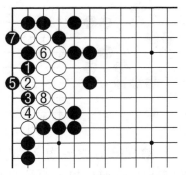

第354题失败图2：黑1爬也不行，白2挡正好，黑3夹，白4、6两粘重要，黑7渡过，白8打成劫，黑失败。

191

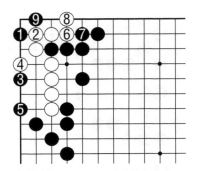

第355题正解图：黑1点入是急所，白2粘，黑3大飞、5尖，白6爬，黑7团、9扳，白顿死。

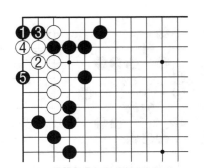

第355题变化图：黑1点时，白2若粘，则黑3断，白4挡，黑5大飞，白仍不活。

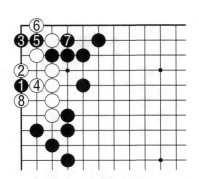

第355题失败图：黑1单飞次序有误，白2虎，黑3再点时，白4打正好，黑5断，白6扳、8提，黑无法杀白。

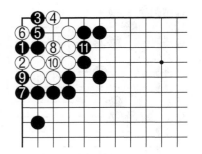

第356题正解图：黑1立是显而易见的好点，白2挡，黑3跳是好手，白4尖，黑5粘至11粘，成有眼杀无眼，白被杀。

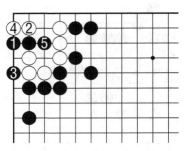

第356题变化图：黑1立时，白2若夹，则黑3扳过，白4挡，黑5顶，白仍不活。

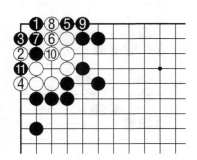

第356题失败图1：黑1单跳不行，白2扳占据要津，黑3挡，白4立，黑5扳，白6弯重要，黑7粘，白8冲、10打，黑11提成劫，黑失败。

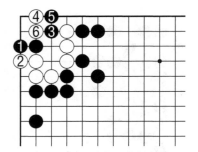

第356题失败图2：正解图中白2挡时，黑3若尖则不是要点，白4点是手筋，黑5挡，白6挤，黑无应手。

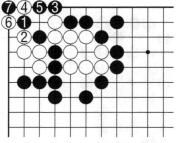

第357题正解图：黑1尖是要点，白2打时，黑3扳重要，白4夹也是好手，黑5打、7提成劫。

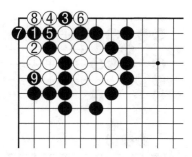

第357题变化图：黑3扳时，白4如扳则随手，黑5断、7立，白8爬，黑9挤成金鸡独立，白死。

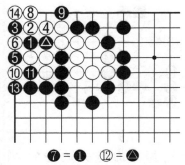

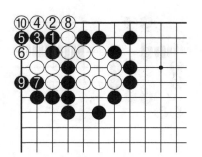

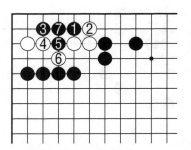

⑦=❶　⑫=△

第357题失败图1: 黑1夹过于平凡,白2夹、4打,黑5扳打,白6提至白14打,黑成接不归,白活。

第357题失败图2: 黑1夹另一边也不行,白2扳,黑3弯,白4爬、6尖,至10,黑无法杀白,失败。

第358题正解图: 黑1托是妙手,白2如拐,黑3跳再5、7挖粘,白死。

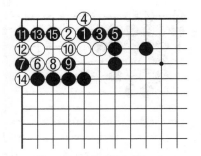

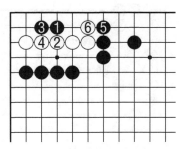

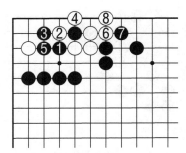

第358题变化图: 黑1托时,白2若内扳也无用。黑3爬、5粘,白6顶,黑7扳,白8贴欲扩大眼位,黑9冲、11跳是好手,白12挡,黑13打、15顶,白仍不活。

第358题失败图1: 黑1点不是要点,白简单2挡、4粘,黑5立,白6贴,黑无法杀白。

第358题失败图2: 正解图中白2拐时,黑3若于本图1位扳则错误,白2打、4提,黑5粘,白6、8两眼已成,黑失败。

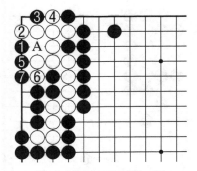

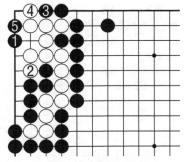

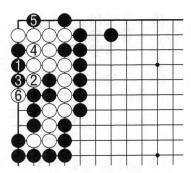

第359题正解图: 黑1、3连点是时机,白4冲打,黑5、7正好爬回,白因A位不入气,被灭。

第359题变化图: 黑1点时,白2挤欲扩大眼位也不行,黑3爬、5长,白仍眼位不足。

第359题失败图: 正解图中黑3不可直接于本图1位爬回,白2挤、4打紧凑,黑5再点已来不及,白6提是先手,此后白左右逢源,黑失败。

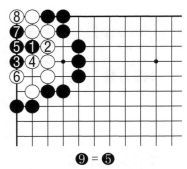

⑨ = ⑤

第360题正解图: 黑1靠、3尖巧妙,白4、6两打不得已,黑7拐是冷着,再9点,白死。

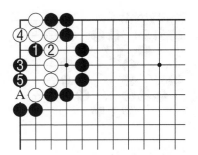

第360题变化图: 黑3尖时,白4立也无用,黑5并即渡过,白A位不入气,无法分断,仍不活。

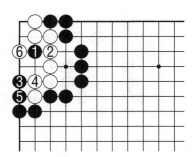

第360题失败图1: 黑3跳则嫌魄力不够,白4先手粘后再6打即可活,黑失败。

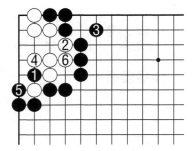

第360题失败图2: 黑1打思路简单,白2挤是先手,黑3虎补必然,白4打、6团,轻松做活,黑失败。

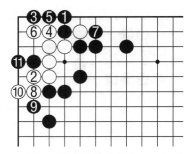

第361题正解图: 黑1立别无选择,白2如拐,黑3跳入巧妙,白4以下至10扩大眼位亦属徒劳,黑11再立,白被杀。

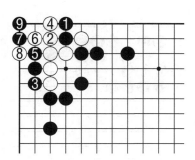

第361题变化图: 黑1立时,白2挡,黑3爬回,白4只能打,黑5爬缩小眼位,白6、8抵抗,黑9长,白无眼,仍死。

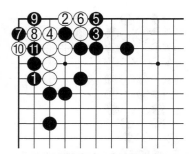

第361题失败图1: 黑1爬回平庸,白2一路打,妙手,黑3打、5立,白6团重要,黑7飞虽是破眼的手筋,但白8、10可以应付,黑11断打成劫杀,失败。

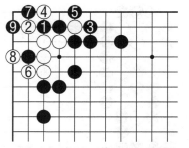

第361题失败图2: 黑1爬、3打虽易想到,但也非最佳手段。白4先手打,再6拐下,黑7扑,白8打沉着,黑9打,还是劫杀,仍失败。

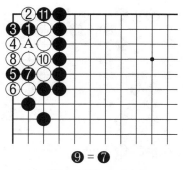

⑨ = ⑦

第362题正解图: 黑1夹、3立是破眼要点,白4尖抵抗,黑5点,再7、9连扑是杀着,白10粘虽保一眼,但黑11断打,白A位不入气,无两眼,被灭。

194

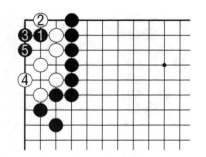

第362题变化图：黑3立时，白4若防黑点，黑5弯即成破眼要所，白仍不活。

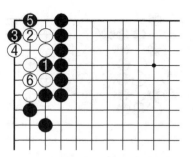

第362题失败图1：黑1打不得要领，白2弯是做眼要着，黑3托、5扳，白6粘可做另一眼，黑劫杀，失败。

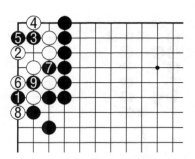

第362题失败图2：黑1打似乎顺理成章，但白2倒尖是形，黑3、5强行破眼，白6可做劫，黑7打、9提还是劫杀，仍失败。

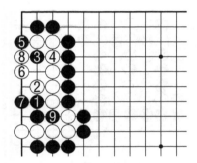

第363题正解图：黑1长是关键之着，白2若挡，黑3夹、5渡破眼，白6尖，黑7立严厉，白8做眼不得已，黑9断成金鸡独立，白被杀。

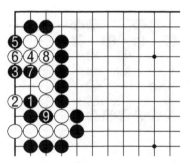

第363题变化图：黑1长时，白2如夹欲做顽强抗争，黑有3点的妙手，白4弯阻渡，黑5扳至9打一气呵成，白被全歼。

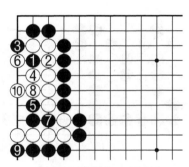

第363题失败图：黑如先1夹再3渡，则本末倒置。白4打，黑5再长，白6提可行，黑7、9虽先手吃五子，但白10弯后，活去大半，黑失败。

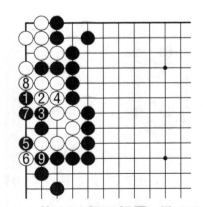

第364题正解图：黑1飞点是不易察觉的妙着，白2如贴，黑3先手挤，再5、7扳粘，白8粘，黑9断打成劫杀，此为本题正解。

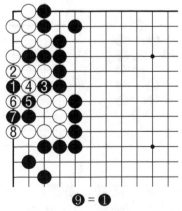

❾ = ❶

第364题变化图：黑1飞点，白2若粘，黑3冲、5打强烈，白6提，黑7打、9提成先手劫，白还不如前图。

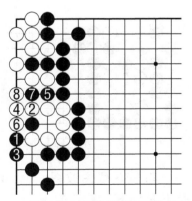

第364题失败图：黑1扳不好，白2夹正应，黑3退，白4立，黑5冲，白6吃即可，黑7打，白8忍耐成活，黑失败。

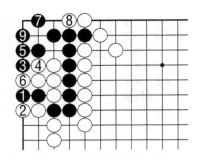

第365题正解图：黑1立试应手巧妙，白2打，黑3尖是先手，白4挤、6提，黑7、9成活。

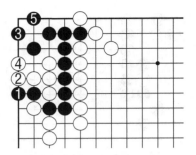

第365题变化图：黑1立时，白2打另一侧，黑3倒虎是手筋，此后白4与黑5两处必得其一，黑仍可活。

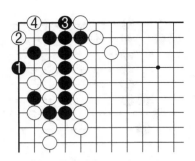

第365题失败图：黑1单尖是假手筋，白2点入，黑3打欲扩大眼位，白4尖，黑顿死。

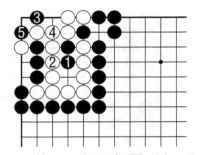

第366题正解图：黑1逃一子必然，白2打，黑3夹是妙手，白4如粘，黑5扑成劫杀，黑成功。

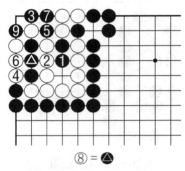

⑧ = △

第366题变化图1：黑3夹时，白4扑三子，黑5倒扑正好，白6、黑7互提，白8做眼，黑9扑，仍成劫杀。

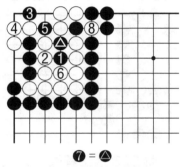

⑦ = △

第366题变化图2：黑3夹时，白4粘抵抗，黑5、7成双倒扑，白8须提，仍是劫杀。

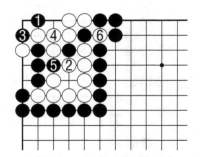

第366题失败图：黑1单夹不是时机，白2提是正应，黑3扑、5挤亦不能破眼，白6提，可倚仗双劫成活。

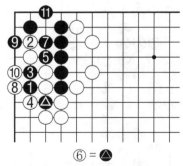

⑥ = △

第367题正解图：黑1扳试应手，绝妙！白2顶是正应，黑3、5弃子重要，再7、9先手利用后，于11位成活是正解。

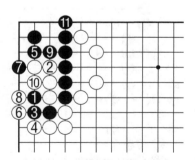

第367题变化图：黑1扳时，白2团也不能杀黑，黑3粘至9打先手定型，顺势成眼，再11立，活得更大。

196

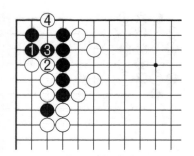

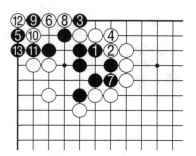

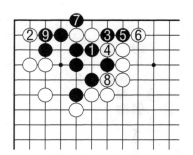

第367题失败图：黑1单顶是庸手，白2团是要点，黑3粘，白4点入，黑被灭，失败。

第368题正解图：黑1单贴朴实无华，白2如挤，黑3先手扳再5飞是妙手，白6点入是迷惑之着，黑7粘冷静，白8断打，黑9打至13粘成活。途中，白6若于7位打，黑9尖亦可活。

第368题变化图：黑1贴时，白2跳入破眼，黑3扳至7打可做眼，白8打，黑9团，安然成活。

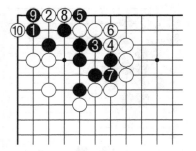

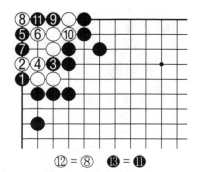

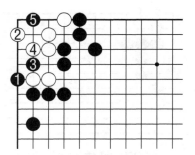

第368题失败图：黑1单虎并不是要点，白2点入严厉，黑3贴至7团已毫无意义，白8断打、10托破眼，黑不活，失败。

⑫＝⑧　⑬＝⑪

第369题正解图：黑1扳，白2如挡，黑3冲、5点步步紧逼，白6顶、8扑抵抗，黑9扑巧妙，白10粘，黑11、13后，白成盘角曲四被杀。

第369题变化图：黑1扳时，白2跳也不行，黑3扳、5点，仍可杀白。

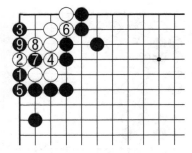

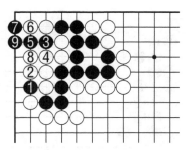

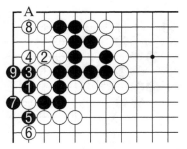

第369题失败图：白2挡时，黑3不可直接点入，白4粘是要点，黑5粘，白6团眼，黑7扑、9打成劫杀，黑失败。

第370题正解图：黑1先断是手筋，白2打是正着，黑3断打，白4打、6爬，黑7、9扳粘，擒白两子成活。

第370题变化图：黑1断时，白2若粘顽抗，黑3爬，再5、7打拔，白8须补，否则黑于A位点，白角即死。黑9立，仍可活。

197

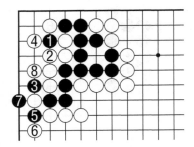

第370题失败图：黑1先断打次序有误，白2打，黑3再断已失机，白4提一子即可，黑5、7虽吃一子，白8挡，黑不活，失败。

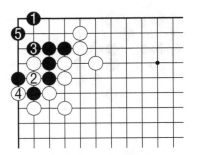

第371题正解图：黑1飞是被称为"一片飞花"的名手，白2打本分，黑3打、5倒虎，巧活。

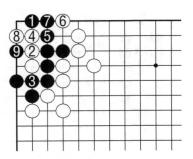

第371题变化图：黑1飞时，白2爬也不成立，黑3粘、5挡，白6尖、8立，黑9扑重要，活得更大。

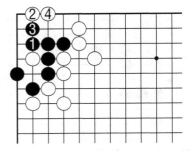

第371题失败图：黑1挡过于简单，白2大飞一步到位，黑3顶，白4退回，黑被杀，失败。

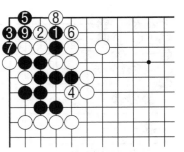

第372题正解图：黑1立、3点巧妙，白4如破眼，黑5尖、7断即可，白8提两子，黑9团眼做活。

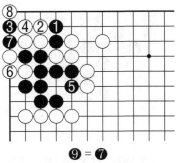

❾＝❼

第372题变化图：黑3点时，白4若团，黑5做眼，白6粘，黑7、9两扑，白接不归，仍不能杀黑。

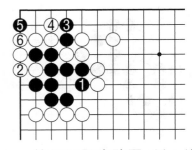

第372题失败图：黑1单做眼无用，白2粘回，黑再3立、5点，白6粘，黑无手段，不能活，失败。

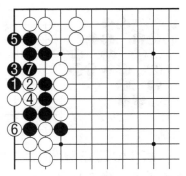

第373题正解图：黑1靠、3长是急所，白4如粘，黑5立，白6扳，黑7打成活。

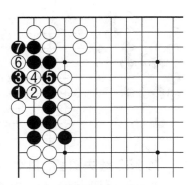

第373题变化图：黑3长时，白4打、6提，黑7正好打，白也不能杀黑。

198

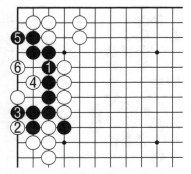

第373题失败图：黑1粘欲扩大眼位，白2扳、4尖是杀着，黑5弯，白6尖成聚杀，失败。

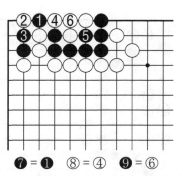

⑦=❶　⑧=④　❾=⑥

第374题正解图：黑1扳是巧手，白2如打，黑3反打是出人意料的好手，白4提，黑5打、7提是先手，白8提回，黑9打，两眼活。

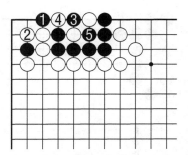

第374题变化图：黑1扳时，白2打，黑3扑、5打，白已无力杀黑。

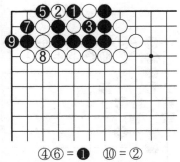

④⑥=❶　⑩=②

第374题失败图：黑1单扑、3打是假手筋，白4粘弃子，黑5提，白6点入严厉，黑7打、9立时，白10断打，黑不活，失败。

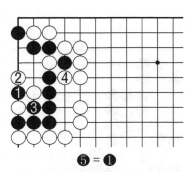

❺=❶

第375题正解图：黑1扑是妙手，白2提，黑3打冷静，白4提，黑5提成劫。

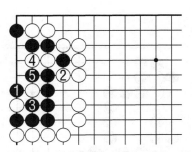

第375题变化图：黑1扑时，白2若单提，则黑3、5两提成活。

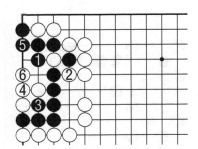

第375题失败图：黑1提过于平凡，白2打，黑3再打时，白4粘，黑5接，白6弯，黑被杀。

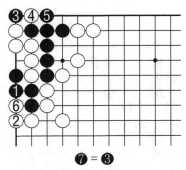

❼=❸

第376题正解图：黑1粘冷静，白2立，黑3扑、5打，白6打，黑7提成劫。

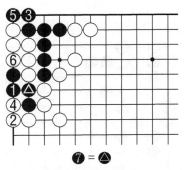

❼=▲

第376题失败图：白2立时，黑3若立则贪，白4打、6提，黑7吃。

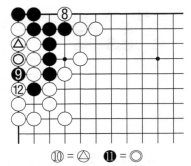

第376题失败图续： 白8扳冷静，黑9提，白10点，黑11顶，白12挤，黑顿死，失败。

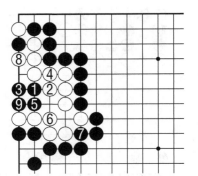

第377题正解图： 黑1靠是形，白2顶，黑3立、5顶，白6只得粘，黑7打、9团，白死。

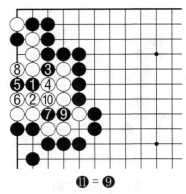

⑪ = ⑨

第377题变化图1： 黑1靠时，白2若顶，则黑3冲、5立，白6打，黑7打后9扑重要，白10提，黑11再扑，白仍不活。

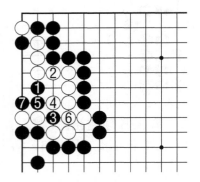

第377题变化图2： 黑1靠时，白2粘也不行，黑3断、5打是次序，白6提，黑7打，白无法成活。

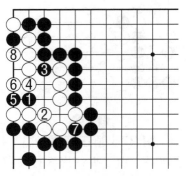

第377题失败图： 黑1夹不是要点，白2粘，黑3冲，白4退是好手，黑5立、7打，白8提做眼，黑无法继续。

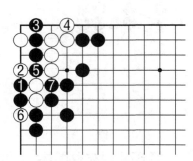

第378题正解图： 黑1爬、3立次序绝佳，白4也立，黑5断，白6提无奈，黑7断，白死。

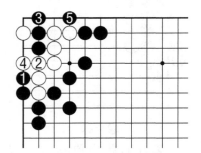

第378题变化图： 黑1爬时，白2若团，则黑3立、5扳，白仍不活。

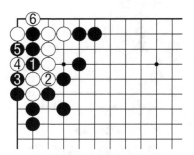

第378题失败图1： 黑1挤不是要点，白2粘，黑3爬，白4扑、6打成劫，黑失败。

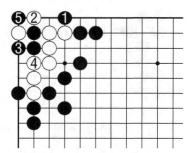

第378题失败图2： 黑1扳也不行，白2也扳，黑3打，白4打，黑5提成劫。

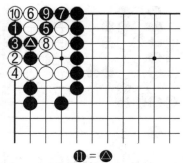

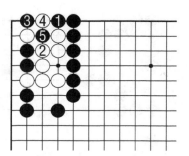

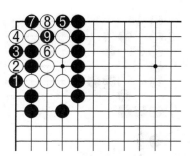

⑪=▲

第379题正解图: 黑1扳占据要津,白2扳,黑3粘、5打,白6立虽是好手,但黑7拐、9粘,白10提,黑11打成倒脱靴,白死。

第379题失败图1: 黑1拐错误,白2团,黑3只得夹做劫,失败。

第379题失败图2: 黑1渡属利敌行为,白2扑、4挡后,黑5只好拐,白6打,黑7夹破眼必然,白8扑,黑9提成劫杀,黑失败。

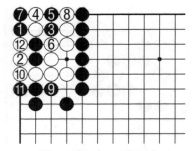

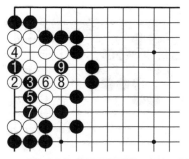

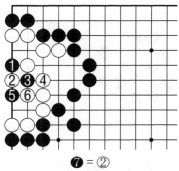

第379题失败图3: 白2扳时,黑3若打也无用,白4立、6打是好手,黑7提,白8至12活棋。

第380题正解图: 黑1托是手筋,白2打,黑3断打,白4提,黑5爬、7断,白8弯,黑9挖,白死。

⑦=②

第380题变化图1: 黑3断打时,白4若打,则黑5提,白6打时,黑7粘冷静,白顿死。

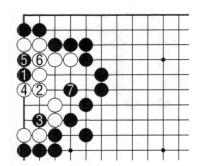

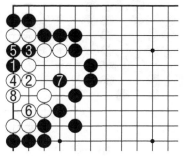

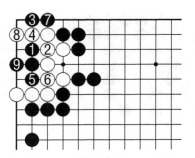

第380题变化图2: 黑1托时,白2若退,则黑3断是好手,白4打,黑5打、7尖,白仍不活。

第380题失败图: 白2退时,黑3若扑则随手,白简单4打、6团,黑7尖,白8做眼成活,黑失败。

第381题正解图: 黑1长、3点是妙手,白4若冲,则黑5顶、7爬回,白8立,黑9也立,白死。

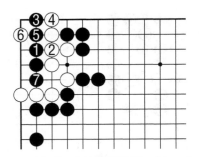

第381题变化图：黑3点时，白4若挡也不行，黑5粘，白6点，做顽强抵抗属徒劳，黑7顶后，白仍被灭。

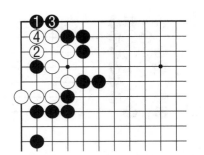

第381题失败图1：黑1单点急躁，白2虎、4团，黑无法杀白。

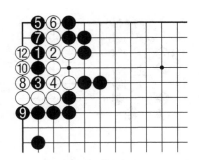

第381题失败图2：正解图中白2粘时，黑3若顶则次序有误，白4粘，黑5立，白6挡，黑7粘，白8拐，黑9挡，白10、12连爬，黑反被杀，失败。

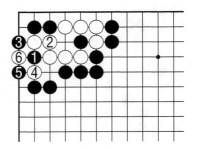

第382题正解图：黑1挤是妙手，白2只好粘，黑3渡、5打成劫。

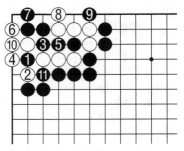

第382题变化图：黑1挤时，白若2吃，则黑3打、5粘是好手，至11打成金鸡独立，白死。

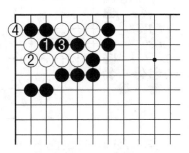

第382题失败图：黑1从里面单挤则莽撞，白2粘，黑3若连，白4扳，黑差一气被杀。

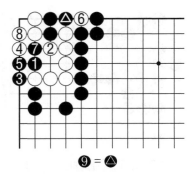

⑨ = ▲

第383题正解图：黑1夹是破眼要点，白2如吃，则黑3渡，白4尖、6提也无用，黑7打、9提，白无两眼，被灭。

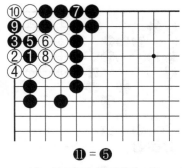

⑪ = ⑤

第383题变化图：黑1夹时，白2一路扳，黑3打、5粘是重要次序，白6、8两打，黑9、11成倒脱靴，白仍不活。

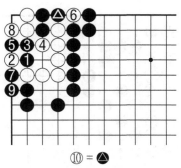

⑩ = ▲

第383题失败图：黑3先顶是俗手，白顺势4打、6提，黑7提，白8挡先手成眼，再10粘，净活，黑失败。

202

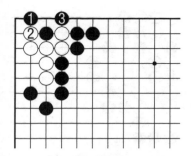

第384题正解图: 黑1尖,妙手!白2打是正应,黑3渡成劫杀,此为本题正解。

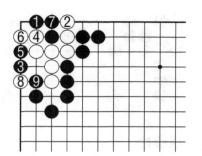

第384题变化图: 黑1尖时,白2如立,黑3飞严厉,白4打,黑5爬、7粘破眼,白8打,黑9冲吃,白净死。

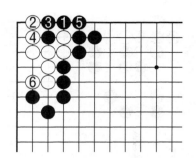

第384题失败图: 黑1单渡,白2跳是手筋,黑3粘,白4先手打再6挡可活,黑失败。

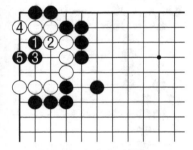

第385题正解图: 黑1夹是突破常规的好手,白2粘,黑3长一击致命,白4立,黑5弯,白被聚杀。

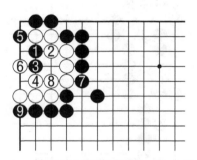

第385题变化图: 黑3长时,白4若顶,黑5渡,白6扳,黑7、9两贴紧气,白不入气,被杀。

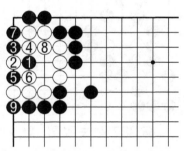

第385题失败图: 黑1点方拘泥于常形,白2托顽强,黑3、5吃一子,白6打,黑7渡、9打成劫杀,黑失败。

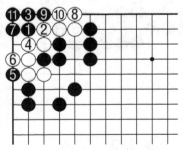

第386题正解图: 黑1点正中要害,白2如粘,黑3立,白4再粘,黑5扳至11团,白被聚杀。

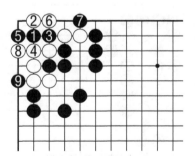

第386题变化图: 黑1点时,白2托也徒劳,黑3打、5立弃子,白6渡,黑7、9两扳,白无两眼,被杀。

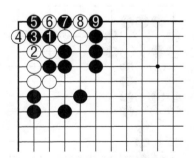

第386题失败图1: 黑1打、3贴俗手。白4扳、6扑做劫,至黑9打成劫杀,黑失败。

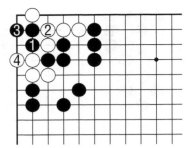

第386题失败图2：正解图中黑3如于本图1位打则是错着，白2粘、4立，黑不够气，失败。

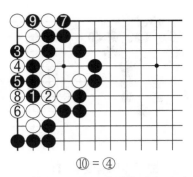

⑩=④

第387题正解图：黑1顶、3扳正确，白4扑必要，黑5提，白6立、8打，黑9提劫，白10提四子并不能净活。

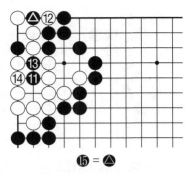

⑮=▲

第387题正解图续：黑11点再生枝节，白12提劫，黑13断、15提成劫杀，此为正解。

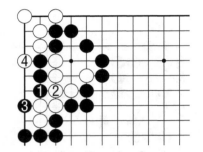

第387题失败图：黑3扳另一侧是错觉，白4简单一扳，黑无应手，失败。

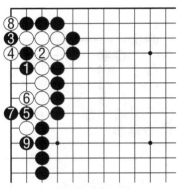

第388题正解图：黑1爬是此际的必争点，白2粘，黑3渡，白4扑是最强抵抗，黑5断绝妙，白6打、黑7立、9打，白眼位不足，被杀。

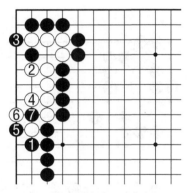

第388题失败图1：黑1挡不得要领，白2挡抢占要点，黑3打，白4、6做劫，黑7提成劫杀，黑失败。

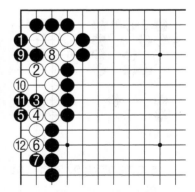

第388题失败图2：黑1打也不好，白2挡，黑3点入无济于事，白4粘，黑5扳，白6长至12弯巧做双活，黑失败。

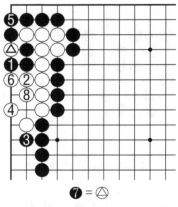

❼=▲

第388题失败图3：正解图中黑5不可于本图1位提，白2挡、4虎已据眼位，黑5粘，白6先手打，再8做眼，黑仍失败。

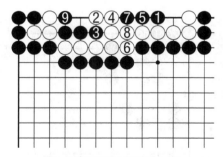

第389题正解图：黑1点手段最为严酷，白2如尖，黑3挤、5夹紧追不舍，白6欲扩大眼位，黑7顶、9提三子，白被灭。

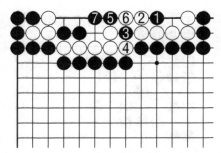

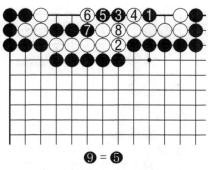

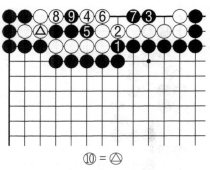

第389题变化图1：黑1点时，白2拐，黑有3挖、5打的手筋，白6提，黑7退回，白无眼，仍不活。

⑨＝⑤

第389题变化图2：黑1点时，白2如单挤，黑3点入是要点，白4断，黑5爬、7断再9扑是连环杀着，白死。

⑩＝△

第389题失败图：黑1团缩小眼位，俗手！白2粘，黑3再点，白4尖正好，黑5挤，白6粘，黑7若一意孤行破眼，白8、10后成倒脱靴，白活，黑失败。

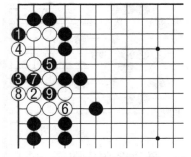

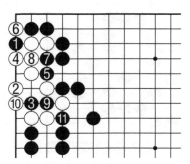

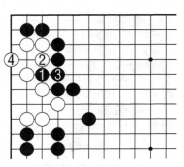

第390题正解图：黑1扳，白2做眼是正应，黑3点是急所，白4挡，黑5挤正在形上，白6团，黑7打、9提成劫杀，正解。

第390题变化图：黑1扳时，白2倒虎不佳，黑3点入严厉，白4打，黑5挤、7团，白8粘，黑9打、11卡打，白眼被灭，净死。

第390题失败图1：黑1单挤时机不成熟，白2打、4做眼即可净活，黑失败。

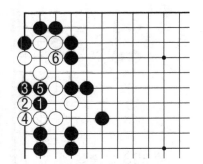

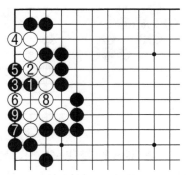

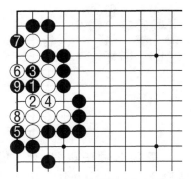

第390题失败图2：正解图中黑3如于本图1位点嫌急躁，白2、4扳粘足以应付，黑5粘，白6成活，黑大损。

第391题正解图：黑1夹是要点，白2粘，黑3立、5拐，白6尖，黑7拐冷静，白8粘，黑9打，白死。

第391题变化图：黑1夹时，白2若顶也不行，黑3打、5拐至9破眼，白仍不活。

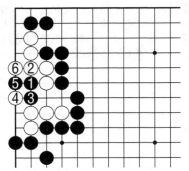

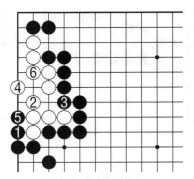

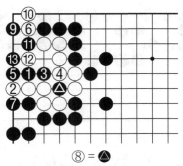

第391题失败图1：白2粘时，黑3若顶则不好，白简单4扳、6打，黑无法杀白，失败。

第391题失败图2：黑1拐不是要点，白2弯，黑3团、5爬，白6粘即活，黑失败。

第392题正解图：黑1夹是手筋，白2立，黑3冲、5贴，白6扳，黑7打后9夹是妙手，白10立阻渡，黑11断、13打成劫。

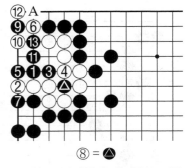

⑧ = ▲

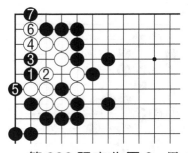

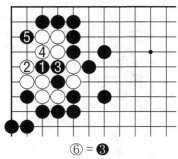

⑥ = ❸

第392题变化图1：黑9夹时，白10如打则随手，黑11弯是冷着，白12如提，黑13断成金鸡独立，白被歼。途中，白12如于13位粘，则黑A位渡，白仍死。

第392题变化图2：黑1夹时，白2若挡，则黑3长、5渡，白仍不活。

第392题失败图：黑1扳是利敌行为，白简单2拐、4提，黑5扳，白6做眼，黑无法杀白。

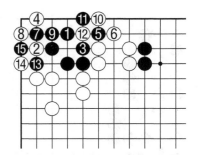

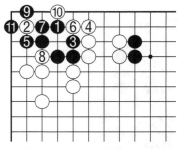

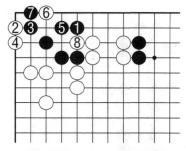

第393题正解图：黑1虎是形之要点，白2托，黑3贴是好手，白4跳虽是妙手，但黑5扳后7、9挖粘绝妙！白10打、12提，黑13、15成连环劫，黑活。

第393题变化图：黑1虎时，白2若点也无济于事，黑3贴、5挡，白只得6、8两挤破眼，黑9打、11提，成活。

第393题失败图：黑1跳不是要点，白2飞、4退，黑5并，白再6点、8冲，黑顿死。

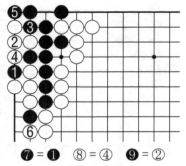

⑦ = ❶ ⑧ = ④ ⑨ = ②

第394题正解图： 黑1扑、3打是手筋，白4提，黑5打至9做眼，黑两眼成活。

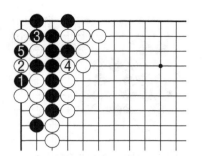

第394题变化图： 黑3打时，白若于本图4位打紧气也徒劳，黑5拔，白无法继续。

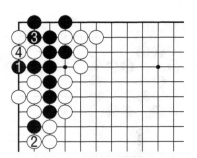

第394题失败图： 黑1立太过平凡，白简单2打、4粘，黑顿死。

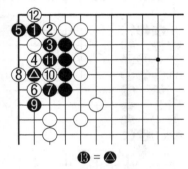

⑬ = △

第395题正解图： 黑1靠是妙手，白2顶必然，黑3断、5立，白6夹是好手，黑7顶至黑13提成劫。

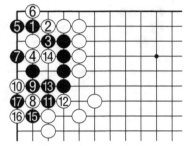

第395题变化图1： 黑5立时，白6如扳，则黑7也扳，白8尖、10扳，黑11挤扩大眼位，白12挤、14拐，黑15打，白16反打，虽也是劫，但白若劫败损失太大，不及正解图。

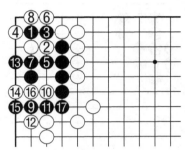

第395题变化图2： 黑1靠时，白2若顶，则黑3断，白4扳、6打、8提，虽吃两子，但黑9跳至17粘，成为双活。

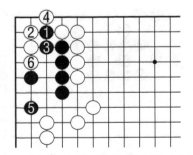

第395题失败图： 黑1扳不得要领，白2夹巧妙，黑3粘、5跳，白6顶，黑无计成活，失败。

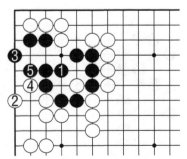

第396题正解图： 黑1弯是愚形妙手，白2跳虽是手筋，但黑3尖又是妙手，白4虎，黑5挡成活。

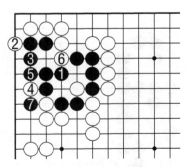

第396题变化图： 黑1弯时，白2若扳，则黑3弯，白4再扳，黑5团，白6只得破眼，黑7打，黑活得更大。

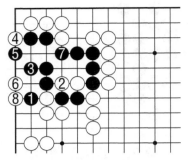

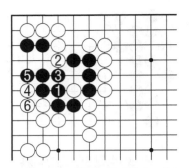

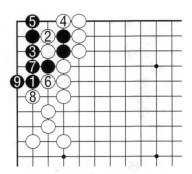

第396题失败图1：黑1扳错误，白2吃，黑3弯，白4扳、6点是次序，黑7挡，白8爬，黑无法成活，失败。

第396题失败图2：黑1打也不行，白2冲，黑3只得团，白简单4、6扳粘，黑被杀。

第397题正解图：黑1尖是手筋，白2若吃，则黑3打、5立，白6打，黑7粘，白8挡，黑9立即可。

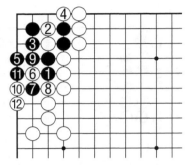

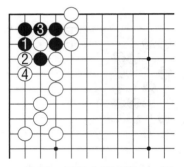

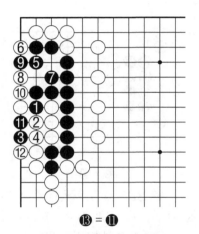

⑬ = ⑪

第397题失败图1：黑1长不是要点，白2吃，黑3打、5虎，白6夹是手筋，黑7扳，白8打后再10打、12退，黑顿死。

第397题失败图2：黑1打也不行，白简单2打、4退，黑仍被杀。

第398题正解图：黑1冲、3点是好手，白4只得粘，黑5弯，白6若扳继续硬吃，则黑7团冷静，至黑13，白无法继续杀黑。

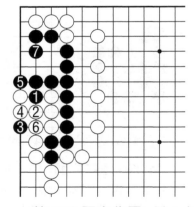

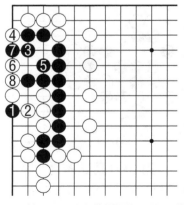

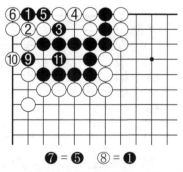

❼ = ❺   ⑧ = ❶

第398题变化图：黑3点时，白4如粘，则黑简单5打、7弯成活。

第398题失败图：黑1靠似是而非，白2顶，黑3弯时，白4扳、6点，黑7挡，白8粘，黑无法成活，失败。

第399题正解图：黑1点试应手敏锐，白2粘二·2是正着，黑3挤是相关联的手段，白4粘是最强手，黑5、7连扑，再9、11做成劫活，此为正解。

208

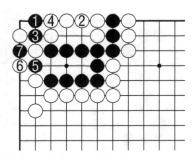

第399题变化图1：黑1点时，白2若粘两子，黑3断是手筋，白4打，黑5顺势打，白6做劫，黑7提，仍是劫活。

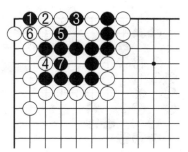

第399题变化图2：黑1点时，白2团不好，黑3扑成立，白4挖，黑5打是先手，再7打，活得更大。

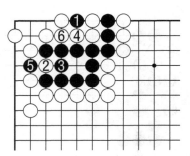

第399题失败图：黑1扑思路简单，白2挖巧妙，黑3打做眼，白4正好提，黑6位不入气，只能于5位提，白6粘自身成活，黑被灭，失败。

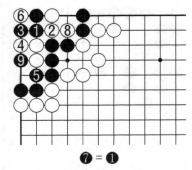

⑦=①

第400题正解图：黑1顶是唯一的选择，白2断是最佳应手，黑3立是鬼手，白4打，黑5反打、7点入，白8只好断，黑9扑成劫活。

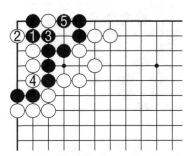

第400题变化图：黑1顶时，白2扳不行，黑3粘，白4只能断吃两子，黑5提即做活。

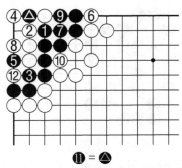

⑪=△

第400题失败图：黑1打不是要点，白2打严厉，黑3粘，白4提，黑5只好扳，至白12提成双劫，黑被杀。

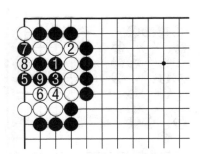

第401题正解图：黑1挤是好手，白2粘，黑3弯、5虎是好手，白6团，黑7扑、9粘，白死。

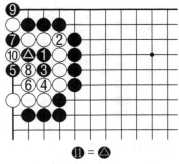

⑪=△

第401题变化图：黑7扑时，白8如打也不行，黑9、11两提，白仍不活。

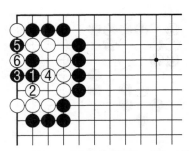

第401题失败图：黑1并错误，白2顶，黑3弯虽是好手，但白4顶后，黑只好于5位扑劫，黑失败。

209

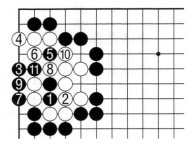

第 402 题正解图：黑 1 打必然，白 2 粘，黑 3 点，妙手！白 4 立，黑 5、7 两扳是次序，白 8 提，黑 9 粘、11 挤，白死。

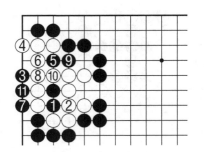

第 402 题变化图 1：黑 7 扳时，白 8 若粘，则黑 9 粘，白 10 提，黑 11 再粘，白仍不活。

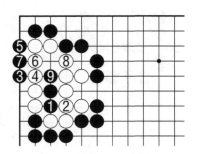

第 402 题变化图 2：黑 3 点时，白 4 若挡，则黑 5 扳，白 6 只能粘，黑 7 粘即可，白 8 顶，黑 9 长，白还是不活。

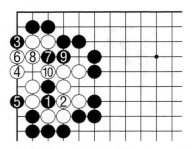

第 402 题失败图：黑 3 若扳则失机，白 4 尖占据要点，黑 5 扳，白 6 打，黑 7 打、9 粘无济于事，白 10 提，两眼成活，黑失败。

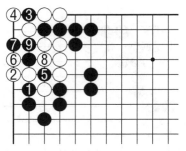

第 403 题正解图：黑 1 挤是常用手筋，白 2 立，黑 3、5 连扑是好手，白 6 拐，黑 7 打、9 粘，白死。

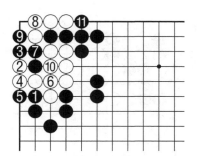

第 403 题变化图：黑 1 挤时，白 2 如扳，则黑 3、5 两打，白 6 粘，黑 7 也粘，白 8 粘，黑 9 拐，多送一子是要领，白 10 打，黑 11 反打成倒脱靴，白死。

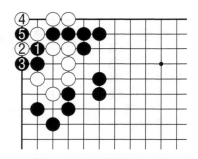

第 403 题失败图：黑 1 断不得要领，白 2 扳，黑 3 打时，白 4 做劫顽强，黑 5 提成劫，黑失败。

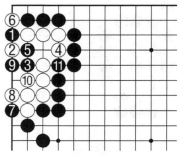

第 404 题正解图：黑 1 扳，简单实用。白 2 打，黑 3 靠是手筋，白 4 扩大眼位，黑 5 断打，白 6 须提，黑 7 扳，然后再 9 打、11 挤成劫。

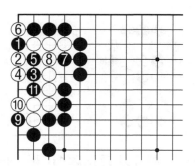

第 404 题变化图 1：黑 3 靠时，白 4 若夹，则黑 5 打、7 冲后 9 扳，白 10 挡，黑 11 长，白仍不活。

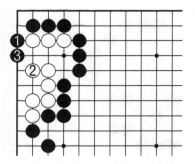

第404题变化图2： 黑1扳时，白2若弯，则黑3长，白死。

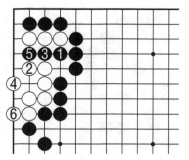

第404题失败图： 黑1冲头脑简单，白2弯是形之要点，黑3、5连冲，白弃三子于4、6位做眼成活，黑失败。

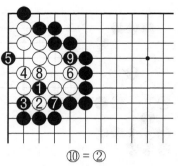

⑩＝②

第405题正解图： 黑1空挖，妙手！白2打，黑3反打，白4退冷静，黑5点，只此一手，白6弯做眼是要领，黑7提、9打，白10成劫。

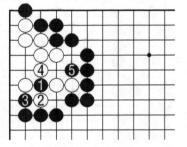

第405题变化图1： 黑3打时，白4提则随手，黑5简单冲，白无两眼，被灭。

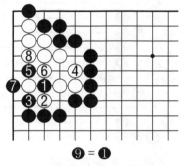

⑨＝❶

第405题变化图2： 黑3打时，白4若弯则错误，黑5打、7渡，白8打，黑9提，虽仍是劫，但此为白后手劫，白损。

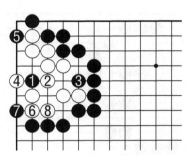

第405题失败图： 黑1靠急躁，白2挡，黑3冲，白4打，黑5扳，白6顶、8弯做眼，黑无计杀白。

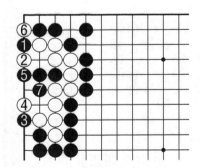

第406题正解图： 黑1、3两扳缩小眼位虽简单，也须次序正确，白4打、6提，黑5、7做成聚杀，白死。

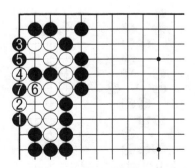

第406题失败图1： 黑如本图1、3扳则次序错误，白4托，绝妙！黑5打，白6反打，黑7提成劫，黑失败。

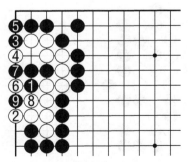

第406题失败图2： 黑1拐欲速则不达，白2扩大眼位，好手！黑3扳，白4挡，黑5粘、7打，白6、8后，黑9提成劫，黑失败。

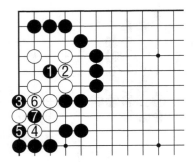

第407题正解图：黑1点是眼形要点，白2粘，黑3靠是好手，白4虎，黑5打时，白6只得反打，黑7提成劫。

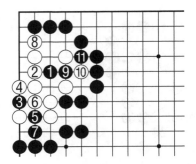

第407题变化图：黑1点时，白2若粘二路，黑3靠仍是要点，白4如挡，黑5、7打粘，白8顶，黑9冲、11打，白死。

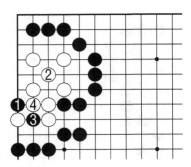

第407题失败图1：黑1先靠次序错误，白2做眼，黑3打，白4打即活，黑失败。

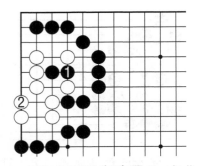

第407题失败图2：变化图中黑3也不能急于在本图1位冲连回一子，如此，白2并，黑无法破白眼，失败。

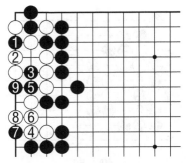

第408题正解图：黑1扑是要着，白2提，黑3挖破眼，白4挡扩大眼位，黑5断，白6只能粘，黑7扳，白8挡时，黑9拐，白死。

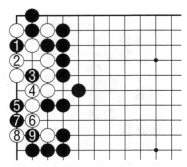

第408题变化图：黑3挖时，白4若粘，则黑5夹是手筋，白6长，黑7爬，白8打，黑9断打，白仍不活。

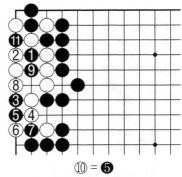

⑩=❺

第408题失败图1：黑1打错误，白2反打做劫机敏，黑3夹时，白4长，黑5爬、7断，白8提、10粘，黑11提成劫，黑失败。

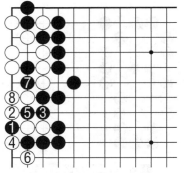

第408题失败图2：正解图中黑5若在本图1位直接扳则准备不足，白2打，黑3打时，白4提，黑5打，因有打二还一的手段，白6可扳出，黑7打，白8粘，黑失败。

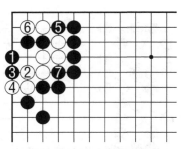

第409题正解图：黑1尖是手筋，白2粘，黑3爬、5断，白6贴，黑7紧气，白不入气，顿死。

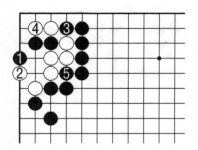

第409题变化图：黑1尖时，白2虎抵抗也无济于事，黑3断、5团，白还是不活。

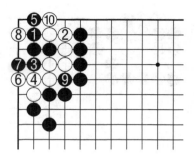

第409题失败图：黑1拐，俗手！白2粘，黑3冲、5立，白6立是冷静的好手，黑7挡，白8点，黑9紧气，白10挡，黑气不够，失败。

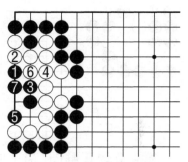

第410题正解图：黑1点，奇着！白2粘，黑3贴、5尖，白6打，黑7粘，巧做一眼，成有眼杀无眼，白死。

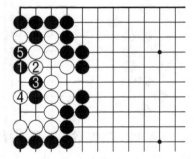

第410题变化图：黑1点时，白2若弯，黑3仍是要点，白4托，黑5提，白还是不活。

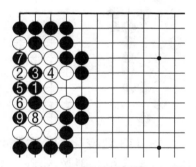

第410题失败图1：黑1单贴思虑不周，白2占据要点，黑3挤、5打，白6扑、8打是好手，黑9提成劫，黑失败。

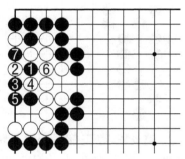

第410题失败图2：黑1夹也不行，白2扳，黑3打，白4反打是好手，黑5粘，白6提，黑7提成劫杀。

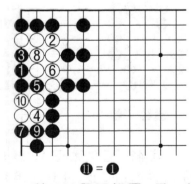

⑪＝❶

第411题正解图：黑1爬巧妙，白2团抵抗，黑3顶，白4团扩大眼位，欲做成双活，黑5打是手筋，白6粘、8打，黑9反打，好手！白10虽提四子，但黑11托，白不活。

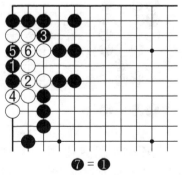

⑦＝❶

第411题变化图：黑1爬时，白2若粘，则黑3挤，白4打，黑5打、7点，白仍不活。

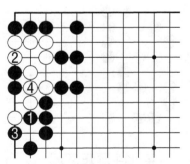

第411题失败图：正解图中黑3如在本图1位挤则不是要点，白2顶占据要点，黑3打，白4反打即安然成活，黑失败。

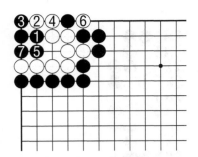

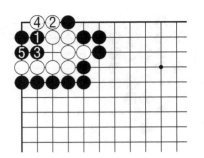

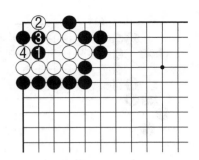

第412题正解图：黑1顶巧妙，白2扳，黑3打、5顶，白6只能提，黑7团成刀把五聚杀。

第412题变化图：黑1顶时，白2如挡，则黑3顶，白4拐，黑5团，还是聚杀。

第412题失败图：黑1尖不得要领，白2尖是手筋，黑3团，白4挤成双活，白失败。

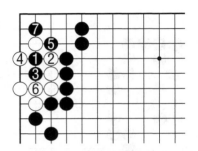

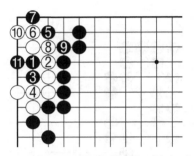

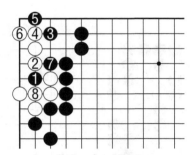

第413题正解图：黑1跨只此一手，白2冲，黑3冲，白4扳，黑5、7连打，白死。

第413题变化图：黑3冲时，白4若粘，则黑5跳，白6爬，黑7扳必然，白8团时，黑9挡，此后白10与黑11见合，白无两眼。

第413题失败图：黑1靠似是而非，白2顶即可，黑3跳、5扳时，白6立，黑7打，白8粘即成两眼，黑失败。

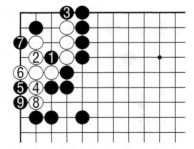

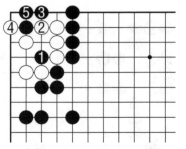

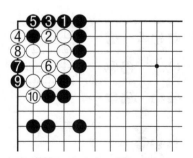

第414题正解图：黑1断犀利，白2粘，黑3拐，白4拐，黑5托是常用手筋，白6打，黑7扳正是时机，至黑9，白死。

第414题变化图：黑1断时，白2如顶，则黑3扳过，白4打，黑5粘，白仅存一眼，仍不活。

第414题失败图1：黑1拐无谋，白2顶、4打，黑5粘，白6做眼冷静，黑7点、9爬，白10拐，黑失败。

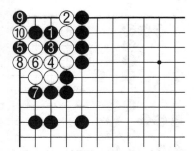

第414题失败图2： 黑1顶算路不深，白2阻渡即可，黑3则白4，黑5打、7挡，白8打，黑9尖虽是手筋，但白10提成劫，黑失败。

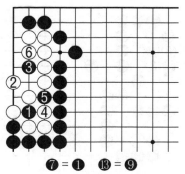

⑦＝❶ ⑬＝⑨

第415题正解图： 黑1扑是常用手筋，白2若尖，黑3点、5打，白6团，黑7提，白死。

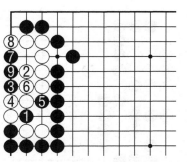

第415题变化图： 黑1扑时，白2若虎，则黑3点，白4粘，黑5打、7点，白8挡，黑9粘，白仍不活。

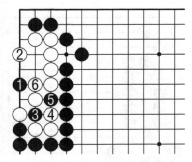

第415题失败图： 黑1点欲速则不达，白2倒虎，好棋！黑3扑、5打，白6粘冷静，白活，黑失败。

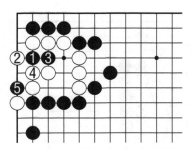

第416题正解图： 黑1夹是显而易见的要点，白2扳，黑3冲巧妙，白4只能打，黑5扑，白被灭。

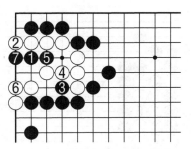

第416题变化图： 黑1夹时，白2如立，黑3、5两冲破眼，白6粘，黑7贴，白仍死。

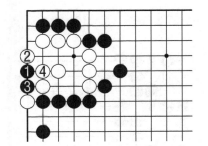

第416题失败图1： 黑1点是假手筋，白2尖可以应付，黑3扑，白4提即活，黑失败。

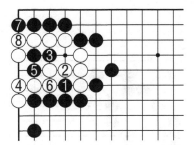

第416题失败图2： 正解图中黑3不可于本图1位冲破眼，白2挡，黑3冲，白4粘，黑5挤、7立，白8粘巧做双活，黑失败。

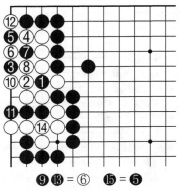

⑨⑬＝⑥ ⑮＝⑤

第417题正解图： 黑1扑一击中的，白2如提，黑3大飞破眼，白4挡、6扑做最强抵抗，黑7提、9粘，再11挡破眼严厉，白12提四子，黑13点入，白14打，黑15断吃，白净死。

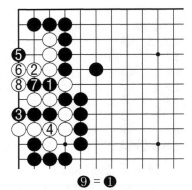

⑨ = ❶

第417题变化图：黑1扑时，白2弯也不行，黑3贴，白4打，黑5飞是破眼要点，白6挡，黑7、9连扑，白仍不活。

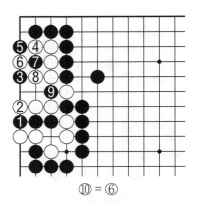

⑩ = ⑥

第417题失败图1：黑1先贴次序有误，白2打，黑3仍大飞，白4挡，再6扑、8打顽强，黑9扑，白10提劫活，黑失败。

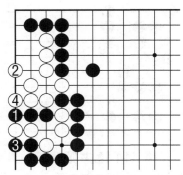

第417题失败图2：正解图中黑3如于本图1位挡则心急，白2倒虎重要，黑3吃，白4打即可活，黑失败。

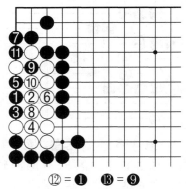

⑫ = ❶　⑬ = ⑨

第418题正解图：黑1一路点是急所，白2尖顶，黑3打、5顶又是强手，白6粘，黑7立、9扑井然有序，至13提，劫杀成功。

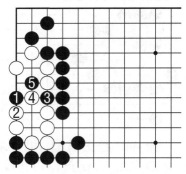

第418题变化图：黑1点时，白2如顶，黑3、5冲打，白被双吃，反成净死。

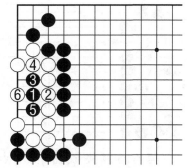

第418题失败图：黑1点中间似是而非，白2粘，黑3、5两冲，白6夹巧成双活，黑失败。

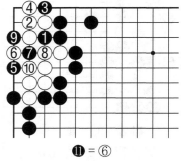

⑪ = ⑥

第419题正解图：黑1挤、3扳是好次序，白4打，黑5点入，一步到位。白6尖，黑7打反击，白8、10打，黑11粘成金鸡独立，白被歼。

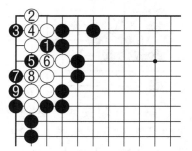

第419题变化图1：黑1挤时，白2如虎，黑3先手点，再5扳、7尖是巧手，白8打，黑9反打，白仍无两眼，不活。

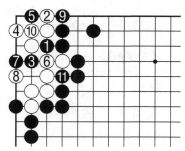

第419题变化图2：黑1挤时，白2立也无用，黑3扳白4虎，黑5点、7立，白8尖顶，黑9打、11挤，白仍被灭。

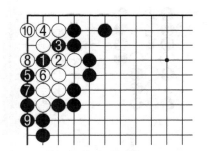

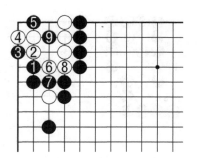

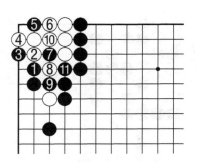

第419题失败图：黑1、3跨断不是手筋，白4粘，黑5、7并不严厉，白8提、10做眼即活，黑失败。

第420题正解图：黑1并是冷着，不动声色。白2顶，黑3扳、5托巧妙，白6、8欲扩大眼位，黑9挖，白不能活。

第420题变化图：黑5托时，白6顶也不行，黑7挖至11打破眼，白仍死。

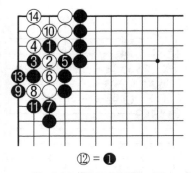

⑫ = ❶

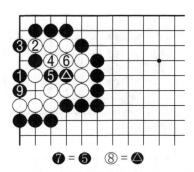

❼ = ❺　　⑧ = △

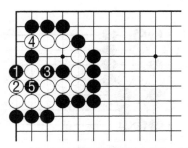

第420题失败图：黑1直接靠急躁，白2扳、4打，黑5打至13粘必然，白14做成两眼，黑失败。

第421题正解图：黑1扳使巧劲，白2冲、4打，黑5、7连扑紧凑，白8提，黑9顶，劫杀是正解。

第421题变化图：黑1扳时，白2如做眼，黑3打正好，白4再冲，黑5提，仍成劫杀。

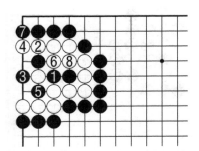

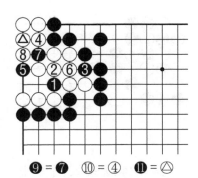

❾ = ❼　　⑩ = ④　　⓫ = △

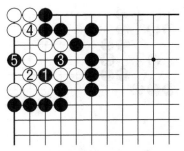

第421题失败图：黑1单挤无谋，白2冲，黑3再打已来不及，白4立、6挤，黑7挡，白8打成双活，黑失败。

第422题正解图：黑1断必要，白2须粘，黑3团是唯一的杀棋办法，白4团是正应，黑5托是手筋，白6粘抵抗顽强，黑7虽成倒扑，但白8提、10打有弹性，黑11打，劫杀是双方最佳结果。

第422题变化图：黑1断时，白2粘二路更不好，黑3挖正好破眼，白4再团，黑5仍托，白净死。

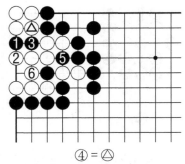

④=△

第 422 题失败图：正解图中黑 5 若在本图 1 位打则轻率，白 2 反打、4 吃，成倒脱靴，做成一眼，黑 5 打，白 6 提，净活，黑失败。

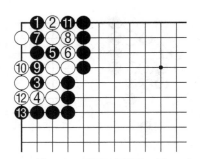

第 423 题正解图：黑 1 点是要点，白 2 挡，黑 3 挖是手筋，白 4 打，黑 5 冲、7 粘至 13，白死。

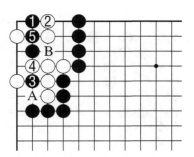

第 423 题变化图：黑 3 挖时，白 4 若打，则黑 5 简单粘，此后 A、B 见合，白仍不活。

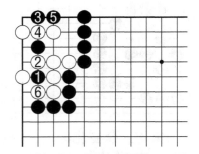

第 423 题失败图 1：黑 1 单挖次序有误，白 2 打，黑 3 再点时，白可于 4 位粘，黑 5 爬，白 6 提，黑无法杀白。

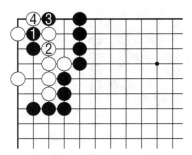

第 423 题失败图 2：黑 1 冲错误，白 2 粘，黑 3 只得渡，白 4 扑成劫。

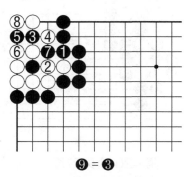

⑨=③

第 424 题正解图：黑 1 单打冷静，白 2 提，黑 3 挖、5 立，白 6 打，黑 7 打后 9 扑，白死。

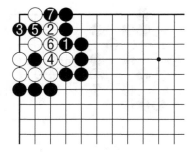

第 424 题变化图：黑 1 打时，白 2 若虎，则黑 3 点，白 4 提，黑 5 挤、7 断，白仍不活。

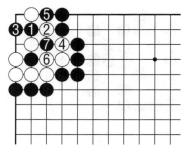

第 424 题失败图 1：黑 1 单挖不是要点，白 2 打，黑 3 立，白 4 挤、6 提是好手，黑 7 提成劫。

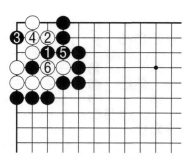

第 424 题失败图 2：黑 1 尖盲目，白 2 挤是好手，黑 3 点，白 4 粘、6 提两眼成活。

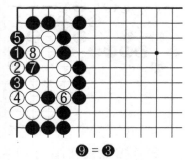

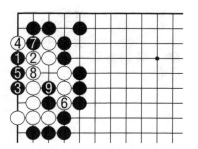

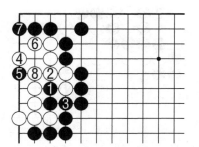

⑨ = ❸

第 425 题正解图：黑 1 飞是常用手筋，白 2 尖顶，黑 3 扑是好手，白 4 提，黑 5 退、7 打，白 8 打，黑 9 提成劫。

第 425 题变化图：黑 1 飞时，白 2 若顶，则黑 3 托，白 4 打，黑 5 粘、7 断必然，白 8 粘，黑 9 冲，白死。

第 425 题失败图 1：黑 1 冲鲁莽，白 2 打、4 跳，黑 5 靠虽是手筋，但白 6 贴、8 粘，黑无法杀白。

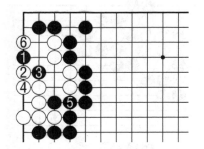

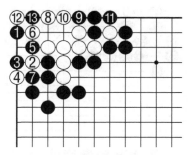

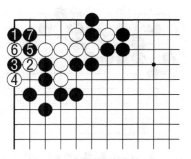

第 425 题失败图 2：白 2 尖顶时，黑 3 单打，则白 4 粘，黑 5 粘，白 6 夹吃，两眼已成，黑失败。

第 426 题正解图：黑 1 超大飞是好手，白 2 扳、4 打，黑 5 吃，白 6 打、8 虎是手筋，黑 9 拐至 13 提成劫。

第 426 题变化图：白 6 如提则随手，则黑 7 粘，白成净死。

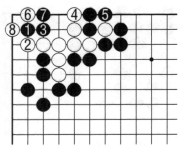

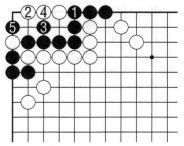

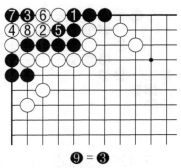

第 426 题失败图：黑 1 点似是而非，白 2 挡，黑 3 爬、5 提，白 6 夹，黑 7 拐，白 8 渡成万年劫，黑失败。

第 427 题正解图：黑 1 粘必然，白 2 跳，黑 3 弯、5 提成双活。

⑨ = ❸

第 427 题变化图：黑 1 粘时，白 2 若尖抵抗，则黑 3 点是手筋，白 4 长，黑 5 打是不易想到的好手，白 6 只得粘，黑 7 扑又是好手，白 8 提，黑 9 扑，黑活得更大。

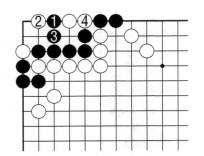

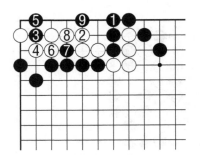

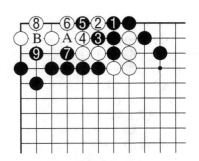

第 427 题失败图： 黑 1 靠不是要点，白 2 反打是好手，黑 3 只能粘，白 4 扑，黑死。

第 428 题正解图： 黑 1 单粘，绝妙！白 2 弯是最强抵抗，黑 3 挖又是好手，白 4 打，黑 5 立、7 冲，白 8 粘，黑 9 托，白顿死。

第 428 题变化图： 黑 1 粘时，白 2 若靠也属徒劳，黑 3、5 提一子，白 6 打，黑 7 破眼，白 8 虎，黑 9 尖，此后 A、B 见合，白仍不活。

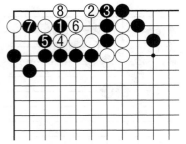

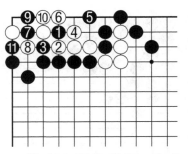

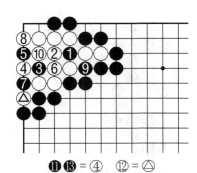

第 428 题失败图： 黑 1 靠看似手筋，但白 2 跳巧妙，黑 3 只得粘，白 4 冲、6 打，黑 7 吃，白 8 提，两眼瞪圆，黑失败。

第 428 题参考图： 注意，黑 1 靠时，白 2 若冲则随手。黑 3 断，白 4 打时，黑 5 尖是手筋，白 6 提，黑 7 挖、9 立，白 10 打，黑 11 吃，白死。

⑪⑬=④　⑫=△

第 429 题正解图： 黑 1 扑是冷着，白 2 提，黑 3 夹、5 打，白 6 反打，白 8 挡，黑 9 破眼至 13 点，白无计成活。

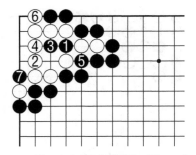

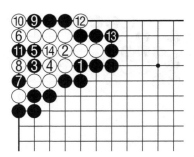

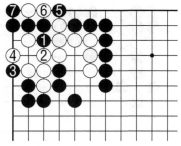

第 429 题变化图： 黑 1 时，白 2 若弯也不行，黑 3 冲、5 提，白 6 挡，黑 7 提，白死。

第 429 题失败图： 黑 1 打错误，白 2 粘，黑 3 夹，白 4 粘、6 立冷静，黑 7 提，只此一手，白 8 扑至 14 打，黑无法杀白。

第 430 题正解图： 黑 1 冲、3 扳，好次序！白 4 只有挡，黑 5 渡、7 提。

220

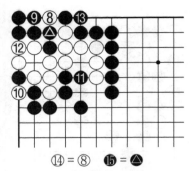

⑭ = ⑧　⑮ = ❹

第430题正解图续： 白8扑必然，黑9提，白10只得提，黑11顶破眼，白12吃时，黑13粘重要，白14提，黑15打，白顿死。

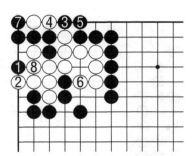

第430题失败图： 黑1点不得要领，白2简单挡，黑再3扳、5粘时，白6顶做眼，黑7提，白8打，黑无法继续，失败。

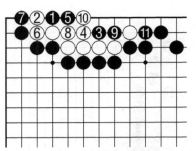

第431题正解图： 黑1夹选点恰当，白2外打，黑3点正是时机，白4挡，黑5长，白6粘，黑7、9两打均为先手，再11吃，白净死。

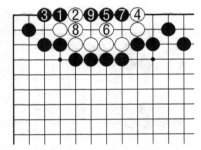

第431题变化图： 黑1夹时，白2内打则眼位不足，黑3退，白4立无济于事，黑5点至9顶，白仍死。

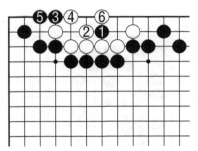

第431题失败图： 黑1先点不好，白2挡，黑3再夹，白4打、6吃即活。

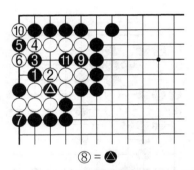

⑧ = ❹

第432题正解图： 黑1翻打正中要害，白2提、4冲，黑5渡，白6扑顽抗，黑7打巧妙，白8粘无奈，黑9、11连冲，白全灭。

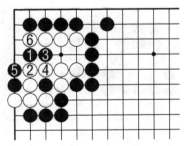

第432题失败图1： 黑1跳力度不够，白2顶占据急所，黑3冲，白4提足以应付，黑5不能破眼，白6冲，黑四子被擒，失败。

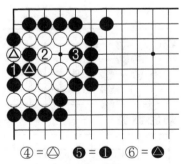

④ = △　❺ = ❶　⑥ = △

第432题失败图2： 正解图中黑9如于本图1位提则急躁，白2打，黑3破眼，白4提四子，黑5打，白6反打做成劫活，黑也失败。

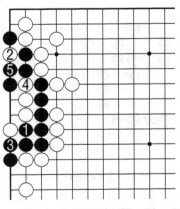

第433题正解图： 黑1团是愚形巧手，白2扑上边，黑3打是盲点，白4打，黑5顺势提，黑安然无恙。

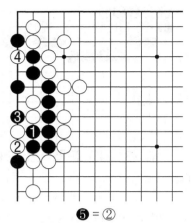

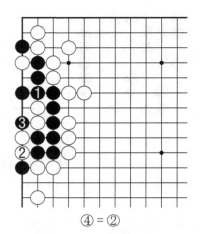

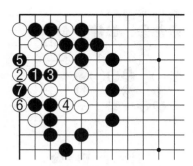

第434题正解图：黑1夹着法简捷有力，白2扳是正应，黑3冲严厉，白4顶、6做劫顽强，黑7提成劫杀，这是双方的最佳变化。

❺=②

第433题变化图：黑1团时，白2若扑下边，黑3提，白4再扑上边，黑5粘即可活。

④=②

第433题失败图：正解图中黑3在本图1位粘则不动脑筋，白2、4连扑，黑被灭，失败。

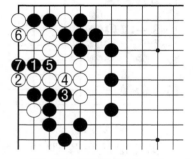

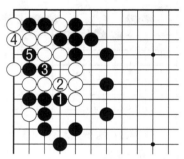

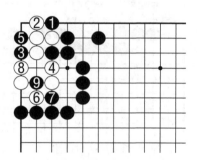

第435题正解图：黑1扳、3夹绝妙，白4顶，黑5爬重要，白6欲扩大眼位，黑7挤、9扑，白无两眼，被灭。

第434题变化图：黑1夹时，白2立不好，黑3顶、5冲，白6粘，黑7贴，白顿死。

第434题失败图：正解图中黑3若于本图1位顶则平凡。白2、4两粘扩大眼位，黑5若继续走，仅为后手双活，失败不言自明。

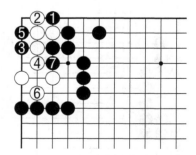

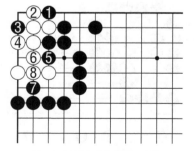

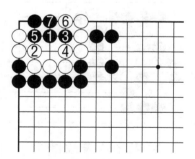

第436题正解图：黑1尖是一目了然的要点，白2如粘，黑3顶是杀着，白4粘，黑5、7两团，白被聚杀。

第435题变化图：黑3夹时，白4长也不行，黑5爬、7挤破眼，白仍不活。

第435题失败图：黑3点，位置错误，白4正好打，黑5、7不能杀棋，白8粘活，黑失败。

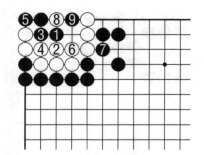

第436题变化图： 黑1尖时，白2虎顶，黑3团、5打再7贴紧气，白8扑不成立，黑9提，白遭眼杀。

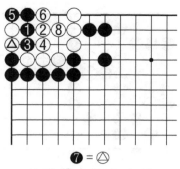

⑦=△

第436题失败图1： 黑1贴鲁莽，白2夹是形，黑3只能断打，白4、6都是先手，再8活，黑失败。

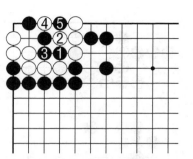

第436题失败图2： 正解图中黑3在本图1位断则俗，白2打、4扑，黑5提成劫杀，黑失败。

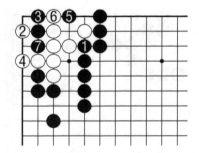

第437题正解图： 黑1挤一针见血，白2如夹，黑3立重要，白4扩大眼位，黑5点、7破眼，白不活。

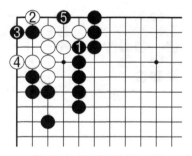

第437题变化图： 黑1挤时，白2扳也无用，黑3立，白4须阻渡，黑5点，白仍无两眼。

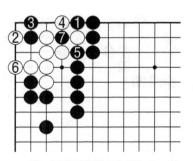

第437题失败图1： 黑1拐缺乏魄力，白2夹、4挡，黑5、7只能劫杀，失败。

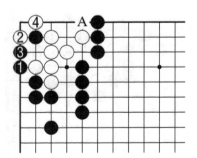

第437题失败图2： 黑1扳也不得要领，白2夹是好手，黑3打，白4做劫，黑失败。途中，黑3若于4位立，白将于A位挡，成净活。

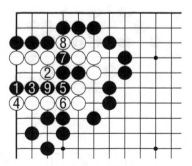

第438题正解图： 黑1单点极妙，白2如贴，黑3冲，白4挡，黑5再冲，白6粘不得已，黑7冲、9粘成假双活，白死。

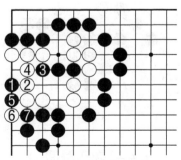

第438题变化图： 黑1点时，白2挡也不行，黑3冲、5爬，白6打，黑7断打，白仍无两眼。

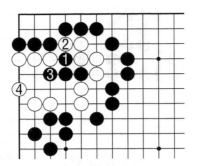

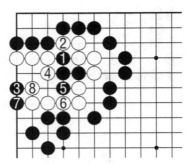

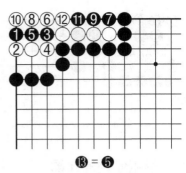

第438题失败图1：黑1冲、3拐错误，白4尖连回三子，白眼位很大，黑无法杀白，失败。

第438题失败图2：黑1冲、3点次序不好，白4吃冷静，黑5则白6，黑7爬，白8贴成两眼，黑失败。

第439题正解图：黑1透点是不易察觉的好手，白2挡，黑3、5弃子思路连贯，白6只能收气，黑顺势利用紧气破眼，至黑13点，白被杀。

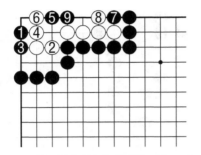

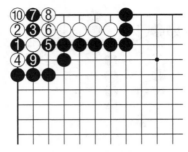

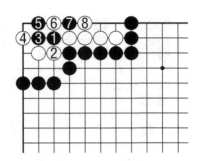

⑬＝❺

第439题变化图：黑1点时，白2如顶，黑3爬、5点，至9爬，白仍不能活。

第439题失败图1：黑1托似是而非，白2正好打，黑3断打，白4提，此后，黑5顶至13虽是最强阻击，但也仅为劫杀，黑失败。

第439题失败图2：黑1扳、3爬无谋，白4扳、6扑顽强，黑7提，白8打成劫，黑失败。

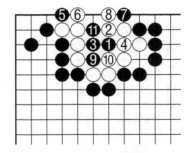

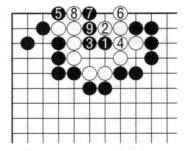

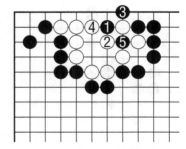

第440题正解图：黑1点一击中的，白2爬，黑3顶不可松懈，白4粘，黑5扳缩小眼位重要，白6若挡，黑7扳，再9打、11吃，白眼位不足，被灭。

第440题变化图：黑5扳时，白6立也不行，黑7跳入，白8强行阻渡，力不从心，黑9打，白与前图大同小异。

第440题失败图1：黑1夹感觉不错，但不够犀利。白2虎，黑3只能渡，白4反打，黑5提成劫杀，黑失败。

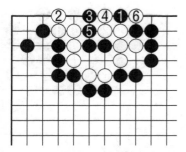

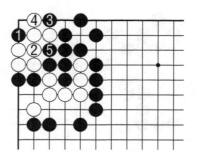

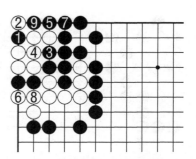

第440题失败图2：正解图中黑5如在本图1位扳是失着，白2立是要点，黑3点、5粘不成立，白6提后，黑四子与白对杀不够气，被擒。

第441题正解图：黑1扑是敏锐的一击，白2粘无奈，黑3扳、5打劫杀白角，成功。

第441题变化图：黑1扑时，白2提，则正中黑计。黑3团破眼，白4只能粘，黑5扳后，白因气紧，至黑9破眼，白反被净杀。

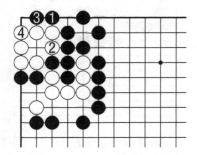

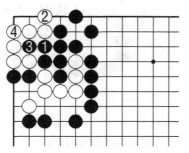

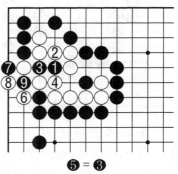

⑤ = ③

第441题失败图1：黑1单扳动作迟缓，白2做眼即可。黑3爬，白4团，两眼成活，黑失败。

第441题失败图2：黑1团破眼不得要领，白2立后眼位充分，黑3打，白4粘，净活，黑亦无功。

第442题正解图：黑1点只此一手，白2粘，黑3扑巧妙，白4提，黑5须扑，白6、8做劫正确，黑9提成劫杀。

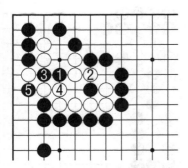

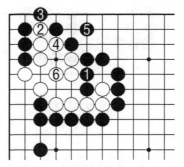

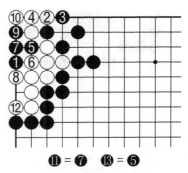

⑪ = ⑦ ⑬ = ⑤

第442题变化图：黑1点时，白2吃欲扩大眼位，但不成立。黑3断、5卡打，白被净杀。

第442题失败图：黑1粘回一子并非急所，白2冲、4挤先手扩大眼位，再6做成两眼，黑失败。

第443题正解图：黑1点是形之要点，白2打，黑3做劫是强手，白4如粘，亦不能净活，黑5断、7粘施展手段，白8打，黑9反打、11点，白12做眼，黑13断打，白被迫劫活。

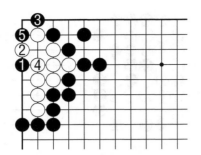

第443题变化图：黑1点时，白2虎应，黑3扳、5扑，仍可劫杀白角。

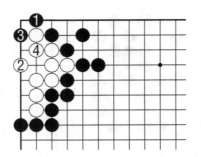

第443题失败图：黑1扳不是要点，白2虎居于要所，黑3打，白4粘简单成活，黑失败。

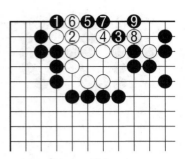

第444题正解图：黑1一路打是含蓄的杀着，白2粘是正应，黑3扳、5点是最佳下法，白6冲下，黑7、9做成劫杀是正解。

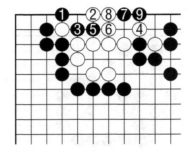

第444题变化图：黑1打时，白2跳应不行，黑3提，白4扳，黑5冲至9爬，白眼被灭，净死。

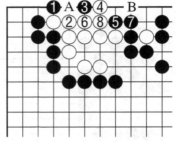

第444题失败图：白2粘时，黑3单点是假手筋，白4靠是好应手，黑5再扳，白6打、8粘即活，黑失败。途中，黑3点时，白4如在A位冲则随手，黑于B位跳是妙手，白被净杀。

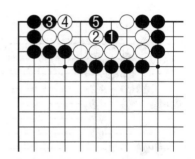

第445题正解图1：黑1靠是绝对之选，白2挡，黑3冲按部就班，白4挡，黑5扳，白被歼。

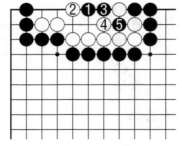

第445题正解图2：黑1点入并非手筋，白2虎正好，黑3、5成劫无奈，黑失败。

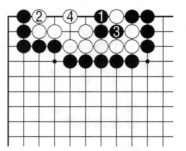

第445题失败图：正解图中黑3如在本图1位打则过急，白2挡占据要点，黑3提，白4做眼，成活。

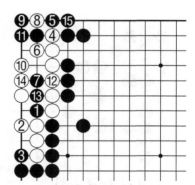

第446题正解图：黑1断击中要害，白2立是最强抵抗，黑3拐破眼，白4冲、6挡，黑7点，步步追杀，白8、10负隅顽抗，徒劳无益，至黑15粘，白被灭。

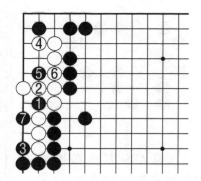

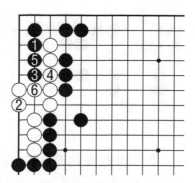

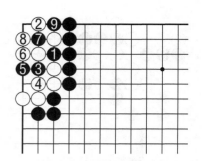

第446题变化图：黑1断时，白2打也不行，黑3拐去眼，白4挡，黑5点、7包打，白仍死。

第446题失败图：黑1爬破眼，想当然。白2做眼冷静，黑3、5无用，白6粘，成活，黑失败。

第447题正解图：黑1挤是急所，白2倒虎是正应，黑3打、5立是连贯手段，白6打，黑7扑、9打成紧劫。

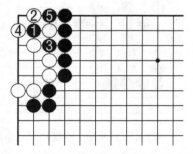

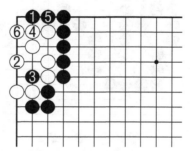

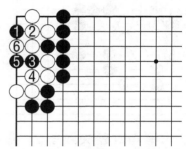

第447题变化图：黑1嵌虽也是手筋，但白2打、4提后，黑5打仍是劫，不过较正解图效果差，不可不察。

第447题失败图1：黑1跳入于此际不宜，白2虎即活，黑3点眼不行，白4、6做眼，黑失败。

第447题失败图2：正解图中黑3在本图1位点则急躁，白2粘，黑3、5打立作用已失，白6打，黑失败。

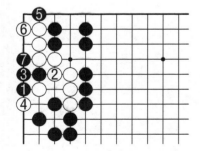

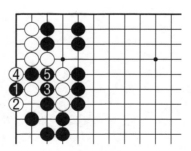

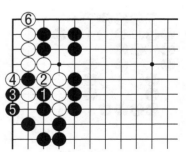

第448题正解图：黑1扳巧妙，白2打，黑3粘，白4打，黑5扳、7弃子，白被聚杀。

第448题变化图：黑1扳，白2一路打，黑3反打是好手，白4提，黑5粘，白亦被吃。

第448题失败图：黑1先冲则俗，白2打，黑3翻打，白4、6即活，黑失败。

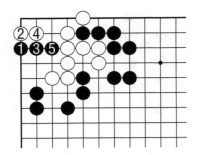

第449题正解图： 黑1大飞一步到位，白2如靠，黑3、5缩小眼位，白无两眼，被歼。

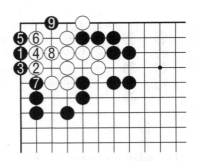

第449题变化图： 黑1大飞时，白2尖无济于事，黑3、5顺理成章，至白8做眼，黑9点，白仍无计。

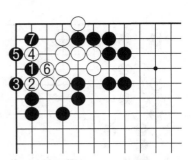

第449题失败图1： 黑1跳入笨拙，白2冲、4夹，黑5、7做劫是正常分寸，黑失败。途中，黑5如于7位夹，白在6位立，则成净活。

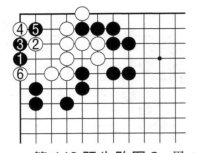

第449题失败图2： 黑1小飞思想保守，白2跳、4扳正确，黑5打过分，白6反打，黑大损。

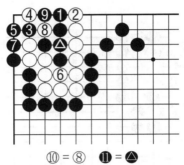

⑩＝⑧　⑪＝▲

第450题正解图： 黑1单立极妙！白2挡阻渡，黑3扳，白4夹是最强抵抗，黑5立正确，防白扑劫，白6团，黑7渡过，白8虽可倒扑，但黑9提、11点别有洞天，白仍被杀。

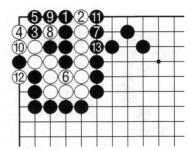

第450题变化图： 黑3扳时，白4扳也无用，黑5立是要点，白6紧气，黑7以下收气即可，至黑13，白被眼吃。

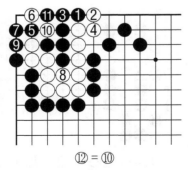

⑫＝⑩

第450题失败图： 黑1、3扳粘弄巧成拙，黑5扳，白6仍用夹的手筋，黑7以下的手段不成立，至白12提七子，白眼位变大，不能聚杀，黑失败不言而喻。

228

好书介绍

《围棋入门一本就够》

　　简单明了的成人围棋入门书。每天一课，30 课围棋知识全面掌握。

《围棋入门口袋书》

　　真正零基础入门，小身材，大容量，丰富的例题，超全面的围棋知识。轻松索引，不懂就查。

《儿童围棋基础教程》（全 4 册）

　　系统性儿童围棋教程。每周一课，轻松学棋，讲解 + 习题，循序渐进。

《李昌镐儿童围棋课堂》（全 5 册）——李昌镐亲自授权的围棋入门书！

　　好玩的卡通画帮助记忆，让孩子从零开始，轻松入门。

《围棋基础自测 1200 题》（全 3 册）

　　零基础习题，上手无门槛。全图解、少文字，儿童轻松使用。全方位解答，家长辅导无忧。

《围棋宗师坂田荣男决胜名局》

坂田荣男，与吴清源齐名的日本围棋巨匠！职业棋手精到讲解，打谱学习宝典！助棋艺快速升级。

《不得贪胜》——"石佛"李昌镐唯一自传！

了解李昌镐的围棋人生，品味"不得贪胜"的胜负哲学，挖掘才能与意志的力量，领悟想赢必须学会舍弃的智慧。

《象棋入门一本就够》

一学就会的成人象棋入门书。每天一课，30 课象棋知识全面掌握。

《象棋战术一本就够》

11 大类战术，230 余战例详解，40 局名家实战解析。得子、入局、抢先，战略目标明确，战术清晰易懂。

《象棋入门与提高》（全 4 册）

打破以往象棋书死记硬背套路的模式，从职业棋手的思路、目标及执行方法讲起，逐步推导不同棋形之间的关系和相互转化的过程，使读者掌握自我学习、研究棋谱的方法。

《儿童象棋基础教程》

系统性儿童象棋教程。每周一课，轻松学棋，讲解 + 习题，循序渐进。